EL AMOR QUE HIZO EL SOL Y LAS ESTRELLAS

Fundamentos de doctrina cristiana

EDICIONES UNIVERSIDAD CATÓLICA DE CHILE

Vicerrectoría de Comunicaciones
Av. Libertador Bernardo O'Higgins 390, Santiago, Chile

editorialedicionesuc@uc.cl
www.ediciones.uc.cl

EL AMOR QUE HIZO EL SOL Y LAS ESTRELLAS.
Fundamentos de doctrina cristiana
José Miguel Ibáñez Langlois

© Inscripción Nº 302.065
Con las debidas licencias

Derechos reservados
Abril 2019
ISBN 978-956-14-2392-3

Diseño:
versión | producciones gráficas Ltda.

CIP-Pontificia Universidad Católica de Chile

Ibáñez Langlois, José Miguel, 1936-, autor.
El Amor que hizo el sol y las estrellas: fundamentos de doctrina cristiana
/ José Miguel Ibáñez Langlois.

1. Teología dogmática.
2. Iglesia Católica – doctrina.
I. t.

2019   230 + 23   RDA

EL AMOR QUE HIZO EL SOL Y LAS ESTRELLAS

Fundamentos de doctrina cristiana

José Miguel Ibáñez Langlois

EDICIONES UC

"L' Amor che move il sole e l'altre stelle"

Dante, Paraíso, XXXIII

ÍNDICE

ABREVIATURAS

Antiguo Testamento	**Nuevo Testamento**
Cant Cantar de los cantares	Apoc Apocalipsis
1 Cro 1 Crónicas	Col Colosenses
2 Cro 2 Crónicas	1 Cor 1 Corintios
Dan Daniel	2 Cor 2 Corintios
Deut Deuteronomio	Ef Efesios
Ex Éxodo	Flp Filipenses
Ez Ezequiel	Gal Gálatas
Gn Génesis	Hb Hebreos
Is Isaías	Hch Hechos de los apóstoles
Jer Jeremías	1 Jn 1 Juan
Job Job	2 Jn 2 Juan
Jos Josué	Jn Juan
2 Mac 2 Macabeos	Lc Lucas
Miq Miqueas	Mc Marcos
Os Oseas	Mt Mateo
Prov Proverbios	1 Pe 1 Pedro
1 Re 1 Reyes	2 Pe 2 Pedro
Sab Sabiduría	Rom Romanos
1 Sam 1 Samuel	Sant Santiago
Sal Salmos	1 Tes 1 Tesalonicenses
Si Sirácida (Eclesiástico)	2 Tes 2 Tesalonicenses
Tob Tobías	1 Tim 1 Timoteo
Zac Zacarías	2 Tim 2 Timoteo

Documentos del Magisterio

Del Concilio Vaticano II

LG *Lumen gentium*

DV *Dei Verbum*

SC *Sacrosantum Concilium*

GS *Gaudium et spes*

PO *Presbyterorum ordinis*

AA *Apostolicam actuositatem*

AG *Ad gentes*

UR *Unitatis redintegratio*

DH *Dignitatis humanae*

GE *Gravissimum educationis*

Encíclicas

CA *Centesimus annus*

DC *Deus caritas est*

DV *Dominum et vivificantem*

EV *Evangelium vitae*

FR *Fides et ratio*

HV *Humanae vitae*

HG *Humani generis*

LE *Laborem exercens*

LS *Laudato si'*

LF *Lumen fidei*

OA *Octogesima adveniens*

PP *Populorum progressio*

RH *Redemptor hominis*

RM *Redemptoris mater*

Rm *Redemptoris missio*

RN *Rerum novarum*

SR *Solicitudo rei socialis*

VS *Veritatis splendor*

Exhortaciones apostólicas

AL *Amoris laetitia*

CL *Christifideles laici*

EN *Evangelii nuntiandi*

FC *Familiaris consortio*

GE *Gaudete et exultate*

(La primera vez que aparece una cita o referencia de estos documentos, se incluye su título completo y, si es el caso, su autor; después, se consignan solo sus iniciales).

CEC Catecismo de la Iglesia Católica

Comp. Compendio del CEC

INTRODUCCIÓN

El Catecismo de la Iglesia Católica es una exposición, a la vez monumental y sintética, de la íntegra doctrina cristiana. No hace falta subrayar aquí su hondura y su claridad, así como el inmenso servicio que ha prestado a la Jerarquía y a los fieles laicos, a maestros y discípulos de toda especie, desde su publicación en 1992 hasta nuestros días.

El lector puede preguntarse entonces qué sentido tiene el presente libro, que con análoga intención doctrinal cubre las mismas materias, y lo cita con frecuencia. Debe recordarse, sin embargo, que ese gran Catecismo se presenta como un texto de referencia para que se escriban otros catecismos, compendios o exposiciones de diversa índole pedagógica, pastoral o literaria, en función de necesidades eclesiales también diversas.

¿Cuál es, pues, el tipo de necesidad o conveniencia que este libro pretende llenar? Me atreveré a decir que las mismas calidades magisteriales y documentales del Catecismo pueden dificultar a veces su lectura con fines de meditación personal, o su estudio como libro de texto, a causa de su densidad y de su rigor impersonal.

Por ese motivo, el uso prolongado que he hecho de él, en el acompañamiento de almas y en la docencia, me ha sugerido una obra más divulgativa que, basada en el propio Catecismo, incluya comentarios e ilustraciones, énfasis pedagógicos y apologéticos, pastorales y espirituales, a la vez que el sesgo existencial, el calor de una experiencia personal y, por qué no, la nota afectiva, factores todos que no corresponden a un texto del Magisterio, sino que solo pueden ser de la exclusiva responsabilidad de un autor particular.

Esta obra es, pues, una versión divulgativa y sintética del Magisterio de la Iglesia, y de los principales capítulos de su doctrina dogmática, moral y espiritual.

Al escribirla he tenido en cuenta las interrogantes y los problemas, las preguntas y las dudas más frecuentes de fe y moral, que he visto plantearse a moros y cristianos durante casi seis décadas de sacerdocio y docencia. De hecho, el primer germen de estas páginas fueron mis apuntes de los cursos de teología que dicté por largos años en la universidad, con el Catecismo en la mano, por decirlo así, para alumnos de distintas carreras.

Solo debo añadir que la responsabilidad personal de mi autoría ha incluido la libertad de extenderme más (a veces bastante más que el Catecismo) en ciertos temas, que corresponden a los problemas arriba mencionados, y también la libertad de abreviar otros, por las razones pastorales que antes dije.

Esos mismos motivos me han llevado a citar menos, según los casos, los documentos del Magisterio, y más a ciertos autores particulares, casi siempre contemporáneos, sin descuidar nunca, eso sí, el recurso continuo a las Sagradas Escrituras. No ignoro que a veces he repetido algunas citas bíblicas en distintos capítulos, pero las he conservado así por su necesidad y su diversa plenitud de significado.

Estas singularidades varias obedecen todas a un mismo fin: divulgar la sabiduría del Catecismo, facilitar la comprensión de los misterios de la fe y de su hermosura divina y humana, y acercarlos a la práctica religiosa y moral de un cristiano corriente.

LA REVELACIÓN DIVINA

"Nos hiciste para Ti, Señor, y nuestro corazón está inquieto mientras no descanse en Ti". Esta palabra de san Agustín es un vigoroso acto de fe, pero contiene al mismo tiempo cierta verdad de experiencia humana. Porque nuestra alma, en virtud de su naturaleza espiritual, está abierta al horizonte ilimitado del bien, de la belleza, de la verdad del ser, y no puede aquietarse con ninguna satisfacción limitada de este mundo.

El grito más profundo de la creatura humana es este: ¡Quiero ver a Dios! Nada puede colmar aquí abajo su ansia de infinito. Leemos en el Salmo: "Mi alma tiene sed de Dios, del Dios vivo" (42, 3). Esta ansia se adormece, se empequeñece o se oculta solo cuando el hombre se disipa en los placeres de la mundanidad, y sobre todo cuando vive en pecado.

Una parte importante de la cultura actual desespera de la posibilidad de encontrar la plenitud de la existencia, y se precipita en el sustituto de las satisfacciones terrenas. La Iglesia nos exhorta a no abdicar de esa esperanza, y a no caer en la búsqueda de los espejismos mundanos. Pues el hombre es, por esencia y constitución, un ser religioso: el animal metafísico; el peregrino de lo Absoluto, que decía León Bloy.

El estudioso de la historia de las religiones constata que nunca hubo pueblo sin religión. Pero se sorprende, al mismo tiempo, de las vueltas y revueltas, de los laberintos y de los errores por los que esa historia ha atravesado, al menos desde el punto de vista del pensamiento ilustrado y de las religiones monoteístas. Sin embargo, el historiador también divisa en todas esas vicisitudes la persistencia tozuda y conmovedora del ser humano por sobrepasar lo terreno en busca de lo Otro, de lo Sagrado, de lo Superior.

Los cristianos recordamos a este propósito el discurso de san Pablo a los atenienses en el areópago, cuando afirma que el Creador puso a los hombres en la tierra "para que busquen a Dios, a ver si a tientas lo encuentran" (Hch 17, 27), solo que ahora Él, "pasando por alto los tiempos de la ignorancia" (17, 30), pide a todos convertirse a Cristo, al que resucitó de entre los muertos.

De hecho, la búsqueda de Dios "a tientas", y fuera del ámbito de la revelación, es por fuerza muy limitada. Pero Él ha tenido la misericordia de no dejarnos a oscuras, y de mostrar gradualmente, en la historia, algo de la luz de su verdadero rostro.

1. Qué es la revelación

¿Qué es la revelación divina? ¿Cómo, dónde y cuándo ocurre ella en la historia? La Revelación es el abrirse de Dios al hombre, es como la pedagogía de la Trinidad. A lo largo de los siglos, y a través de hombres elegidos, Dios nos ha abierto algo de su mente y su corazón, para contarnos "lo que estaba oculto desde la creación del mundo" (Mt 13, 35): una cierta noticia de su identidad más íntima, de su plan eterno sobre el mundo y el hombre, y de los caminos que nos llevan a Él a través de Cristo Jesús.

Los cristianos no somos unos buscadores de Dios, que lo hayamos descubierto por cuenta propia. La iniciativa es siempre suya. Nosotros somos más bien los humildes depositarios de los reflejos que haya querido darnos de sí Aquel que "habita en una luz inaccesible" (1 Tim 6, 16).

Para que la palabra de Dios sea comprendida por nosotros, debe adoptar humildes formas humanas, palabras de nuestro lenguaje, acontecimientos de nuestra historia, acciones y gestos familiares a nosotros, hasta culminar en la encarnación de la Palabra que es Dios mismo en el seno de María.

La revelación divina comprende las múltiples intervenciones históricas de Dios que, a través de palabras y hechos, nos hace saber de Él y del hombre y del mundo; cuáles son las dispensaciones de su gracia; cómo debe ser nuestra vida para agradarle; qué culto quiere recibir de nosotros; y cuáles son las vías para darle gloria y alcanzar la vida eterna. Es Dios quien revela y es Dios lo revelado, principalmente en Cristo Jesús. En cierto modo, y en sentido amplio, la revelación divina expresa la íntegra relación entre Dios y el hombre.

La gratitud que debemos al Señor por habernos dado a conocer estas cosas queda manifiesta si, por mera fantasía, imaginamos una historia humana sin revelación, tal como la postula, por ejemplo, el deísmo de la Ilustración francesa, y en primer lugar Voltaire: un Dios Hacedor del mundo, al que se reconoce como tal ("no hay reloj sin relojero"), que no nos ha dicho nada de nada, ni menos de sí mismo; que no ha rozado siquiera nuestra historia, porque sería indigno de Él mezclarse con nuestra pequeñez; que no nos ha pedido ninguna forma de conducta ni de culto.

Por lo tanto, el cielo permanecería cerrado y no tendría sentido agradarle, ni orar, ni adorarle, ni intentar relacionarnos con Él. Sería lo más semejante a un Dios inexistente. Que todavía se llame religión a ese estado de cosas ("religión natural") es casi un alcance de palabras, o un malentendido, pues ella no ha existido en ningún pueblo de la tierra. Estaríamos, pues, solos con nuestros pequeños asuntos humanos, mientras Él estaría solo en su solitaria grandeza.

La pregunta que se impone ante ese planteamiento es esta: ¿para qué hizo el mundo, para qué hizo al hombre? ¿Qué especie de divinidad es la suya? Parecería que un primitivo que adora un árbol sagrado, o un fetiche en medio de la selva, está más cerca de la verdad religiosa que un deísta, quien a fin de cuentas más parece un ateo disfrazado.

Dejando de lado esa fantasía, debemos hacer aún dos observaciones. Primera: afirmar que todas las religiones son iguales, o que dan lo mismo, porque Dios es el mismo, es una gran falacia, ya que el hombre puede hacerse mil ideas de Dios, distintas y aún contradictorias entre sí, con todas las consecuencias religiosas y morales que de allí se siguen. Y segunda: necesitamos dar gracias a Dios porque se dignó hacernos saber quién era, quién Es, esencialmente por mediación de Cristo Jesús, meta y cumbre máxima de toda la revelación.

2. DE ABRAHAM A MOISÉS

La luz de la revelación iluminó ya a nuestros primeros padres, pero el pecado original la oscureció. Todavía alumbró a Noé: la alianza que hizo Dios con él es el fundamento de lo que llamamos, esta vez con verdad, la religión natural. Pero Dios se reveló más claramente a Abraham: se le mostró como el Dios uno y único, y le prometió una tierra y una descendencia numerosísima. Llamamos a Abraham "el padre de los creyentes"; así lo reconocen las tres grandes religiones monoteístas: el judaísmo, el cristianismo y el islam.

Desde Abraham hasta Jesucristo, fue el pueblo de Israel el depositario de las promesas, el linaje de las alianzas, y el espacio de las sucesivas revelaciones divinas. De allí que sus grandes personajes sean "venerados como santos en todas las tradiciones litúrgicas de la Iglesia" (CEC, 61). La luz del cielo iluminó, en efecto, a los patriarcas y a los profetas de Israel, a través del "ángel de Yahvé", o mediante locuciones, sueños o visiones, tantas veces a pesar de las infidelidades de su pueblo.

Moisés representa un punto alto de esa revelación. En el episodio de la zarza ardiente, Dios le comunica su nombre: Yo Soy, o El Que Es (Ex 3, 14). Entre las diversas interpretaciones de ese nombre destaca esta: Yo Soy significa la plenitud infinita del Ser, El Que Es desde siempre y para siempre, el Ser por sí mismo y desde sí mismo, el que no recibe su Realidad sino que la posee eternamente y la da, por creación, a todo cuanto existe fuera de Él: Aquel cuya naturaleza propia consiste en el Existir puro, increado y eterno.

Si no es esto lo que entendió en primer lugar Moisés, por ser demasiado metafísico para la mentalidad semita, tampoco es este un sentido ajeno al nombre divino, y ha tenido gran importancia histórica tanto en lo teológico como en lo filosófico. Los teólogos medievales llamaron a esta propiedad la "aseidad" divina: el ser y existir no solo por sí mismo, sino (en mala traducción castellana) desde sí mismo y a partir de sí mismo; su total autosuficiencia en el orden del ser y del obrar.

Una anécdota: en su novela *La montaña de los siete círculos* cuenta el poeta estadounidense Thomas Merton, más tarde monje trapense, que siendo un joven poeta agnóstico hizo un viaje en tren y, habiendo olvidado llevar libros, compró en la estación uno que le interesó por su connotación caballeresca y romántica: *El espíritu de la filosofía medieval*, de Etienne Gilson. Al darse cuenta de que traía la aprobación eclesiástica, quiso tirarlo por la ventanilla, pero luego se arrepintió (ya había hecho el gasto) y se puso a ojearlo sin mayor expectativa.

Al llegar al capítulo sobre la aseidad divina, al leerlo y volver a leerlo, concibió tal asombro y fascinación ante esta propiedad y ante el Ser que la posee, que decidió hacerse católico y, llegando a su destino, pidió a un sacerdote instrucción y bautismo. No habrá muchos que se conviertan de esa manera, pero así quiso el Señor entrar en su vida. E incontables inteligencias han experimentado análoga sorpresa y encantamiento: ¡no es para menos!

En la cumbre del Sinaí, Moisés recibió de Dios el decálogo o las diez palabras, los diez mandamientos de su ley, escritos "con su propio dedo" (Ex 31, 18), como parte de su alianza con el pueblo escogido. Inmensa e imposible de registrar es la proyección que esos preceptos morales básicos han tenido en la historia de la humanidad, su fuerza civilizadora sobre pueblos enteros, la base fundacional de tantas culturas superiores, y su preparación para el advenimiento de Cristo salvador.

La ley de Moisés, dice san Pablo, ha sido nuestro pedagogo para conducirnos a Cristo (Gal 3, 24). Dos largos capítulos dedicaremos al decálogo hacia el final de este libro.

3. CRISTO, LA CUMBRE DE LA REVELACIÓN

La Carta a los hebreos comienza con esta solemne declaración: "Muchas veces y de distintas maneras habló Dios a nuestros padres en el pasado por medio de los profetas. Últimamente en estos días nos ha hablado por medio de su Hijo, a quien constituyó heredero de todas las cosas, por quien hizo también el mundo. Él es el resplandor de su gloria y la impronta de su substancia, él es quien sustenta todas las cosas con el poder de su palabra. Tras realizar la purificación de los pecados, está sentado a la derecha de la Majestad en las alturas" (1, 1-3).

Jesús es, pues, el hijo de Adán y el nuevo Adán, el heredero de los patriarcas y el anunciado por los profetas. En él se alcanza la cumbre y meta de la revelación divina a los hombres, y después de él no habrá ya ninguna revelación. Ya nada queda a Dios por decir a los hombres más allá de lo dicho en Jesús de Nazaret.

Toda revelación divina es una autocomunicación de Dios al hombre, pues Él es quien comunica y Él es el comunicado; pero la revelación que nos ha hecho en Cristo Jesús bien puede ser llamada la *autorrevelación* por excelencia de Dios en la historia. No en vano dijo Jesús de sí mismo: "El que me ve a mí, ve al Padre" (Jn 14, 9), y también: "El Padre y yo somos una sola cosa" (Jn 10, 30).

Jesús no es, pues, un gran hombre de Dios que nos hablara de Él en forma suprema. "Jesús les dijo: 'En verdad os digo, antes que Abraham naciera, yo soy'" (Jn 8, 58). En él, Dios mismo se autoexpresa cumplidamente, por identidad de naturaleza con el Padre y el Espíritu Santo. Así, pues, la plenitud de la revelación y "la plenitud de los tiempos" (Gal 4, 4) hacen una sola cosa en Cristo Jesús.

Con razón ha llegado a ser famosa la sentencia de san Juan de la Cruz, que el Catecismo incorpora en parte: "Porque en darnos, como nos dio a su Hijo, que es una Palabra suya, que no tiene otra, todo nos lo habló junto y de una vez en esta sola Palabra...; porque lo que hablaba antes en partes a los profetas ya lo ha hablado todo en Él, dándonos al Todo, que es su Hijo".

"Por lo cual, el que ahora quisiese preguntar a Dios, o querer alguna visión o revelación, no solo haría una necedad, sino haría agravio a Dios, no poniendo los ojos totalmente en Cristo, sin querer otra cosa alguna o novedad. Porque le podría responder Dios de esta manera, diciendo: Si te tengo ya habladas todas las cosas en mi Palabra, que es mi Hijo, y no tengo otra, ¿qué te puedo yo ahora responder o revelar que sea más que eso? Pon los ojos solo en Él, porque en Él te lo tengo todo dicho y revelado, y hallarás en Él más de lo que pides y deseas (…); oídle a Él, porque yo no tengo más fe que revelar, ni más cosas que manifestar" (*Subida al Monte Carmelo*, 2. 22. 5).

Se nos perdonará lo extenso de esta cita, pero es difícil decirlo mejor. Y sería reducir su alcance el entender que se refiere solo a las enseñanzas verbales de Jesús: sermones, parábolas… Lo que Dios nos dice en Cristo nos lo dice en su ser entero: en su doctrina, en sus acciones, en sus gestos, en su rostro, en su mirada, en sus silencios, hasta en su modo de andar, por expresar así ese Todo.

Cada milagro, cada curación, cada expulsión de un demonio, cada reprensión a sus discípulos o a los fariseos, cada movimiento de su cuerpo es revelación divina. Y el contenido de esa revelación es él mismo. De allí la centralidad de Cristo en la vida cristiana, de allí la trascendencia de leer y releer los Evangelios, de orar con ellos en la mano, de meditarlos y de contemplar en ellos a Jesús en la letra y más allá de la letra, con la imaginación del amor puesta en lo que esos relatos sugieren como contexto, o dan a entender en forma implícita.

Debe añadirse que la revelación, en su contenido objetivo, se cerró con la muerte del último de los apóstoles, san Juan, y que ya no habrá más revelación pública después de Cristo. Las revelaciones que llamamos privadas son cosa distinta, y entre ellas puede haber de todo. La Iglesia las examina en forma cuidadosísima, para evitar toda superstición que pueda confundir a los fieles.

Algunas de esas revelaciones han sido reconocidas por la autoridad de la Iglesia, y de la inmensa mayoría de las que se presentan como venidas de Dios, la Iglesia no dice nada o, si es el caso porque contienen equívocos en materia de fe y moral, las reprueba. Pero ni la mejor de ellas (y las hay recibidas por santos, canonizados o no) tiene la función de completar la que llamamos revelación como objeto de fe. A la vez, la Iglesia alerta sobre las numerosas sectas que hoy proliferan en el mundo, con la pretensión de un origen o contenido revelado por Dios a sus iluminados jefes, y que ningún bien hacen a la sociedad.

4. Escritura y Tradición

"Cristo nuestro Señor, plenitud de la revelación, mandó a los apóstoles predicar a todos los hombres el Evangelio como fuente de toda verdad salvadora y de toda norma de conducta" (*Dei verbum*, 7).

Ahora bien, ¿cómo llega a nosotros, en el día de hoy y siglos después, esa buena nueva del reino de Dios? Ella se nos transmite por dos vías que tienen un mismo origen y una común finalidad, y que llamamos Tradición y Escritura. Esta última, que también se conoce como Biblia, se compone de los libros del Antiguo y del Nuevo Testamento, y "es la palabra de Dios, en cuanto escrita por inspiración del Espíritu Santo" (CEC, 81).

Los autores de los libros sagrados pertenecen a épocas distintas, tienen mentalidades y estilos diferentes, escribieron en géneros y lenguas variadas, y se propusieron distintos fines inmediatos, como se ve fácilmente por su gran diversidad; pero lo que les otorga una unidad que está más allá de ellos mismos es esto: lo que ellos pusieron por escrito es todo y solo lo que Dios quería que escribieran.

Para un creyente, no hay libro alguno que pueda compararse a los que componen la Sagrada Escritura, 46 del Antiguo Testamento y 27 del Nuevo. Sus autores los escribieron bajo el influjo de la luz divina; en ellos encuentra la Iglesia sin cesar su alimento y su fuerza (DV, 24); y es en sus páginas donde "el Padre que está en el cielo sale amorosamente al encuentro de sus hijos para conversar con ellos" (DV, 21).

Llamamos Tradición a la palabra de Dios, primero oral pero también escrita, que Cristo encomendó a los apóstoles, quienes la transmitieron a sus sucesores. De ellos la recibimos a lo largo de la historia de la Iglesia hasta el día de hoy, y la recibirán los fieles futuros "por transmisión continua hasta el fin de los tiempos" (DV, 8).

Ilustra bien la naturaleza de la Tradición el caso de san Pablo, que suele enseñar el misterio de Cristo a partir de su experiencia personal del Señor resucitado en el camino a Damasco. Al hablar de dos acontecimientos de la magnitud de la Pasión y la Resurrección, él se remite a lo recibido por tradición oral de los apóstoles: "Os he transmitido, en primer lugar, lo que a mi vez he recibido: que Cristo murió por nuestros pecados, según las Escrituras, y que fue sepultado y resucitó al tercer día…" (1 Cor 15, 3-4). San Pablo se inscribe él mismo en esa sucesión del recibir y el transmitir, que llamamos Tradición.

Los cristianos de la primera generación no tenían todavía los libros del Nuevo Testamento, que los apóstoles y otros coetáneos suyos pusieron por escrito, al mismo tiempo que recibían y transmitían oralmente los hechos y dichos de Jesús. "Lo que hemos oído, lo que hemos visto con nuestros ojos, lo que contemplamos y palparon nuestras manos acerca del Verbo de vida (…), os lo anunciamos también a vosotros" (1 Jn 1, 1-3). Los Evangelios fueron, antes de escribirse, tradición oral. El enlace de palabra oral y escrita está, pues, en la base del Nuevo Testamento, como en su día lo estuvo en varios libros del Antiguo.

Escritura y Tradición "son así el espejo en que la Iglesia peregrina contempla a Dios" (DV, 7). Ambas poseen el mismo origen y el mismo fin. La interpretación auténtica de una y otra ha sido confiada al Magisterio de la Iglesia, que por eso mismo está al servicio de la palabra de Dios en sus dos formas. A través de su Magisterio la Iglesia, que procede de la palabra de Dios, la manifiesta a los hombres y asegura su integridad. Escritura, Tradición y Magisterio son, pues, los medios y caminos que Dios ha puesto para la comunicación íntegra de la palabra de Dios.

Al cabo de los siglos, ¿cómo estar seguros de que las Escrituras que leemos, y la Tradición que recibimos, son exactamente las mismas de su origen apostólico? No hay mejor garantía que la sucesión apostólica, y que el celo riguroso de la Iglesia por custodiar fielmente esas dos formas de la palabra divina, y transmitirlas tal cual, de generación en generación, de siglo en siglo, saliendo al paso de cualquier modificación, añadido o sustracción.

Los hombres encargados de esta tarea son hombres falibles, pero asistidos por el Espíritu Santo, que además se juegan el alma en esta fidelidad. Ese celo nos da una certeza que ninguna institución humana puede dar, pues la Iglesia jamás consentiría en variación alguna del depósito de la fe.

5. La Tradición está viva

Sobre esa base inmutable, es una tarea incesante de la fe cristiana el comprender y explicitar su contenido, con creciente profundidad a lo largo de los siglos. Si la revelación divina se cerró objetivamente en el siglo I, no se cerró ni se detuvo su comprensión, que está siempre abierta a un progreso constante: ¡la Iglesia no es un fósil, ni la fe una entelequia detenida en el tiempo!

Las Escrituras están fijas: "lo escrito, escrito está" (Jn 19, 22), pero su lectura está llamada a crecer en lucidez y penetración. La Tradición no es inerte: como realidad histórica, es un proceso viviente que, siempre fiel a sus orígenes (a su código genético, diríamos), vive, crece y avanza, desde lo que estaba implícito en la revelación, hacia lo que el Magisterio de la Iglesia formula y declara en forma explícita.

Hay así, pues, una historia de los dogmas. Llamamos dogmas a esas verdades reveladas que el Magisterio de la Iglesia formula en sus términos propios, y que define en forma infalible como efectivamente reveladas, pidiendo para ellas la adhesión de fe del pueblo cristiano.

Pensemos en la trabajosa formulación de los primeros dogmas. Desde el comienzo de la predicación apostólica, los fieles creyeron que Dios es Padre, Hijo y Espíritu Santo, y que Cristo es Dios y hombre verdadero. Pero esos misterios eran tales, que debían ser definidos en sus términos adecuados, sin por eso pretender agotar en absoluto su contenido, y debían ser así propuestos en su forma literal para ser creídos como revelación divina. Lo mismo ocurrirá más tarde con la naturaleza de la Iglesia y de los sacramentos, y en tiempos más recientes, con los privilegios únicos de la Virgen María.

Si los dogmas no tuvieran su historia, ellos habrían sido proclamados todos desde el primer momento, o tempranamente. Cuando se definió en el Concilio de Éfeso (431) la maternidad divina de María, la *Theotókos*, ¿acaso estaban maduros los tiempos para definir entonces su Inmaculada Concepción? No lo estaban, ni lo estuvieron hasta 1854, pero esta última verdad estaba germinalmente implícita en la primera, y de ella se derivaba.

Cada dogma tiene, pues, su circunstancia histórica y cultural propia, a menudo relacionada con un error del que debe salirse al paso, como había ocurrido en el Concilio de Nicea (325) frente a los errores de Arrio o, como ocurriría mucho después, en el siglo XVI, con la reforma protestante.

Hablar de una "historia de la verdad" (revelada) no significa hacer de la verdad misma una realidad histórica y mudable con los embates del tiempo: la historia se refiere a nosotros y a nuestras necesidades doctrinales, a las luces y a las oscuridades de nuestra inteligencia, que se despejan en forma sucesiva con la gracia del Espíritu Santo. En ese sentido, es cierto que cada verdad tiene su hora.

El contenido de verdad de los dogmas es definitivo, pero debemos repetir que su comprensión y profundización puede y debe crecer en la historia, sin cambio alguno de su sentido propio, al mismo tiempo que sus fórmulas son perfectibles, sin perjuicio de su interpretación auténtica por parte del Magisterio.

Se entiende que la interpretación de un dogma no puede apartarse nunca del sentido original que le dio el Magisterio infalible de la Iglesia. Pero su comprensión a lo largo de la historia, como realidad viviente, está sujeta a un progreso o desarrollo que, para subrayar esa fidelidad, se ha llamado a veces homogéneo.

Grandes teólogos modernos han abordado esta vitalidad de la Tradición. Entre ellos es ejemplar el caso del card. Newman, que siendo anglicano, pensaba que la Iglesia Romana había agregado verdades nuevas, no sustentadas en un origen apostólico, y por tanto carecía de la nota eclesial de apostolicidad. Pero un largo proceso de estudio, sobre todo de las obras de los Padres de la Iglesia, lo convenció del carácter original de esas verdades en estado germinal o potencial o implícito, que más tarde adquirieron su forma explícita.

Este proceso, que culminó con su recepción en la Iglesia Católica, le abrió el horizonte de la Tradición como un desarrollo continuo: continuo porque tiene una maravillosa continuidad consigo mismo, y continuo porque se da en toda época y en todo momento. Lo que él llamó "el desarrollo de la doctrina cristiana" es lo que otros han llamado "la evolución homogénea del dogma".

6. El Antiguo Testamento

Escribe san Pablo: "Toda Escritura es divinamente inspirada, y útil para enseñar, para argüir, para corregir, para educar en la justicia, a fin de que el hombre de Dios sea perfecto y consumado en toda obra buena" (2 Tim 3, 15-16).

Si bien los libros del Antiguo Testamento "contienen elementos imperfectos y pasajeros" (DV, 15), ellos forman parte de una pedagogía divina encaminada a la plenitud salvífica de Cristo. Según sus temas y sus autores, ellos suelen clasificarse en tres grupos: históricos, sapienciales (de sapiencia o sabiduría) y proféticos.

Los libros históricos no corresponden al concepto actual de la disciplina llamada historia o historiografía, pero ellos narran hechos realmente ocurridos, y de gran relieve en la historia de la salvación. El Génesis comienza con el gran himno o poema de la creación del mundo y del hombre, y cuenta a grandes rasgos, desde el punto de vista salvífico, tanto la prehistoria de la humanidad como la de Israel.

Sus grandes personajes son, entre otros, Abraham, Jacob y José. Junto con Moisés y el rey David, posteriores a ellos, destacan no solo por su heroísmo: fe heroica, audacia heroica, sino también por su grandeza moral y su cálida humanidad. Leídos en la actualidad, sus caracteres nos resultan altamente novelescos y sabrosos, en lo divino y en lo humano, como protagonistas de estupendos relatos de aventuras que efectivamente ocurrieron.

El Éxodo nos presenta a Israel oprimido por los egipcios y liberado de esa esclavitud bajo el liderazgo de Moisés, el hombre de la alianza, y en cierto modo el forjador de la conciencia de Israel como pueblo. Ya en la tierra prometida, se nos narra el período de los jueces, con el protagonismo inicial de Josué, y luego la constitución de la monarquía: el profeta Samuel, el rey Saúl, el rey David, su hijo Salomón, y la decadencia del reino.

Los libros sapienciales contienen una sabiduría moral muy distinta del saber filosófico de los griegos: constan de sentencias, refranes e instrucciones prácticas, muchas de ellas con plena vigencia actual. Destacan entre ellos el libro de los Proverbios, el Eclesiástico (Sirácida) y el libro de la Sabiduría, y sobre todo los Salmos.

Estos últimos, la mitad de los cuales (aproximadamente) se deben al rey David, son cantos poéticos de toda especie, muchos de ellos bellísimos: himnos de acción de gracias y de petición en toda suerte de necesidades personales y colectivas, himnos de alabanza a Dios y a su grandeza, poemas didácticos o de sabiduría.

Ellos han tenido gran importancia en la vida de la Iglesia, tanto en su liturgia como en la oración personal de los fieles. Son los textos más citados en el Nuevo Testamento: en primer lugar, porque con frecuencia están en boca de Jesús, y luego, porque en él se cumplen sus múltiples anuncios mesiánicos.

Están, por último, los libros proféticos. El profeta es un mensajero y un intérprete de la palabra de Dios, que no habla tanto a los individuos como al entero pueblo escogido, para guiar su historia entre las naciones circundantes, y también para corregirlo. El profeta se sitúa a veces por encima del tiempo, y sus predicciones están destinadas a confirmar sus oráculos. Los profetas mayores son Isaías, Jeremías,

Ezequiel y Daniel. Una importancia especial tienen en ellos los anticipos de los tiempos mesiánicos, y del propio Mesías salvador de Israel.

7. El Nuevo Testamento

El Nuevo Testamento se abre con los Evangelios o anuncios de la buena nueva de la salvación en Cristo. Después de Pentecostés los apóstoles, fieles al mandato del Señor: "id y enseñad a todas las gentes" (Mt 18, 19), salieron a predicar por distintas regiones lo esencial de los hechos y dichos de Jesús, que habían visto y oído como testigos presenciales.

A partir de aquella predicación, que ya se transmitía en forma oral o escrita, como dijimos, los cuatro evangelistas (dos de ellos, apóstoles) "escogieron datos de esa tradición, los redujeron a síntesis, los adaptaron a la situación de las diversas Iglesias, conservando el estilo de la proclamación: así nos transmitieron siempre datos auténticos y genuinos acerca de Jesús" (DV, 19), escribiendo sus respectivos Evangelios "para que creáis que Jesús es el Cristo, y para que creyendo tengáis vida en su nombre", como dice san Juan (20, 31).

Sus relatos son históricos, porque narran hechos y dichos efectivos, pero no son historia (historiográficos) ni biografías de Jesús en sentido actual. Su propósito era menos profano y más religioso: era la proclamación de Cristo Salvador. Los tres primeros Evangelios, de san Mateo, san Marcos y san Lucas, se llaman sinópticos, por sus semejanzas y porque se prestan a ponerlos en columnas paralelas. El cuarto, de san Juan, omite muchos pasajes ya presentes en los sinópticos, y tiene un enfoque más espiritual y teológico, orientado a mostrar la divinidad del Señor.

A continuación, los Hechos de los apóstoles, cuyo autor es san Lucas, narran la historia de la Iglesia naciente, y por razones obvias han podido ser llamados el "Evangelio del Espíritu Santo". Se inician con la primera comunidad de Jerusalén, cuyo centro es la predicación de san Pedro, y continúan con su expansión por el mundo pagano, por obra de la predicación de san Pablo.

Es este un personaje singularísimo, judío convertido por la aparición de Jesús glorioso en su camino a Damasco, alma fogosa y apasionada para quien Cristo lo es todo en la vida, y dueño de una cultura helénica que le facilitó mucho el anuncio de Cristo en sus tres viajes apostólicos. La mayor parte de las Cartas apostólicas son suyas, dirigidas a las comunidades varias por él fundadas en lo que hoy es Asia menor y Europa oriental.

Las demás Cartas apostólicas pertenecen a san Pedro, san Juan, Santiago y san Judas (Tadeo), todas ricas en doctrina y moral. Cierra el Nuevo Testamento el libro del Apocalipsis, perteneciente al género profético y "apocalíptico", lleno de visiones, símbolos e imágenes de difícil interpretación, afines a las del mismo tipo en Ezequiel y Daniel. Su fin inmediato es consolar a los cristianos perseguidos de fines del siglo I, asegurando el triunfo final de Cristo en su segunda venida.

Todos estos relatos y cartas son, como ya quedó dicho de la Biblia entera, muy variados en intención y extensión. Basta comparar la mentalidad y el estilo del Evangelio de san Juan con el de san Marcos, tan distintos, o la impronta de la personalidad de san Pablo con la de Santiago en sus respectivas Cartas, por extremar los contrastes. Y, no obstante, de unos y otros se valió el Espíritu Santo, para dejar por escrito lo que su santa voluntad quería que leyéramos y meditáramos. El cristianismo, sin embargo, no es lo que se llama una "religión del Libro", sino de la Palabra viva o Verbo que es Cristo mismo.

Por eso la interpretación de los libros sagrados debe hacerse en función de sus distintos géneros literarios, variables según la época y cultura de su origen, y según su propia naturaleza: no son lo mismo los modos de decir proféticos que los didácticos, ni los históricos que los apocalípticos.

San Agustín, que admiraba la literatura clásica, en una primera lectura antes de su conversión encontró pobres los textos sagrados, juicio que más tarde consideró vano y frívolo, al descubrir los tesoros de sabiduría humana y divina que ellos contienen. Allí habita más la fuerza de Dios que la elegancia humana. Debe agregarse que a menudo se encuentra en ellos una memorable belleza literaria, tanto poética como narrativa.

Cada texto bíblico debe entenderse en su relación de unidad con la totalidad de la Biblia, y también con la integridad de la Tradición de la Iglesia. Debe tenerse en cuenta, asimismo, la relación de los dos Testamentos: el Antiguo prefigura al Nuevo, y el Nuevo ilumina y explica al Antiguo.

La lectura asidua de los textos bíblicos es deseable para todos los fieles, pero de modo especial para cuantos tienen en la Iglesia un ministerio de predicación o de docencia. "Desconocer la Escritura es desconocer a Cristo", dice san Jerónimo. Algunas partes de la Biblia, no obstante, necesitan ciertos conocimientos previos de carácter doctrinal e histórico para ser leídos con provecho y sin confusión.

Los cuatro Evangelios son la cumbre misma de las Escrituras y de la entera revelación de Dios en la historia. Son también la norma suprema de la vida y la conducta cristiana. Por eso son una fuente inagotable de meditación, contemplación y adoración de la persona de Cristo.

La oración cristiana tiene muchas formas posibles, pero ninguna es tan alta como la meditación de los textos evangélicos, que se encamina a la contemplación amorosa de la figura de Jesús, a la adoración y el seguimiento de los pasos del Verbo encarnado en la tierra, "para que sigáis sus huellas" (1 Pe 2, 21), es decir, para pisar donde Cristo pisó, especialmente en el camino de la cruz.

De la forma de leer esas páginas nos sugiere san Josemaría que "debemos ser en ellas como un personaje más": "Hemos de meternos de lleno en ellas, ser actores. Seguir a Cristo tan de cerca como Santa María, su Madre, como los primeros doce, como las santas mujeres, como aquellas muchedumbres que se agolpaban a su alrededor. Si obramos así, si no ponemos obstáculos, las palabras de Cristo entrarán hasta el fondo del alma y nos transformarán" (*Es Cristo que pasa*, 107).

Nada puede compararse con los Evangelios cuando se trata de conocer a Jesús en su humanidad y en su divinidad, en la grandeza de su carácter y en su poder y majestad incomparables, por lacónicos que puedan parecer esos textos a primera vista. Él no dejará de premiar la perseverancia de esa lectura. Es allí donde mejor se aprende a contemplarlo y adorarlo.

A esas palabras casi bimilenarias no les ha pasado ni un día; su actualidad a lo largo de los tiempos, y en el día de hoy, es plena. Apuntaba a una gran verdad aquella metáfora de León Bloy cuando decía que, a la hora de saber las últimas noticias, no acudía a la prensa del día sino a los Evangelios: a la buena nueva, a la noticia que nunca deja de alegrarnos el corazón. Y se entiende que ellos nunca falten en la liturgia de la Iglesia, desde la Eucaristía y los demás sacramentos hasta la bendición de un edificio o del agua bendita.

Por último, las catorce Cartas de san Pablo poseen una riqueza doctrinal, teológica, espiritual y moral suprema. Se diría que el apóstol de las naciones gentiles no sabe hablar ni escribir de otra cosa que del misterio de Cristo salvador, de la justificación que solo de él nos viene, y en general de la experiencia vivida de su Persona y de su amor.

Con razón es su apostolado entre los pueblos paganos el que más describen los Hechos de los apóstoles (Hch 11 a 28: casi veinte capítulos). Y con razón es tan difícil hablar del Padre, del Hijo y del Espíritu Santo, de la Iglesia y de la vida cristiana, sin buscar como una referencia esencial, después de los Evangelios, sus escritos epistolares, que, con la misma excepción, cubren la mayor parte del Nuevo Testamento.

Por fin, habría que hacerse lenguas cantando la hermosura de la revelación divina a la que adherimos por fe: ella aquieta nuestra alma, ilustra nuestra mente, enciende nuestro corazón, nos da a conocer realidades que jamás podríamos imaginar, y nos aclara otras que solo confusamente percibiríamos: para que no pasemos por la vida como por un túnel oscuro, sino que miremos todas las cosas de la tierra como iluminadas por la luz de lo alto.

II

EL ACTO DE FE

Si por la revelación Dios viene al hombre, por la fe el hombre va a Dios. La fe es la respuesta humana a la revelación divina, y el inicio del camino de la salvación. "Sin la fe es imposible agradar a Dios" (Hebr 11, 6). En el cielo "veremos a Dios tal como es" (1 Jn 3, 2), pero aquí abajo divisamos sus misterios "como en un espejo, confusamente" (1 Cor 13, 12). Sin embargo, no estamos a oscuras, porque la fe es una cierta luz. "Yo he venido al mundo como luz, y así el que cree en mí no andará en tinieblas" (Jn 12, 46).

Leemos en la Carta a los hebreos: "La fe es la convicción de las cosas que se esperan, la prueba de las cosas que no se ven" (11, 11). La fe es el asentimiento sobrenatural, cierto y libre de la inteligencia a la verdad revelada por Dios. La palabra "fe" significa tanto aquello que creemos (la revelación, la Trinidad, Cristo) como el acto y el hábito del sujeto que cree (yo creo, nosotros creemos). Y creemos tanto "a" Dios como "en" Dios, tanto a Cristo como en Cristo.

Creemos a Dios "porque Él no puede engañarse ni engañarnos" (CEC, 156). Creemos a Cristo porque él es el hombre más confiable y digno de crédito que jamás haya existido. Creemos a la Iglesia de los apóstoles porque ella fue fundada por Cristo, y él estará con su Iglesia hasta el fin de los tiempos (Mt 28, 20).

1. LA FE ES SOBRENATURAL

Sobrenatural es un acto que se realiza por la gracia de Dios, es decir, por encima de nuestras fuerzas naturales, y de todos ellos la fe es el primero. ¿Por qué es sobrenatural la fe? Porque aquello en lo que creemos no se ve, no se palpa, no se comprueba: no es evidente, es misterioso, es invisible. No está al alcance de nuestros sentidos ni de nuestra razón natural: está por encima de ella. Dice san Pablo que por la fe "no contemplamos las cosas visibles sino las invisibles; pues las cosas que se ven son temporales, pero las que no se ven son eternas" (2 Cor 4, 18).

Para alcanzar el misterio divino, la mente y el corazón deben ser movidos por Dios mismo, iluminados y como atraídos por la gracia de Dios. Cuando Jesús preguntó a sus apóstoles quién decían que era él, Simón respondió: "Tú eres el Mesías (el Cristo), el Hijo del Dios vivo" (Mt 16, 16). Entonces Jesús lo llamó bienaventurado (feliz), "porque esto no te lo ha revelado la carne ni la sangre, sino mi Padre que está en los cielos" (Mt 16, 17).

Carne y sangre es un hebraísmo que significa los poderes de este mundo; como si el Señor dijera a Simón: no has acertado con mi identidad divina porque seas muy sabio, o porque tengas una inteligencia muy perspicaz, o porque hayas hecho una observación correcta de los hechos, sino por una revelación de lo alto: porque el cielo te ha iluminado. Y lo mismo puede decirse del más humilde acto de fe que se haga sobre la tierra.

Esa revelación de lo alto significa dos cosas: que la divinidad de Cristo es revelada por el cielo, y que el mismo cielo ha otorgado a Pedro la gracia, el don, la luz sobrenatural que hizo posible su acto de fe. De otro modo, nuestras facultades, limitadas por su naturaleza y oscurecidas por el pecado, nunca serían capaces de asentir ni de prestar adhesión personal a una verdad que las sobrepasa, a un misterio que está por encima de toda evidencia natural.

No es posible creer "sin la iluminación y la inspiración del Espíritu Santo" (II Conc. de Orange, c. 7). Para creer "es necesaria la gracia de Dios, que prepare y ayude, y los auxilios interiores del

Espíritu Santo, que mueva el corazón y lo convierta a Dios, y abra los ojos del alma" (DV, 5).

Siendo una gracia de Dios, la fe se le pide. Por ejemplo, con la oración de aquel pobrecillo que creía a medias y pedía a Jesús: "Creo, Señor, pero ayúdame en mi incredulidad" (Mc 9, 24). Incluso con menos base que ese hombre, el incrédulo a secas siempre podría pedir a Dios, como se ha hecho a veces en el punto de partida de una conversión, en estos términos: Yo no sé si existes, Dios, pero si existes y si eres quien dicen que eres, ayúdame a creer. Cuando se carece de fe, pero no se está lejos de ella, la primera necesidad es, en forma absoluta, pedirla humildemente.

Porque hasta esa petición hipotética que decíamos (Si existes…) puede ser bastante a la gracia de Dios para iluminar al incrédulo vacilante: casos se han visto. Y si ya se tiene una fe consolidada, se pide crecer en ella, pues al no tener límite, y estar sujeta a un aumento indefinido, se pide más fe, siempre más; se pide crecer en ella, cosa que todos necesitamos siempre. Así los apóstoles piden a Jesús: "Auméntanos la fe" (Lc 17, 5).

Al mismo tiempo, la fe se agradece: se da gracias a Dios porque hemos recibido luz de su parte, ya que, sin tener mérito alguno, Él nos ha permitido asomarnos al abismo insondable de su Ser, y vislumbrar sus "prodigios y milagros en el cielo y en la tierra" (Dan 8, 28), las maravillas que ha hecho en la naturaleza y en la historia.

Quien ha recibido la gracia de la fe católica desde la infancia, o casi, no puede sino admirarse al leer el proceso de conversión, tantas veces heroico, de quienes lo pusieron por escrito: Newman, Chesterton, Benson, Knox, Edith Sitwell, Waugh, Greene, Dawson, Bloy, Maritain, Péguy, Van der Meer, Claudel, Frossard, Gertrude von le Fort, Papini, Tatiana Goritcheva, Rostovsov, Sigrid Undset, Merton, Lowell, Edith Stein, Scott Hahn, Zolli… ¡Cuánto sacrificio, cuánta renuncia y desprendimiento para alcanzar lo que a otros les fue dado temprana y suavemente en la vida! Pero tan de Dios, tan sobrenatural es un camino como el otro.

Y en ambos casos, por mucho que difieran, el don de la fe no es nunca recibido en el alma como una cosa, como algo ya hecho que dispensara al hombre del ejercicio de su inteligencia y voluntad, sino como algo por hacerse a partir de ese don. Es el hombre con todas sus facultades el que debe corresponder a esa gracia divina. Él debe emplear a fondo su conocer y su querer; si no fuera así, el creer no sería un acto humano pleno. La gracia de Dios pide al hombre "el pleno homenaje de la inteligencia y de la voluntad a Dios revelador" (DV, 5).

2. La fe es razonable y cierta

Es la totalidad de la persona humana la que se compromete en la fe. Dice san Pablo: "Con el corazón se cree" (Rom 10, 10), en el sentido bíblico de ese término, que designa "el centro del hombre, donde se entrelazan todas sus dimensiones: el cuerpo y el espíritu; la inteligencia, la voluntad y la afectividad" (Papa Francisco, Enc. *Lumen fidei*, 26).

Pero hablando en sentido formal, es por el intelecto que el hombre asiente a la verdad revelada, y es por la voluntad que el hombre decide hacerlo. Santo Tomás lo expresa en una forma sintética: "Creer es un acto de la inteligencia que asiente a la verdad divina por imperio de la voluntad movida por Dios mediante la gracia" (*Suma Teol.*, II-II, 2, 9).

Es importante subrayar el carácter intelectivo o inteligente de la fe, para distinguirla claramente de un mero y vago "sentimiento religioso", con el que a menudo se la ha confundido, a veces de manera expresa desde ciertas filosofías del temprano siglo XIX (Schleiermacher) y a veces de manera difusa, en el clima (incluso actual) de cierta cultura bastante sentimental, sentimentalista, que ha influido en algunos ambientes católicos.

El acto de creer tiene en grado variable un componente afectivo o emocional, que incluso cuando es intenso (a veces puede faltar casi del todo), es de suyo inesencial. C. S. Lewis nos cuenta que, una vez convertido, se consideró el más reacio y frío de todos los cristianos, porque en su conversión no tuvieron parte el sentimiento o la emoción: simplemente se rindió a la verdad de Cristo.

San Juan Pablo II nos previene que la fe, extraída del ámbito de la razón, se presta a confundirse con el sentimiento, en el ámbito de la afectividad, o con el mito, en el ámbito de la fantasía (FR, 48). Uno y otro le darían una connotación irracional, sumamente impropia.

Pues también la fantasía puede estar presente en el acto y en las expresiones de la fe, y de hecho lo ha estado siempre, desde el libro del Génesis en adelante, porque el creer es cosa de la persona entera. Pero aunque la fe pueda usar el lenguaje del mito, ella de suyo nada tiene de fábula ni de leyenda. Por eso es importante enfatizar su naturaleza propia: es por el intelecto que decimos "creo".

Y por eso agregamos que el asentimiento de la fe es cierto: posee la certeza de un juicio del intelecto, y la posee en grado pleno. La fe no es una opinión, un punto de vista cristiano, un simple modo de pensar. La suya es una certeza o seguridad tal, que por su origen y por su objeto divino puede llamarse absoluta, aunque por la imperfección del sujeto humano pueda tener un grado variable.

El grado en que la fe compromete a la persona entera, por ejemplo, en el martirio, proviene de una certidumbre que, en cierto sentido, supera a cualquier otra especie de convicción humana. ¿Quién daría su vida por una idea científica o filosófica? En la antigüedad abundó el culto al sol, pero ya en el siglo II observaba san Justino que nadie parecía dispuesto a morir por su fe en el sol.

Recordemos, en cambio, a esas legiones de hombres y mujeres, de ancianos y jóvenes de los primeros siglos cristianos, que por dar el indispensable testimonio de Jesús marchaban con alegría a las cruces, al fuego, a las fieras. Eso sin olvidar que también hay mártires en todas las épocas, incluyendo la nuestra. Su número es tan incontable, que cuesta elegir algunos de ellos para ilustrar lo que venimos diciendo.

Pensemos en santo Tomás Moro, que fuera canciller del reino de Inglaterra, escritor y humanista famoso, padre de una hermosa familia. Cuando fue obligado a prestar el juramento de sumisión a

Enrique VIII como cabeza de la Iglesia de Inglaterra, no dudó en negarse y afrontar una larga prisión en la torre de Londres, y luego el morir decapitado a causa de su fe.

En tiempos más recientes, pensemos en san Maximiliano Kolbe, sacerdote polaco que, encerrado en un campo de concentración nazi, ante la inminente ejecución de otro prisionero que dejaba mujer e hijos, se adelantó a solicitar un canje y morir él a cambio de la vida de ese padre de familia, lo que efectivamente ocurrió.

Y si no son muchos los creyentes que, por la debilidad humana, serían capaces de llegar a tal extremo, bastan esos tantos y tantas para ilustrar el grado de certeza al que tiende la fe en Cristo, por su fuerza y naturaleza intrínseca. La paradoja de la fe consiste en que, moviéndose en la penumbra de este mundo, al mismo tiempo puede ser calificada de clarividente: ve más lejos y con más certeza intelectual que cualquier otro conocimiento.

Estamos hablando de la fe en sí misma y, por parte del sujeto, en su grado pleno. Pero, como todo hábito humano, la fe admite intensidades variables, y puede sufrir crecimiento o disminución. De allí la posibilidad de las dudas de fe. Ellas pueden darse justamente porque la fe es sobrenatural: su objeto es invisible y no evidente, misterioso y oscuro, frente a la sólida presencia del mundo sensible y de sus evidencias. Por otra parte, el ser humano es siempre frágil; su inteligencia está oscurecida por el pecado e inserta en las vicisitudes morales y psicológicas de la vida.

Entre ellas no deben descartarse esos estados que llamamos sequedad sensitiva, aridez o desierto espiritual, cuando la fe carece de todo apoyo afectivo, lo que de por sí no tiene importancia, en virtud de lo dicho sobre lo secundario del sentimiento. Pero la aridez puede producir, sin embargo, una sensación parecida a la duda. A menudo se trata de una prueba que Dios envía o permite a sus seguidores, para purificarles la fe de sus adherencias sensitivas y así robustecerla: para dejar cada vez más claro que Dios no es lo mismo que nuestro sentimiento de Dios. Baste pensar en el cercano caso de santa Teresa de

Calcuta, que desde el comienzo de su entrega a Dios hasta su muerte fue privada de todo sentimiento religioso.

Pero en ese estado de aridez también puede intervenir, en el otro extremo, un factor del todo diferente: la falta personal, el descuido de los deberes religiosos, la falta de oración. Y entonces no se trata de una prueba de Dios, sino de una deficiencia de la vida de piedad, que debe ser subsanada con más aplicación y esfuerzo. Y en la duda u oscurecimiento de la fe puede tener parte, todavía, un factor más grave: el pecado personal, la conducta moral impropia, el estado habitual de pecado, que suele producir un efecto más profundo de disminución de la fe, o incluso su pérdida.

Viene al caso aquí esa sentencia según la cual se cree como se vive, y se vive como se cree: una vida moralmente recta procede de la fe, y a su vez la aumenta, mientras que una conducta pecaminosa no puede sino oscurecerla. A veces quien está dejando de creer ha dejado antes de conducirse moralmente según la fe se lo exigía. Pero ahondaremos en esta figura cuando hablemos de la libertad del acto de fe.

Existe también la duda de fe involuntaria: esa vacilación del momento ante la perplejidad que produce el misterio mismo de fe, o quizá ante una objeción que no se sabe cómo responder en el instante… Es el caso de recordar, para tranquilidad del creyente, la sentencia del card. Newman: "Diez mil dificultades no hacen una sola duda" (CEC, 157). No es lo mismo un pensamiento contrario a la fe que una duda consentida.

En todo caso, nada de lo anterior obsta para considerar la fe como una verdadera luz, según aquello de san Pablo: "Pues el mismo Dios que dijo: 'Del seno de las tinieblas brille la luz', es el que hizo brillar la luz en nuestros corazones, para que irradien el conocimiento de la gloria de Dios que está en el rostro de Cristo" (2 Cor 4, 6).

Muchos conversos a la fe católica lo atestiguan en forma privilegiada: quizá tras años de agnosticismo, y una vez que han cruzado el umbral del misterio de la fe, emergen a la luz confesando: ahora, ahora que creo, por fin entiendo el enigma de la existencia humana, el corazón del hombre, el sentido del dolor y aún del mal, los acontecimientos de la historia… En esa dirección convergen, con distintos matices, sus declaraciones.

Entre tantas posibles del último siglo, elegiremos esta del novelista inglés Evelyn Waugh: "La conversión es como salir, a través de una chimenea, de un mundo de espejos donde todo es una caricatura absurda, para entrar en el auténtico mundo creado por Dios; es entonces cuando empieza el delicioso proceso de explorarlo sin límites". Pues la fe es un auténtico saber, que ilumina nuestra comprensión del mundo y de la vida.

3. La fe es libre

Debemos a Pascal esta metáfora: Dios ha puesto las verdades de la fe a la justa distancia de nuestra razón, para que creer en ellas sea a la vez un acto razonable y un acto libre. Si la verdad revelada estuviera más cerca de nuestro alcance intelectual, aceptarla sería un acto menos libre y menos meritorio; si estuviera demasiado lejos, para aceptarla haría falta más credulidad que adhesión inteligente a ella.

Como acto verdaderamente humano, la fe goza de verdadera libertad. No siendo evidente su objeto, nuestra inteligencia no podría asentir a él sino movida por la voluntad libre, que a su vez recibe la suave moción del Espíritu Santo. Dice Tomás de Aquino: "El acto de creer depende de la voluntad de quien cree; pero es necesario que la gracia de Dios prepare la voluntad para que sea elevada a las cosas que están por encima de su naturaleza" (S. Teol., II-II, ad 3).

Aclaremos el sentido de esta libertad. No se trata del mero "si quiero creer creo, y si no, no", como quien dice: si quiero salir a la calle salgo, y si no, no; porque esa sería una mera libertad de indiferencia, que viene a significar que todo da lo mismo; justo lo contrario del acto libre de creer, que es una decisión trascendental donde se juega uno la vida entera.

Tampoco hablamos aquí de esa otra libertad de la fe, por la cual nadie debe ser forzado a creer, lo que sin duda es cierto, porque el creer debe estar libre de toda coacción externa. Pero esa libertad de coacción o de fuerza foránea, más que formar parte del acto de fe mismo, es una consecuencia de él y un derecho humano, que en el orden social llamamos libertad religiosa.

La libertad propiamente dicha del creer forma parte de su naturaleza más íntima, que expresada en forma sintética significa: para creer hay que querer creer; sin ese querer libre, no hay fe posible. Sin él, aunque se vean milagros no se creerá, como pasaba a aquellos judíos de quienes nos cuenta el Evangelio: "No creían en él (Jesús), a pesar de haber hecho tan grandes señales (milagros) delante de ellos" (Jn 12, 37).

Ese querer creer es una voluntaria apertura del corazón a Dios en Cristo Jesús, una disposición a aceptar la forma de vida propia de la existencia cristiana, una buena voluntad, casi una forma previa de amor a Dios, por más que esta relación parezca circular. "El amor mismo es un conocimiento, trae consigo una lógica nueva", dice san Gregorio Magno, y Francisco comenta: "La fe conoce por estar vinculada al amor, en cuanto el amor mismo trae una luz" (LF, 26 y 27).

Si los antiguos expresaron la voluntariedad de la fe con la fórmula "credo quia volo" (creo porque quiero), fue Newman quien la perfeccionó en términos de amor, con su excelente aserto: "creemos porque amamos". Solo por una cierta forma de amor puede la inteligencia alcanzar los más altos misterios divinos.

Faltando esa libre disposición de la libertad, ocurre lo que dice Pío XII de las materias religiosas y morales, y en general de las que atañen profundamente a la existencia humana: "En semejantes materias, los hombres se convencen fácilmente de la incertidumbre de las cosas que no quisieran que fuesen verdaderas" (Enc. *Humani generis*, en CEC 37).

Este sería el caso de quien no quisiera tener a nadie por encima de su cabeza, ni diez mandamientos que lo obligaran, ni una voluntad superior a la que obedecer; y también el caso de quien no estuviera dispuesto a abandonar ideas o conductas incompatibles con algún precepto de la ley de Dios. Por eso dijo Kierkegaard: "Es tan difícil creer porque es tan difícil obedecer".

Y es que la fe pone en juego todas las disposiciones morales del corazón humano: su entrega al prójimo, la austeridad de sus costumbres, el dominio de los sentidos, la castidad, la humildad. Sin esas libres disposiciones de la voluntad humana y otras semejantes, es muy difícil que la inteligencia esté disponible para creer. Lo indica la propia bienaventuranza: "Felices los puros de corazón, porque ellos verán a Dios" (Mt 5, 8). ¿Cuándo lo verán? En el cielo, sin duda, en la visión de Dios cara a cara. Pero ya en la tierra la percepción de las realidades divinas se abrirá a las almas limpias.

Pureza de corazón es la entrega al prójimo, es el desprendimiento de los bienes materiales, es la castidad de cuerpo y alma, es la humildad, sobre todo la humildad intelectual. Son esas grandes virtudes, o al menos el propósito inicial de practicarlas, las que afinan las antenas del espíritu para detectar al Infinito. Por contraste, el egoísmo, la codicia, las pasiones carnales y la soberbia oscurecen los ojos del alma para divisar a Cristo: la figura del Señor se hace borrosa cuando el alma está dominada por esos otros señoríos.

Es dentro del seguimiento de Jesús donde y cuando se abren los ojos del discípulo que exclama: ¡Eres tú!, ¡ahora sé que eres el salvador! Con esto no se niega la dimensión radicalmente intelectiva del acto de fe; solo se subraya su condición volitiva o libre, pues la fe está inscrita en la vida, en la totalidad de la existencia, en su centro mismo.

En el orden pastoral, cuando alguien acude a un sacerdote, o a algún amigo de fe probada, para contarle que tiene dudas de fe, o que tuvo fe pero cree haberla perdido, pocas veces se le podrá ayudar, por lo menos al comienzo, con una mera exposición doctrinal, o con la recomendación de alguna lectura teológica, aunque esos recursos formen parte del proceso ulterior de ayuda.

Al menos en el mundo culturalmente católico, la primera ayuda se dirigirá a orientar a la persona, en la medida de lo posible, hacia un buen examen de conciencia sobre la vida que está llevando: ¿está desprendido del dinero o es muy apegado a los bienes materiales?; ¿es austero o se entrega al consumismo?; ¿lleva una vida limpia en materia de castidad, o arrastra hábitos de impureza, en la forma que sea?; ¿es egoísta o generoso en sus relaciones con la familia y el prójimo?; ¿es pacífico o peleador?; ¿tiene disposiciones humildes, o la soberbia lo lleva a ser juez de lo divino y lo humano?

Sería ingenuo considerar estos factores de la voluntad como ajenos a la fe o la incredulidad. Porque es en algún punto sensible de esas disposiciones morales, o en varios a la vez, donde suele estar el primer obstáculo en el camino de la fe, y son ellos los que se debe corregir, o comenzar a hacerlo, para aclarar la comprensión intelectual de la doctrina cristiana. Y a medida que la persona lo hace y pide luz del Espíritu Santo, por obra de la gracia y de la pureza de corazón empezará a ver lo que antes no veía, o veía borroso. Y es en esa medida que las explicaciones o lecturas doctrinales tendrán su efecto sanador sobre la inteligencia.

Poseemos numerosos testimonios de incrédulos intelectuales y célebres que, ya sea después de su conversión, o sin haberse convertido nunca, pero con una notable sinceridad, reconocen que no creían, más que por razones especulativas, porque no querían creer: o no querían que Dios existiera, o que Cristo fuera el salvador, o no querían ajustar su vida a los diez mandamientos, o integrarse a la Iglesia. Así en distinta medida Huxley, Spencer, Scheler, Sartre, Unamuno, J. Green, y otros filósofos o escritores de nota.

Tenemos el testimonio expreso de Mortimer Adler, un filósofo que reflexionó mucho sobre Dios, sin llegar nunca a una certeza. Y en su autobiografía confesó más tarde que el problema no era simplemente intelectual, sino que jugaba un papel clave la voluntad: que la certeza de fe "requería un cambio radical de mi forma de vida. La verdad del asunto es que yo no quería vivir la vida de un creyente" (*Philosopher at Large*).

Más cerca de nosotros, recordemos los pasos previos de la conversión de san Agustín, cuando al borde ya de rendirse a Cristo, sentía que las pasiones a las que debía renunciar lo tironeaban como de la ropa para detenerlo, y le susurraban al oído: "¿Conque nos dejas, eh? ¿Es cierto que ya nunca más (...) te será permitido hacer esto y lo otro?", representándole placeres prohibidos para el cristiano (*Confesiones*, VIII, 11).

Por último, si la fe teologal es cosa altamente buena y meritoria, la incredulidad puede ser un pecado, cuando están dadas las condiciones de conocimiento humano y de gracia divina (lo que solo Dios sabe). Y en sentido inverso, en tales casos creer es una obligación moral, contenida en el primer precepto del decálogo: creer, esperar y amar a Dios. Pero el acto y hábito de la fe, siendo meritorio para la vida eterna, tiene también su premio aquí abajo: el gozo, el sentido de la existencia como un todo; el sentido del amor, del dolor, del trabajo, de la muerte...

4. La vida de fe

La fe es una opción total, que compromete la vida entera hasta sus raíces más profundas. La fe comprende la integridad de todas las dimensiones de la existencia: intelectuales, volitivas, afectivas, prácticas... Se entiende que un compromiso tal incluye, con la fe, las obras que la traducen mediante el amor operativo, según la palabra de Santiago: "Si la fe no tiene obras, está muerta (...) Muéstrame tu fe sin las obras, y yo te probaré por mis obras la fe" (2, 17-18). Se sugiere así que la fe viva y las obras de la fe son, en último término, la misma cosa.

Que no en vano la fe viva se llama también vida de fe, según aquello de san Pablo: "El justo vive de la fe" (Gal 3, 11). Vivir de la fe es proyectar el asentimiento a la verdad revelada sobre la manera de pensar, y sobre la totalidad de la existencia; es dejar que esa verdad ilumine y se apodere de todos los centros vitales de la persona. Vivir de la fe es mirar todos los acontecimientos del mundo y de la vida como bañados por la luz de lo alto. Es recibir como venido de la Providencia divina todo lo que le viene a uno al encuentro, también lo que viene a contrapelo y produce dolor. Y es dirigir a la gloria de Dios todo lo que uno decide y realiza.

Se dirá que esta es la fe heroica de los santos, por fuerza escasa. Pero sin una cierta intensidad de la fe, es decir, cuando se vive más bien según la sabiduría del mundo, por bautizado que se esté, y haciendo más o menos la misma vida que se haría con o sin fe, entonces esa fe tan prescindible es deficiente, y en ella apenas pueden percibirse su grandeza y sus consecuencias vitales. Ellas solo se hacen notorias en el caso de una fe más plena, la que todos los bautizados estamos llamados a alcanzar, incluso en su grado heroico, por la gracia del Espíritu Santo, que nos la infundió como un germen divino en el Bautismo.

Como acto libre, el acto de fe plena comporta el riesgo de toda libertad, pero lo hace en grado sumo. Porque el verdadero creyente se lo juega todo en este mundo por la verdad de la fe: apuesta por ella todo lo que es, todo lo que tiene, todas las posibilidades de su existencia: su tiempo, sus gustos, su talento, sus bienes... Su riesgo no consiste en que no esté seguro de esa verdad; al contrario, justamente porque lo está es que arriesga todo lo que tiene ahora por lo que no tiene todavía, todos sus bienes temporales por el Bien eterno.

El riesgo de la fe es el riesgo de la gran apuesta. Podría decirse que la fe de los santos apuesta todos los bienes visibles a una sola carta: a la carta de lo invisible. Esa fe es de veras "la prueba de las realidades que no se ven" (Hebr 11, 1). Por la fe se aventura el gran salto desde lo visible a lo invisible, al corazón del Invisible en persona. Por eso se ha dicho que la vida y la conducta del fiel cristiano parecen a ratos las de un loco o un insensato a los ojos del incrédulo.

Esa insensatez, la del riesgo y la apuesta, abarca la entera vida cristiana, pero se hace especialmente notoria allí donde las conductas son de mayor riesgo, o cuando son más grandes los bienes de los que alguien se priva por el solo motivo de la fe. Así, por ejemplo, cuando un matrimonio decide traer al mundo un hijo más, todavía otro más, en circunstancias inciertas, lo que en su entorno mundano hace pensar o decir: ¡qué insensatos!

Así cuando un propietario invierte cuantiosos bienes, los que para su situación económica sean cuantiosos, muchos o pocos, en una empresa apostólica, por el solo bien de las almas. Así cuando un apóstol se traslada a vivir en otro país, quizá con otro idioma o cultura o costumbres distintas, por la sola expectativa de ganar almas para Jesucristo. Así cuando se juega el propio empleo por no hacerse cómplice de alguna práctica de moralidad dudosa.

Todos estos son simples ejemplos de fe viva, entre los innumerables que son posibles. Muchos otros, la inmensa mayoría, pueden ser o parecer de menor cuantía, porque se dan en el tejido de la vida cotidiana y sus pequeñas cosas, pero nunca son intrascendentes ni carecen de la bendición de Dios. Y a la inversa, todos ellos son poca cosa comparados con la mayor apuesta posible, la del martirio: la libre elección de dar la vida por la fe es la mayor apuesta, el acto loco por excelencia a los ojos del que no cree, y que ha sido de una abundancia abrumadora en la vida de la Iglesia.

Se recordará, por último, que el fiel católico dice "creo" y dice "creemos" por igual, pues no cree por su cuenta y como individuo aislado, sino con la Iglesia y en la fe de la Iglesia: se abre al gran "nosotros" de una comunión de fe y amor que lo sostiene y lo trasciende.

III

LA FE Y LA RAZÓN

Completaremos lo dicho hasta ahora sobre la revelación y la fe con un desarrollo ampliado (aunque muy breve) de su relación con la razón natural, y con lo que habitualmente llamamos racional. En todo caso, este capítulo, a modo de apéndice, es prescindible para quien quiera ir al grano de las verdades reveladas.

En todo tiempo el creyente cristiano ha sabido que el objeto propio de su fe consiste en misterios, es decir, en verdades reveladas por Dios al hombre, cuya comprensión supera con mucho el alcance natural de la razón humana.

Así la Trinidad, el hecho de que Dios subsista en tres Personas distintas; así la divinidad de Jesucristo, el Hijo de Dios que se hace verdadero hombre al encarnarse en el seno de la Virgen María; así la Eucaristía, el pan y el vino que se convierten en el cuerpo y la sangre de Cristo, por citar tres principales misterios de la fe.

Aunque la Iglesia haya podido fijar los términos que expresan esos misterios (pues en caso contrario no sabríamos de qué estamos hablando), sin embargo, solo en el cielo, cuando veamos a Dios cara a cara y tal cual es (1 Jn 3, 2), comprenderemos su contenido propio e intrínseco.

Es lógico entonces que, desde los orígenes del cristianismo hasta hoy, las relaciones entre la fe teologal y la razón natural hayan conocido, junto con momentos de armonía, también momentos de conflicto (que no significa contradicción).

1. LAS DOS "ALAS" DEL ESPÍRITU

La historia de estas relaciones ha sido larga y variada y, más allá de las tensiones que haya producido la imprudencia humana (tanto de hombres de ciencia como de hombres de Iglesia), su resolución puede expresarse en esta hermosa sentencia de san Juan Pablo II: "La razón y la fe son como dos alas con que el espíritu humano se eleva hacia la contemplación de la verdad" (Enc. *Fides et ratio*, 33).

De hecho, la Iglesia ha necesitado del saber filosófico para formular verdades esenciales de la fe y, desde luego, la teología no sería posible o plena sin ese saber. Y a la inversa, hay verdades accesibles en principio a la razón natural, pero que esta, oscurecida por el pecado, difícilmente alcanzaría por sí misma, y sin embargo históricamente las ha alcanzado con la ayuda de la revelación, que le ha abierto el camino en el propio orden natural.

Así ciertas verdades filosóficas sobre Dios, la creación del mundo y del hombre, y por cierto las verdades contenidas en el decálogo, como el honrar padre y madre, el no matar, el no mentir, etc., que son accesibles, pero no fáciles de alcanzar con certeza y sin mezcla de error. El mismo derecho natural, que de suyo es racional, no habría podido regular como lo ha hecho las relaciones humanas, sociales e internacionales, sin la ayuda de la verdad revelada.

Nos detendremos en algunos ejemplos personales más elocuentes. Esta interacción entre razón y fe se aprecia de modo muy ilustrativo en el trayecto intelectual de san Justino, filósofo y mártir, un Padre de la Iglesia del siglo II. Era él un griego pagano que, en busca de la verdad, pasó por la escuela de un estoico, la de un peripatético (aristotélico), la de un pitagórico y la de un platónico, sin encontrar en ninguna de ellas certeza ni paz. Un día, paseando por la orilla del mar, encontró a un anciano que le habló largamente de Cristo y de sus profetas, y luego se marchó.

Puesto a reflexionar sobre lo oído, llegó Justino a la conclusión de que finalmente era esta la filosofía segura" (*Dial.* 8), y se hizo a la vez filósofo y cristiano, dedicando su vida y sus escritos a enseñar ambas cosas, hasta que murió mártir por esta doctrina, que él no dudaba en llamar con ambos nombres: de allí su título de "filósofo y mártir". Con el paso del tiempo se decantó mejor la diferencia entre una disciplina racional y una fe sobrenatural, pero su caso ilustra bien cuánto puede ayudar la una a la otra.

Distinto pero convergente es el caso de san Agustín tres siglos después: Cicerón y Platón por una parte, y las Cartas de san Pablo por otra, fueron los caminos que le condujeron a su monumental síntesis filosófico-teológica. Aristóteles y la entera tradición cristiana se dieron cita admirablemente en Tomás de Aquino, para producir una obra que, de modo programático, busca la integración y la armonía entre ambas formas del saber intelectual.

En nuestros días no son infrecuentes tales casos de interacción. Jacques Maritain llevaba ya cierto trayecto filosófico recorrido, en la huella de Bergson, cuando por influencia de León Bloy se convirtió al catolicismo, y de allí en adelante prolongó en términos actuales la síntesis tomista. Por su parte Edith Stein, judía y formada en la fenomenología de Husserl, una vez convertida al catolicismo emprendió la tarea de articular la filosofía moderna con la metafísica y la teología cristiana, y también con una teología espiritual basada en san Juan de la Cruz, tarea interrumpida por su martirio, ya como religiosa carmelita, en el campo de concentración de Auschwitz. Valgan estos casos como botones de muestra de aquellas "dos alas" con que el espíritu vuela hacia la verdad.

2. La armonía de fe y razón

La convicción tanto teológica como filosófica que preside esta armonía puede formularse así: la verdad es una sola. Dios Creador es a la vez el autor de la naturaleza y sus leyes, y el dispensador de la gracia y de los misterios revelados. Es imposible, pues, que existan dos verdades que se contradigan, por más que esta afirmación choque con el relativismo y el escepticismo actuales.

Las dificultades que pueden encontrar hoy los creyentes, o quienes van camino de serlo, provienen de dos hechos presentes en el horizonte intelectual de nuestros días. Por una parte, en los últimos tres siglos se habla de la pérdida del "hábito metafísico": de la capacidad del intelecto para trascender el orden de los fenómenos y acceder al ser mismo de las cosas, a la realidad en sí.

Por otra parte, el increíble desarrollo de las ciencias y las tecnologías ha llevado a la creación de la mentalidad "positivista", o bien "cientifista", que lo juzga todo con el criterio de la verdad científica, descartando la validez de otras verdades (religiosas, morales y filosóficas) de orden superior.

Pero debe observarse, en primer lugar, lo impropio que es reducir la inteligencia humana, con su amplísimo espectro, a la mera racionalidad científico-tecnológica, que no es sino una forma particular, y no la más alta, de la razón. Basta pensar en la riqueza cultural de siglos enteros, anteriores o exteriores al nacimiento de nuestras actuales ciencias de la naturaleza. Es la entera vida humana, y no solo la fe, la que queda empobrecida por ese reduccionismo.

En seguida, y más allá de la suerte que corra la disciplina llamada metafísica dentro del saber filosófico, el hábito que lleva ese nombre es profundamente connatural a la inteligencia humana: es como el instinto profundo del intelecto. Lo es hasta tal punto, que en esa capacidad de trascender el fenómeno sensible y de captar el ser de las cosas, lo que ellas son de suyo, lo real, en suma, reside la diferencia esencial entre el hombre y el animal. Por eso se dice que el hombre es "el animal metafísico".

En cuanto a las ciencias de la naturaleza o del hombre, no son ellas las que impiden el ascenso de nuestra inteligencia hacia la verdad teologal. Pues las ciencias no están llamadas ni a encontrar esa verdad ni a negarla: queda fuera (más allá) del alcance de su rango cognoscitivo y de sus métodos. Son algunos científicos los que, superando el orden propio de su disciplina, pero hablando en nombre de ella, es decir, haciendo filosofía de manera impropia, cierran la mente a las verdades más altas de la existencia humana.

Quien dice ser ateo en nombre de la ciencia, porque su ciencia ha "explicado el mundo" sin necesidad de Dios, comete dos falacias.

Primera: la ciencia no ha explicado el mundo, porque cada una de sus maravillosas respuestas no hace sino plantear siempre nuevas preguntas. Y segundo, y sobre todo, porque a Dios no se lo demuestra ni se lo niega en el laboratorio o en el acelerador de partículas; el Ser divino se sitúa en otro orden superior de conocimiento, lo mismo que, por ejemplo, la inmortalidad del alma o el libre albedrío.

Pero los hallazgos de la ciencia misma, en cambio, ayudan y no poco a la Iglesia y a los creyentes a glorificar a Dios por la maravilla de tales descubrimientos. Esos hallazgos contribuyen también a precisar con nuevos matices los términos con que los teólogos expresan las verdades reveladas.

Así ha ocurrido, por ejemplo, con los formidables descubrimientos de la astrofísica, de la biología o de la psicología (el Big Bang, la evolución de los vivientes, el ADN, el código genético, las pulsiones inconscientes…). Y a la inversa, la fe cristiana no ha dejado ni dejará de ayudar a la razón filosófica a subsanar sus limitaciones naturales, y a llegar más lejos en la búsqueda de la verdad.

Así, pues, ni el creyente ni el que se encamina a serlo tienen por qué hacer caso de los prejuicios, tan voceados, sobre un supuesto obstáculo de la razón o de las ciencias en la plena adhesión a la fe de la Iglesia.

3. El alcance teologal de la razón

¿Puede nuestra inteligencia sobrepasar el orden sensible y llegar, por sus solas fuerzas, a la certeza básica de que Dios existe? Ya los grandes filósofos griegos, al margen de toda revelación divina, alcanzaron esa certeza, aunque (como es natural) su idea de Dios fuera muy limitada en relación al Dios de Abraham y al Dios Padre de Jesucristo.

Esa posibilidad de la razón natural es afirmada por san Pablo en su Carta a los romanos: "Lo cognoscible de Dios les es manifiesto (a los gentiles o paganos): Dios mismo se lo manifestó. Pues lo invisible de Él es conocido desde la creación del mundo mediante las creaturas (visibles): su eterno poder y divinidad" (1, 19-20).

Incluso la sabiduría del Antiguo Testamento, tan ajena a lo especulativo, viene a afirmar esa misma posibilidad del intelecto, esta vez frente a las idolatrías circundantes: "Pues al fuego, al viento o al aire veloz, a la órbita de los astros o a la violencia de las aguas o a los luceros del cielo, rectores del mundo, (los antiguos paganos) los tuvieron por dioses. Y si, fascinados por su belleza, se asombraron de su potencia y eficacia, bien pudieron deducir de ellos cuánto más poderoso es el que los formó. Pues por la grandeza de las creaturas se puede contemplar, por analogía, al que las engendró" (Si 13, 2-5).

Sobre estas bases bíblicas, "la santa Iglesia mantiene y enseña que Dios, principio y fin de todas las cosas, puede ser conocido con certeza mediante la luz natural de la razón humana a partir de las cosas creadas" (Conc. Vat. I; Conc. Vat II, DV, 6), (CEC 36).

De hecho, la filosofía que en sentido amplio llamamos cristiana, desde la antigüedad hasta el presente, ha desarrollado diversos argumentos en esa dirección, ya sea a partir del cosmos, ya del hombre. No corresponde a la Iglesia, por supuesto, pronunciarse sobre ellos: son asunto de los filósofos. Pero su Magisterio no puede dejar de celebrar, en esas nobles aventuras del pensamiento, su temple intelectual, que no se acobarda ante las dificultades de la empresa ni se contenta, frente al agnosticismo, con permanecer en la duda perpetua de la razón.

Se nos permitirá, por una sola vez, entrar en la densidad metafísica de esas pruebas (cosmológicas) de la existencia de Dios, intentando de ellas una síntesis, no sin cierto apoyo de las ciencias actuales. Hoy, mejor que nunca, sabemos que el universo es un movimiento continuo y perpetuo. Si se nos perdona la expresión: el cosmos es un baile cósmico. Nada permanece en su ser, todo cambia, las mismas galaxias se hacen y deshacen.

Así como en lo fílmico existe una cámara lenta, si pudiéramos ver la historia del universo en cámara ultra rápida, nos daríamos cuenta en forma casi sensible de esa verdad física y metafísica del devenir universal. Ningún ser es enteramente lo que es, todo está llegando a ser y dejando de ser. Más aún, el dejar de ser de una cosa es lo que permite el llegar a ser de otra, y viceversa: en eso consiste el cambio.

Decir que todo cambia y se muda, es decir que todo cuanto hay en el cosmos consiste en un "no ser todavía" y en un "no ser ya". Luego hay un "ya no" y un "todavía no", un no ser, una cierta nada, que anida en el corazón del universo. ¿Qué significa eso? Que el cambiante ser del universo no es un ser pleno, no se sostiene en sí mismo: el baile cósmico no se fundamenta en su propio ser, ni se explica a sí mismo, porque este cosmos danzante es a la vez ser y no ser, un cierto no ser.

Luego el fundamento de todo lo que existe en este mundo no reside en el propio mundo: no puede sino ser un Ser pleno, que existe por sí mismo, distinto del mundo y por encima del mundo, y que hace existir al mundo como su propia Causa: lo que la filosofía perenne denominó el Acto de Ser puro, que llamamos Dios: Ser sin más, Acto de Ser Subsistente en sí mismo, por sí mismo, desde y a partir de sí mismo.

4. La razón ante el misterio

Cerremos ahora este paréntesis. No decimos que la fe cristiana sea "racional", para diferenciarla bien de la filosofía y de las ciencias, que operan por evidencias y demostraciones; pero sí hemos dicho que es inteligente y razonable, pues quien cree tiene poderosos motivos para asentir con certeza a la persona de Cristo, y a cuanto él nos reveló de sí mismo, de Dios y del hombre.

Ciertas formas de racionalismo moderno han objetado la posibilidad de esa revelación en nombre de la dignidad de la razón humana. Les parece indigno de la razón aceptar misterios que la razón no puede comprender, y que por su propia índole están por encima de ella, pues "todo lo real es racional", y lo que pretende estar por encima de lo racional es declarado irreal.

Pero cuando se trata del misterio de Dios, de su ser íntimo, de la Encarnación, ¿acaso no es lógico y razonable aceptar (por muy buenas razones) que esos misterios estén por encima de la razón? ¿Acaso nuestro limitado intelecto puede exigir trasparencia y evidencia al Infinito y a su vida íntima, a sus libres decisiones creadoras y salvíficas? ¿Qué clase de Infinito sería este si pudiéramos abarcarlo y comprender sus misterios, como quien comprende una operación matemática o un silogismo o una verificación física?

San Agustín decía sabiamente: "Si captas, ya no es Dios" (lo que captas). Que es como decir: si crees que has comprendido al Infinito, ya no es el Infinito lo que has comprendido. Lo que recuerda por analogía lo que sucedió a Einstein en un *cocktail* académico: requerido por una señora a explicar la relatividad, pero en forma breve y sencilla, amablemente lo hizo, a lo cual la señora replicó: "Ahora la he comprendido". Y él, con ironía: "Señora, si usted ha comprendido, le aseguro que no es la relatividad lo que ha comprendido".

Dicho de otra manera: si el misterio de Dios cupiera en la cabecita de este como microbio pensante que es uno, ¿podría uno doblar la rodilla en adoración ante Él, como hacemos ante Dios los creyentes? ¿Podría uno amar su voluntad y entregarle a Él su vida entera?

Pues Dios es misterioso para nosotros, pero no porque no sea bastante inteligible o racional, sino porque lo es demasiado para el rango de nuestra razón. Él no es infra sino suprarracional. Nuestros ojos no están hechos para mirar el sol directamente: ante Él, dice santo Tomás, somos como las aves nocturnas o crepusculares, que para ver necesitan cierta penumbra, mientras que el esplendor del sol de mediodía las vuelve más ciegas.

Ciertos racionalistas, para aceptar a un Dios que se nos revela, parece que pidieran conocerlo como nosotros los creyentes esperamos conocerlo en el cielo. Pero hay que aceptar las limitaciones de nuestra existencia terrestre: de Dios solo poseemos reflejos, por fuerza misteriosos, pero suficientes para amarlo y servirlo en nuestra peregrinación terrena camino del cielo.

Siendo nuestra inteligencia una creación finita de la Inteligencia finita, no puede erigirse en medida suya. ¿Acaso puede nuestra lógica humana dictar normas al Ser infinito, y determinar si puede o no encarnarse, si puede o no depositar algo de su propia energía en un poco de agua o de pan sacramental? Nunca es más digna la razón humana que cuando, aceptando sus límites, se trasciende y sobrepasa a sí misma en dirección al misterio de fe del Dios Infinito.

Quedó ya dicho que nuestro acto de fe es inteligente. Pero quien en nombre de la razón sienta a Dios en el banquillo de los acusados, y le pide justificarse, explicar por qué es así y no asá, dar cuenta de sus acciones a satisfacción de una especie de tribunal de la propia razón, no obtendrá respuesta alguna de su inquisición, porque ha comenzado por invertir los papeles, y deberá contentarse con el pálido dios relojero del deísmo.

Pero los heraldos de la razón no son necesariamente racionalistas que nieguen todo cuanto supera a la razón. El racionalismo, se ha dicho, no es la razón sino una enfermedad de ella. Hay grandes apologistas de la razón que tienen una profunda fe católica; entre ellos nos contamos, de variadas maneras, todos los fieles, solo que algunos de ellos sobresalen porque han puesto su causa por escrito y tienen reconocimiento público de sus talentos.

Así, por ejemplo, G. K. Chesterton, quien, tanto en su vida personal como en la fantasía de sus novelas y cuentos, solía reconocer a quienes se decían católicos pero no lo eran, por su falta de confianza en la razón natural, como su personaje el padre Brown en sus peripecias detectivescas. Y su principal ensayo, *Ortodoxia*, es una apología de la razón y de lo profundamente razonable de la fe católica. Pues quien cree en ella, dice nuestro autor, "consiente en que algo sea misterioso, para que todo lo demás resulte explicable" (Cap. III). Y extremando las cosas, llega a afirmar que "la religión de Roma es, en sentido estricto, la única religión racionalista" (*El pozo y los charcos*).

Por eso ha podido aventurarse esta paradoja: es más razonable creer que no creer. Pues sin el Dios Padre de Jesucristo, ¡qué misterio el de la existencia humana, qué extraños somos a nosotros mismos! Y ¡qué enigma el de un Cristo solamente humano, como lo muestran esas pobres versiones suyas que nos ofrece la crítica racionalista!: Voltaire, Reinach, Reimarus, Frazer, los mismos Straus y Harnack… Y sin el pecado original, ¡qué misterio el del corazón humano, capaz de la santidad más admirable y de la depravación más horrible!

"Sé en quien he creído", dice san Pablo (2 Tim, 12). Porque Jesús de Nazaret es creíble en grado sumo. La profunda impresión espiritual que causó en sus discípulos de entonces, y que causa en los de hoy, la suprema y sencilla sublimidad de su enseñanza, la hermosura y grandeza de su carácter, la hondura insondable de su amor, la energía y la ternura de su corazón, el poder de sus milagros, y en suma la totalidad de su persona, irradian una veracidad y verdad incomparables en la historia humana.

Con un hombre así, superior a cuantos sabios y maestros haya habido en la humanidad, sabemos que podemos ir confiadamente hasta el fin del mundo. Él es alguien por quien se puede vivir y por quien se puede morir. Adherir a su persona y a su doctrina es un acto del intelecto y del corazón que se sitúa en el polo opuesto de la credulidad, y que produce en el creyente una certeza máxima. Ninguna filosofía, ciencia o sabiduría de este mundo puede proporcionar algo semejante.

Estas consideraciones adicionales sobre la fe y la razón tienen como fin despejar el camino del "sublime conocimiento de Cristo Jesús" (Flp 3, 8), de "la longitud y la altura y la profundidad" (Ef 3, 18) del misterio de Cristo, en una época que combina extrañamente el orgullo racional (racionalista) y el escepticismo frente a toda posible verdad.

IV

EL DIOS ÚNICO

El Credo, que es nuestra profesión de fe, comienza así: "Creo en un solo Dios, Padre Todopoderoso, Creador del cielo y de la tierra". "Todos los artículos del Credo dependen del primero" (CEC, 199), ya que Dios es el principio y el fin de todo lo que existe.

Así se lo reveló Él a Israel, y así lo recuerda Jesús: "Escucha, Israel: el Señor, Dios nuestro, es el único Señor. Amarás al Señor tu Dios con todo tu corazón" (Deut 6, 4-5 y Mc 12, 29-30). El que se presentó a Moisés como "el Dios de Abraham, de Isaac y de Jacob" (Ex 3, 6) es el mismo que los cristianos adoramos como "el Dios Padre de Jesucristo" (2 Cor 1, 3), y al que rezamos como "Padre nuestro que estás en el cielo" (Mt 6, 9).

La idea de Dios que nos ofrece la razón natural es verdadera y necesaria, pero pobre y pálida en comparación con el misterio insondable y prodigioso del Dios vivo que se nos revela, del Dios tres veces santo que interviene en cada paso de la historia de la salvación, del Dios Hijo que se hace hombre en el seno de María de Nazaret.

El salto abismal desde el Dios conocido por la razón natural al Dios vivo de la fe queda de manifiesto de mil maneras. Entre ellas es bien conocida la experiencia de Pascal, científico y filósofo, llamada su "memorial" o su "noche de fuego": "Dios de Abraham, Dios de Isaac, Dios de Jacob, no de los filósofos y de los sabios (...) Dios de Jesucristo (...) Alegría, alegría, alegría, lágrimas de alegría" (*Pensamientos*, 913).

No hay por qué oponer razón y fe, como parece hacer Pascal, pues el Dios de los sabios y el Dios de los creyentes es uno solo, a fin de cuentas; pero citamos este pasaje célebre para ilustrar el gran salto existencial de la fe cristiana, el abrupto cambio de perspectiva que va de la divinidad vista por la razón a la divinidad revelada, creída y adorada por el corazón creyente.

El Ser Infinito, Creador del universo, que trasciende todo lo humano, lo terreno y lo cósmico, es nuestra razón de ser y el sentido de nuestra existencia. Aunque nuestra condición sensorial nos haga sentir que lo más real es lo que vemos y tocamos, y que el Otro, el Invisible, es lejano e incierto, ocurre exactamente al revés: el Infinitamente Real es Él, la plenitud del Existir (Ex 3, 13-14), y somos nosotros los que bordeamos la nada, a partir de la cual nos creó su amor misericordioso.

La expresión con que se reveló a Moisés, Yo Soy o El Que Es, significa la absoluta autosuficiencia divina en el ser y en el obrar, la infinita felicidad que contiene en sí mismo, en la intimidad de su ser. Por decirlo con una pobre metáfora humana: Dios es el Océano infinito de Realidad, de Amor, de Bondad, de Belleza, de Ciencia, de Poder, de Santidad, de Misericordia. Aunque se nos haya dado a conocer, Él es inabarcable para nuestro conocimiento, es el inefable, el inagotable, el "Dios siempre más grande"; solo que, por su gracia, el amor que le tenemos y la adoración que le rendimos pueden llegar más lejos que nuestro limitado saber.

1. Santo, santo, santo

Lo primero que percibe de Dios el sentimiento religioso de la humanidad es lo Santo y lo Sagrado: lo totalmente Otro, lo distinto del mundo, lo separado y altísimo; aquello que está íntimamente presente en la naturaleza y en la historia, pero que las sobrepasa en su infinita trascendencia. La cercanía de Dios se experimenta así como el "misterio tremendo", que produce sobrecogimiento, admiración y temor reverencial, pero a la vez se percibe como el "misterio fascinante", que embelesa al hombre, que le atrae y le acerca a la salvación (Guardini, *Religión y revelación*).

El solo atributo de lo Sagrado sobrecogedor alejaría al hombre del Santo de los santos, y lo haría incluso terrible. Es lo fascinante de su misterio lo que permite al hombre acercársele, no sin una respetuosa reverencia. Son ambas dimensiones de lo Sagrado, lo sobrecogedor y lo fascinante, las que convergen en la necesidad de adorarlo.

Algo de esta doble dimensión de lo divino se vislumbra en la primera pesca milagrosa de los apóstoles, cuando Simón Pedro, al ver la prodigiosa abundancia de peces, y en ella el poder sobrenatural de Jesús, se espanta y le dice: "Apártate de mí, Señor, que soy un hombre pecador"; pero al decirlo, en vez de apartarse, se arroja y quizá se abraza a los pies de Jesús (Lc 5, 8). Se percibe aquí la distancia del Santo y a la vez su atracción, el retraerse y el acercarse al mismo tiempo, el sobrecogimiento y el embeleso.

Este doble sentimiento posee múltiples formas en las distintas religiones y pueblos, pero en la religión de Israel, de la que procede Simón, cobra una forma sumamente pura e intensa. Sentimos palpitar el temor reverencial en las palabras que Abraham dirige a Dios, cuando intercede por Sodoma con insistencia: "He aquí que me atrevo a hablar a mi Señor, yo que soy polvo y ceniza" (Gn 18, 27). Moisés y Elías deben quitarse las sandalias o cubrirse el rostro ante el "paso de Yahvé" (Ex 3, 6; 1 Re 19, 13).

Isaías oye a los ángeles clamar: "Santo, santo, santo es el Señor de los ejércitos. Llena está toda la tierra de su gloria" (Is 6, 3), ante lo cual el profeta se dice a sí mismo: "¡Ay de mí, estoy perdido, porque soy un hombre de labios impuros (…), y mis ojos han visto al Rey, al Señor de los ejércitos!" (Is 6, 5). Pero a la vez la santidad de Dios, en su aspecto fascinante, produce en el alma una atracción suprema: "Como busca el ciervo la fuente de las aguas, así te busca mi alma, Dios mío" (Sal 42, 2). "Y me acercaré al altar de Dios, al Dios de mi alegría y de mi gozo" (Sal 43, 4).

La revelación de Cristo mediador y de su amable humanidad atempera y suaviza aquel sentimiento de temor reverencial, y lo traspasa de ternura y confianza, al situar al hombre frente a Dios Padre misericordioso. "El que teme no es perfecto en el amor", dice san Juan (4, 18). Lo que llamamos temor de Dios no es miedo, sino el temor del hijo por ofender a su Padre, a quien ama; en suma, es amor.

La Carta a los hebreos manifiesta así el contraste entre la antigua y la nueva Alianza, recordando la temible manifestación de Dios en el monte Sinaí: "Pues no os habéis acercado al fuego ardiente, al torbellino, a la oscuridad, a la tormenta (…) Y era tan terrible el espectáculo, que Moisés dijo: Estoy espantado y temblando. Pero vosotros os habéis acercado al monte Sión, a la ciudad del Dios vivo, la Jerusalén celestial (…), a Jesús, mediador de una alianza nueva, y a la sangre de la aspersión, que habla mejor que la de Abel" (12, 18-24).

El antiguo sentimiento reverencial, sin embargo, no se anula del todo en la nueva Alianza, como se aprecia en el episodio de la transfiguración del Señor: "Al oír la voz de Dios desde la nube, los discípulos cayeron sobre sus rostros, llenos de temor". Acto seguido, sin embargo, "Jesús se acercó y, tocándoles, les dijo: 'No temáis'" (Mt 17, 6-7), lo que indica también el cambio de sentimientos operado por Cristo en el alma humana.

Pero cierta piedad sentimental, sobre todo juvenil, que se precia hoy de tratar a Dios no ya como un amigo, sino casi de igual a igual, con una familiaridad que diríamos confianzuda, arriesga caer en lo trivial cuando se olvida Quién es este Ser entronizado sobre los coros de los ángeles, que nos ha brindado su amistad íntima por pura generosidad y al precio de su propia sangre; cuando se olvida, en buenas cuentas, la grandeza de Dios, que Él mismo se encarga de recordar al profeta: "porque Yo soy Dios y no un hombre" (Os 11, 9).

2. El Dios eterno

Dios es el Ser que existe por sí mismo, "desde siempre y para siempre" (Sal 90). Las creaturas "se desgastan como un vestido (…), pero Tú permaneces siempre el mismo" (Sal 102, 27-28). "Yo, el Señor, no cambio" (Mal 3, 6). Dios no vive en el tiempo, como nosotros; Él vive en su instante eterno, en un presente sin antes ni después.

La eternidad de Dios es tan extraña para nosotros, porque nuestra imaginación, igual que todo nuestro ser terreno, está como encerrada en la cápsula del tiempo y del espacio, y solo llegamos a imaginar un tiempo sin límite, que no termina nunca: la perennidad, que no es lo mismo. El Ser divino es eterno porque es inmutable: no cambia ni se mueve hacia algún bien que le falte, porque nada le falta. Es infinitamente pleno; nada en Él deja de ser ni llega a ser; nada hay en Él que haya sido o que todavía no sea. Él Es: "Yo Soy", "Yo Soy El Que Es" (Ex 3, 14). En Él "no hay cambio ni sombra de mudanza" (Sant 1, 17).

"Todo se pasa, / Dios no se muda", dice la letrilla de santa Teresa de Ávila, que ya de muy niña experimentaba a su manera este sentimiento de lo eterno, como aparece en aquel episodio narrado por ella misma en su autobiografía: a los siete años, convenció un día a su hermano Rodrigo de huir de Ávila rumbo a tierra de moros, a que los decapitasen, porque le parecía que adquiría así muy barato el cielo; y para dar valor al pequeño que se asustaba, le repetía: "¡es para siempre, siempre, siempre! En pronunciar esto mucho rato era el Señor servido me quedase en esta niñez impreso el camino de la verdad" (*Vida*, I).

En cuanto un pariente los reconoció, los devolvió a su casa, donde los reprendieron, pero en esta aventura infantil hay algo de heroico, y ese sentimiento de la eternidad no la abandonó nunca, y le dio esa gran fortaleza suya en medio de las más arduas empresas apostólicas.

Preguntarse qué hacía Dios, o cómo era antes de crear el mundo, es un disparate y una mera fantasía, porque el antes y el después son nuestros, no suyos. Pero estamos tan habituados a pensar en Dios a partir del mundo y en relación con él, que nos viene bien asomarnos a esa hipotética anterioridad suya, así sea por vía de imaginación, como hace el card. Newman, ya que hay toda una hermosura poética y un asombro teológico en esta fantasía suya, que nos representa una gran verdad: el mundo nada le agrega; no hay más ser después de la creación del mundo que antes.

"Existía sin ministros, sin servidores, sin corte ni reino, sin manifestar su gloria, sin nada excepto Él mismo, Él su propio templo, Él su infinito descanso, Él su propia gloria, desde toda la eternidad. ¡Oh maravilloso misterio! ¡Qué abismo el de su majestad! ¡Qué magnífico y extraño a las creaturas que serpean sobre la tierra, como nosotros! ¡Qué prodigio que todos sus atributos infinitos hayan estado sin manifestarse!" (Sermón, 26-V-1839). Y es que a veces, ante el misterio adorable de Dios, un lenguaje impropio como este nos lo acerca más al corazón que una fórmula abstracta.

Nosotros, creaturas que vivimos en el tiempo y como de paso, porque "el tiempo es breve" (1 Cor 7, 29), hacemos bien en considerar la eternidad de Dios, porque así el instante que pasa, por obra de la gracia, adquiere su plenitud humana y divina: porque queda como traspasado por un rayo de eternidad. En caso contrario, el sentimiento de la fugacidad de la vida puede resultar sumamente abrumador.

Quevedo lo expresa así: "Ah de la vida… ¿Nadie me responde? (…) / Ayer se fue, mañana no ha llegado, / hoy se está yendo sin parar un punto: / soy un fue y un será y un es cansado". Para un cristiano, este sentimiento universal es una llamada a arraigar nuestra vida pasajera, cada momento de ella, en el ancla de la eternidad divina, por obra de las virtudes teologales, sobre todo de la esperanza: por ella anticipamos el gozo de una duración sin sombras ni mudanzas.

Para un creyente, entonces, vivir de cara a Dios es poner en todas las cosas un sentido de eternidad. Ese sentido lleva a trascender el momento que pasa, aún el más insignificante, y participar ya de algún modo en esa forma superior de duración que gozan los bienaventurados de la gloria.

En medio de los vaivenes de la existencia terrena, ese sentido lleva también a mirar todos los acontecimientos de este mundo "sub specie aeternitatis", es decir, con perspectiva de eternidad. Así la vivencia de lo pasajero de las cosas de aquí abajo, tan necesaria, no nos hace caer en ninguna tristeza o decepción, porque todo momento que pasa esconde (y revela) a nuestros ojos ese algo de eternidad que lo magnifica, ese toque divino que lo embellece.

Volvamos a Él. ¿Cómo puede haber comunicación entre su eternidad y la temporalidad nuestra? Por muchas razones puede haberla en las dos direcciones, y la hay. Pero vamos a remarcar una razón sumamente especial, y grata a nuestro corazón: el puente entre la eternidad divina y el tiempo humano, y la vía de comunicación entre ambos, es por excelencia la Encarnación del Verbo. Por Jesús, hombre temporal y Dios eterno, las puertas quedaron abiertas, y con ellas el diálogo amoroso entre eternidad y tiempo.

Así como el Dios eterno no vive en el tiempo, tampoco está contenido en el espacio. "Ni la tierra ni los cielos pueden contenerte" (1 Re 8, 27). Él no está limitado a ningún lugar, pero decimos que está en todas partes por su presencia de inmensidad: "¿Dónde podría huir de tu presencia? Si subiera a los cielos, allí estás Tú; si bajara a los abismos, allí estás presente" (Job 23, 9).

3. OMNISCIENTE Y OMNIPOTENTE

Dios todo lo sabe: es omnisciente. "El abismo está desnudo ante Él, y sin velos el sepulcro" (Job 26, 6). "Tú escudriñas el corazón y las entrañas" (Sal 7, 10). Nietzsche afirma que "mató a Dios" porque no podía soportar la idea de alguien (Alguien) que lo supiera todo de él, que habitara en su interior, que conociera sus miserias más secretas. Esa misma Presencia interior, en cambio, fascinaba a san Agustín: "Dios es más íntimo a mí que yo mismo" (*Confs.* XI, 10). Lo que el verso de Paul Claudel recrea hermosamente así: "Alguien que es más yo mismo que yo mismo".

Que Dios sepa todo lo que ocurrirá en el futuro, incluso todo lo que libremente haremos el día de mañana, parece que afectara la libertad de nuestras acciones, como si estuvieran "ya hechas". Pero el problema es irreal, porque Él no las conoce "antes" de que las realicemos: para Él no hay antes ni después; por eso el problema solo existe en nuestra imaginación. Y Él conoce nuestros futuros actos libres como lo que son: como actos libres, mientras que conoce los futuros "necesarios" (que mañana lloverá, que habrá eclipse de luna) como lo que son: como efectos necesarios de sus propias causas.

En relación al futuro humano, puede ayudarnos una comparación tosca. Supongamos que uno tiene una imagen fotográfica de su rostro tal como será dentro de cinco años, y en ella aparece una cicatriz sobre la frente. Nadie pensará que la causa de esa cicatriz sea la mancha correspondiente del papel de la fotografía: la causa será lo que haya producido la herida, golpe o lo que sea. Esa imagen no existe, pero en la comparación representa (bien toscamente) la presciencia divina.

Dios todo lo puede: es Omnipotente o Todopoderoso. "Sé que eres todopoderoso: todo lo que piensas, lo puedes realizar" (Job 42, 2). "Todo es posible para Dios", dice Jesús (Mt 19, 26). "Nada es imposible para Dios", dice el ángel Gabriel a María (Lc 1, 38). El que creó de la nada todo lo que existe puede producir cualquier efecto en la creación, salvo lo que implique contradicción, como hacer un círculo cuadrado, o hacer que no haya existido lo que sí existió. Pero entonces es más propio decir que tales cosas son imposibles en sí mismas, no que Dios no las puede hacer.

Dios podría evitar todo mal en el mundo, pero para eso debería modificar la estructura del mundo, y sobre todo la de nuestra libertad: debería anularla. Lo que hace, en cambio, es "hacer surgir un bien del mismo mal" (san Agustín, *Confs.* XI, 10), incluso un bien mayor, como se dirá cuando hablemos de la divina Providencia.

La omnipotencia divina es fundamento de nuestra confianza en Él, y de nuestra esperanza ante la propia debilidad. La creatura humana se aflige al constatar su propia impotencia, el alcance tan limitado de sus fuerzas para obrar el bien. Tal vez nadie ha experimentado este conflicto en forma tan desgarradora como san Pablo: "No hago el bien que quiero, sino el mal que no quiero (...) ¡Pobre de mí!" (Rom 7, 19 y 24).

Pero él mismo recibió de Dios esta palabra: "Te basta mi gracia, porque la fuerza se perfecciona en la flaqueza" (2 Cor 12, 9). Por eso pudo el mismo apóstol decir esta palabra tan definitiva y consoladora para nosotros: "Todo lo puedo en Aquel que me conforta" (Flp 4, 13). Él es "quien tiene poder sobre todas las cosas, para hacer infinitamente más de lo que pedimos o pensamos" (Ef 3, 20). Bien podemos entonces descansar en la certeza de su todopoder y de su misericordia. No en vano tantas plegarias comienzan con esta invocación: "Oh Dios omnipotente y misericordioso…"

4. El amor misericordioso

De todas las sentencias de la Escritura sobre el ser de Dios, quizá ninguna hay tan lapidaria, expresiva y consoladora como esta de san Juan: "Dios es Amor" (1 Jn 4, 2). Esa palabra contiene "el corazón de la fe cristiana", y "una formulación sintética de la existencia cristiana", dice Benedicto XVI (*Deus caritas est*, 1). Y esto porque "el principio creador de todas las cosas es al mismo tiempo un amante con toda la pasión de un verdadero amor" (*ibid*, 10). El amor, decimos, es el modo de ser de Dios.

No se dice que el amor sea Dios, porque la palabra "amor" ha sido sometida a un uso y abuso tan grande, que puede significar muchas cosas que en modo alguno han de deificarse. Se dice, en cambio, que Dios es amor, amor supremo e infinito, ese Amor que escribimos con mayúscula, el único que en rigor puede escribirse así. Aunque por fuerza nos hagamos una idea de él a partir del amor humano, como ocurre incluso en la Escritura (por ejemplo, en el Cantar de los cantares), ese punto de partida debe trascenderse en grado eminentísimo, para no incurrir en equívocos.

Pues el infinito Amor de Dios es gratuito, es puro don de sí mismo, y no incluye ese elemento de necesidad propio de todos los amores humanos (y angélicos). Porque estos amores buscan siempre de alguna manera completar, en lo amado, algo que falta al amante, es decir, remediar la insuficiencia de toda creatura, incompleta y necesitada como es. El amor de Dios, al contrario, es puro don de sí, es pura sobreabundancia de su inmensidad y de su gloria. Dios, dice san Pablo, "no es servido por manos humanas, como si le faltara algo" (Hch 17, 25).

Nosotros tenemos necesidad absoluta de Él como del supremo Bien, pero Él no nos necesita a nosotros. Nos ama por pura generosidad creadora, para derramar sobre nosotros la irradiación de su Bien, de su Verdad y Belleza suprema. "¡Oh verdad eterna, y amor verdadero, y eternidad amorosa!", exclama san Agustín (*Confs.* VII, 10).

"Cuando Israel era niño, yo le amé" (Os 11, 11), es decir, antes de que Israel pudiera exhibir ningún merecimiento previo. En ese sentido, el amor divino tiene, salvadas las distancias, algo comparable al amor de las madres por sus criaturas pequeñas, según la hermosa expresión que Isaías pone en boca de Dios: "¿Puede acaso una mujer olvidarse de su niño de pecho? Pues, aunque ella se olvidara, yo no me olvidaré de ti" (Is 49, 15). Otra sugerencia que contiene esa palabra es esta: aunque llamemos Padre a Dios, en quien no hay sexo, su amor por nosotros bien puede llamarse maternal, lo que nos proporciona un consuelo muy singular.

Dios no puede sino amarse a sí mismo, como el infinito Bien que Él objetivamente es. ¿Cómo podría ser de otro modo? Y si esto puede sonar en oídos humanos como una especie de "egoísmo" divino, se trata solo de una confusión entre el Ser divino y la pobre creatura que somos nosotros, con nuestro pequeño yo humano capaz de encerrarse mezquinamente en sí mismo y de amarse con egolatría.

Por el contrario, al amarse Dios como el supremo Bien que es, nos ama a nosotros en sí mismo, como participaciones de su propio Bien. Esto significa que Dios no nos ama porque seamos buenos, sino que al amarnos nos hace buenos. Por eso decimos que su amor es creador: en el verso del Dante, Él es "el Amor que mueve el sol y las estrellas".

"Te amé con amor eterno" (Jer 31, 3), dice Él al oído de cada uno de nosotros. Y san Juan: "Tanto amó Dios al mundo, que le entregó a su Hijo Unigénito, para que todo el que cree en él no perezca, sino que tenga vida eterna" (3, 16). Porque el máximo don de sí mismo que nos hace Él es la Encarnación del Verbo, con todo lo que lleva consigo: el perdón de los pecados, la sagrada Eucaristía, los demás sacramentos, la vida eterna.

"Tú amas a todos los seres, y no odias nada de lo que hiciste" (Sab 11, 24). Hay algo increíble en el amor de un Dios que ha amado a Israel a lo largo de toda su historia, por encima de todas sus infidelidades e idolatrías, como no cesan de proclamar los profetas: "Volverá a compadecerse de nosotros, sepultará nuestras iniquidades, y lanzará al fondo del mar todos nuestros pecados" (Miq 7, 19).

Este es el Dios Padre de Jesucristo, que ama y ama a su Iglesia a lo largo de todo su peregrinar, a pesar de tantas y tantas miserias humanas que ve dentro de ella. Y va día a día en busca de las innumerables ovejas perdidas, y recibe con los brazos abiertos a sus innumerables hijos pródigos. Y a cada uno de nosotros: "Buscaré al que ama mi alma (…) Lo abracé y no lo soltaré" (Cant 3, 2. 4.)

El pensamiento de ser amado por Dios, a pesar de ser indigno de su amor, llena el alma de gozo: es un pensamiento inaudito que en su Iglesia ha hecho santos y santas, de solo ser experimentado con profundidad. En esos casos se explican bien las expresiones superlativas de muchos de ellos. Así san Josemaría: "¿Saber que me quieres tanto, Dios mío, y… no me he vuelto loco?" (*Camino*, 425). Y santa Teresa de los Andes: "Este loco de amor me tiene loca".

En su relación con nuestra miseria humana, el amor de Dios se llama misericordia. La forma más frecuente, la más natural y propia que tenemos de percibir su amor, de suplicarlo y de recibirlo, es esa: su infinita misericordia: "un exceso de Dios, un desborde inaudito" (Francisco, 2-VI-2016). La propia etimología de la palabra "misericordia" significa tener un corazón para la miseria ajena.

Decimos que Dios, en virtud de su inmutabilidad, no puede padecer, pero sí puede compadecer, y lo hace a cada instante con nosotros. Dios es "rico en misericordia" (Ef 2, 4), y nosotros somos "ricos" en penurias y miserias. Pedimos así su misericordia en nuestras innumerables necesidades espirituales y materiales, en las enfermedades y en las penalidades del alma, y sobre todo en las culpas que nos deben ser perdonadas por Él.

La Escritura entera, de arriba abajo, suplica y agradece la misericordia de Dios con su creatura. El Éxodo: "Señor, Señor, Dios compasivo y misericordioso, lento a la cólera y rico en misericordia, que mantiene su clemencia por mil generaciones y perdona la culpa" (34, 6-7). Los profetas: "Con amor eterno me he apiadado de ti, dice tu redentor, el Señor" (Is 54, 8). Son muchos los salmos que atestiguan lo mismo: "Tú, Señor, eres bueno e indulgente, rico en misericordia para los que te invocan" (86, 5). "Él es quien perdona tus culpas, quien te corona de misericordia y compasión" (103, 3-4).

Entre los salmos que suplican el perdón divino del pecado, tal vez el más famoso de ellos es el del rey David tras haber cometido adulterio y homicidio: "Ten compasión de mí, Dios mío, según tu misericordia; según tu inmensa compasión borra mi delito" (51, 3). El hermoso salmo 136, cantando las maravillosas obras de Dios, repite hasta veintiséis veces el estribillo: "porque es eterna su misericordia".

Otro tanto ocurre en el Nuevo Testamento. Los Evangelios están colmados de la compasión de Jesús para con los enfermos de toda especie, cojos, mancos, ciegos, leprosos, paralíticos; para con los afligidos, pero sobre todo para con los pecadores a quienes perdona sus culpas. Su reseña sería interminable. Resumiremos su compasión en la conmovedora llamada del mismo Jesús a refugiarse en él: "Venid a mí todos los que estáis cansados y agobiados, y yo os aliviaré (...), y encontraréis descanso para vuestras almas" (Mt 11, 28-29).

Escribirá san Pablo: "Bendito sea el Dios y Padre de nuestro Señor Jesucristo, el padre de las misericordias y Dios de toda consolación, que nos consuela en todas nuestras tribulaciones, para que también nosotros podamos consolar a cuantos están afligidos, con el consuelo con que nosotros mismos somos consolados por Dios" (2 Cor 1, 3-4).

Esta última palabra nos recuerda la incesante llamada del Evangelio, a ser también nosotros misericordiosos con los demás, con las mil formas de serlo y ante las mil necesidades humanas que nos rodean, puesto que Dios lo ha sido con nosotros. "Sed misericordiosos, como vuestro Padre es misericordioso" (Lc 6, 36). "Bienaventurados los misericordiosos, porque ellos alcanzarán misericordia" (Mt 5, 7).

La tremenda parábola del juicio final nos hace saber que seremos premiados en el cielo, o condenados al infierno, según hayamos sido misericordiosos o no con nuestros prójimos más necesitados, porque es Jesús mismo quien en ellos ha recibido o no nuestra ayuda compasiva y efectiva (Mt 25, 31-46), es él mismo quien recibe un vaso de agua fresca dado a uno de sus pequeños (Mt 10, 42).

5. El sentido de Dios

Las consecuencias de la fe en Dios son inconmensurables. La fe ilumina el sentido de la vida, y al hacerlo, ilumina también el sentido del amor, del dolor, de la muerte... En definitiva, nos descubre el Sentido de todos los sentidos de la existencia. Y con él hace posible la paz del alma, la plenitud de la vida, la alegría de vivir, como nada en esta tierra puede darlas.

A la inversa, la pérdida del sentido de Dios está en la raíz misma de tantos males del mundo actual, como el relativismo moral, la pérdida del sentido del bien y del mal, la búsqueda alocada de placer, la desintegración del matrimonio y la familia, la violencia segadora de vidas, la fiebre del consumismo, el vacío existencial...

Las formas de ausencia o negación de Dios, que solemos llamar indiferentismo, agnosticismo y ateísmo, tienen entre sí fronteras más bien imprecisas. Pero, con vistas a la claridad conceptual, es necesario distinguirlas. En todo caso, conviene hacer notar que ninguna de ellas es originaria dentro de la condición humana; lo originario es la religión.

El indiferentismo es más bien una actitud práctica, no una formulación teórica, y arrastra diversos materiales de desecho, o al menos los más negativos de la cultura contemporánea, sobre todo el materialismo práctico y el nihilismo posmoderno. Es una prescindencia fáctica, o de hecho, de la dimensión existencial de la Trascendencia. Lo peor de esa actitud está dicho en la misma palabra, indiferencia: un no pensar, no interrogarse, no discurrir, acerca de realidades que exigen por su naturaleza hacerlo.

"Todo hombre resulta para sí mismo un problema no resuelto, percibido con cierta oscuridad. Nadie en ciertos momentos, sobre todo en los acontecimientos más importantes de la vida, puede huir del todo del interrogante referido. A este problema solo Dios da respuesta plena y completamente cierta: Dios, que llama al hombre a pensamientos más altos y a una búsqueda más humilde de la verdad" (GS, 21).

En el orden de las ideas, el agnosticismo no niega ni afirma que Dios exista, pero sí niega que sea posible a nuestra inteligencia alcanzarlo. Su raíz moderna está en la filosofía de Kant, para quien el intelecto solo puede conocer y ordenar los fenómenos de nuestra experiencia sensible, pero no saltar al orden de las cosas en sí y a su causa última. Desde comienzos del siglo XIX, el agnosticismo ha conocido muchas formulaciones teóricas, y algunas de ellas, como la del propio Kant, han intentado recuperar la relación con Dios por otras vías no especulativas.

En términos generales, el agnosticismo representa "una huida ante la cuestión última de la existencia, y una pereza de la conciencia moral" (CEC, 2128). Además, puesto que de él se sigue una forma de vida como si Dios no existiera, "equivale con mucha frecuencia a un ateísmo práctico" (*ibid*). Frente al coraje intelectual de otras formas de pensamiento de cara a Dios (el pensamiento antiguo, el medieval, una buena parte del moderno), hay una cierta falta de audacia en el contentarse con dejar sin respuesta el enigma del sentido de la vida, y con él, el fundamento del orden moral, del bien y del mal.

El ateísmo es la negación de la existencia de Dios, y es hoy mucho menos abundante que el agnosticismo, lo que se explica bien, al menos en su forma plena, dada la temeridad de afirmar con certeza que Dios no existe. El ateísmo ha conocido diversas fases sucesivas: primero, la autonomía de la razón; luego el cientifismo, y más recientemente, la afirmación incondicional de la libertad humana, que se postula a sí misma como incompatible con el "límite" del Ser divino: el ateísmo llamado postulatorio, de Nietzsche en adelante.

Tanto el agnosticismo como el ateísmo pueden tener en su génesis, y en una medida no pequeña, "la vida de los propios creyentes, pues (...) con la exposición inadecuada de la doctrina, o incluso con los defectos de su vida religiosa, moral y social, han velado más bien que revelado el genuino rostro de Dios y de la religión" (GS, 19).

En todo caso, y en términos simplificados, el ateísmo postulatorio parte de esta disyuntiva: o Dios o yo, o el Creador o mi libertad como creador de mí mismo; ya que debo elegirme a mí mismo, debo negar a Dios. La figura más conspicua de este pensamiento en el siglo XX es Jean Paul Sartre, que concluye de él, con una coherencia admirable, el sinsentido de la vida y el absurdo como última palabra.

Esa coherencia fue también radical en Nietzsche (siglo XIX), frente a no pocos ateos que, negando a Dios, conservaban en forma inconsciente residuos morales de la fe cristiana. La magnitud del desgarro del ateísmo y de su potencial nihilismo se manifestaron de manera singular en la famosa página de Nietzsche, la del "Dios ha muerto", que muestra bien la conciencia de una pérdida infinita, porque lleva hasta las últimas consecuencias la trágica y terrible lógica de la negación de Dios. Por ese motivo la citaremos entera.

Se refiere así a Dios: "Nosotros somos sus asesinos. Pero ¿qué hicimos al cortar las ligaduras que unían esta tierra con su sol? ¿Adónde se dirige ahora? ¿Adónde vamos nosotros? ¿No nos alejamos de todos los soles? ¿No vamos despeñándonos continuamente? ¿No vamos cayendo hacia atrás, hacia un lado, hacia adelante, en todas direcciones? Pero ¿hay todavía arriba y abajo? ¿No vamos errando a través de una infinita nada? ¿No sentimos el soplo del vacío? ¿No hace cada vez más frío? ¿No va haciéndose de noche continuamente, y más de noche aún?" (*Así habló Zaratustra*). Y es que perdiendo a Dios, se pierden todos los puntos de referencia fundamentales de la vida.

El inmenso desafío actual de los cristianos consiste en defender al hombre de sí mismo, y de las potencias oscuras que operan en él, irradiando, tanto en la inteligencia como en las costumbres contemporáneas, la luz del rostro del Dios vivo y de su Hijo Jesucristo, tal como los primeros cristianos, esos admirables hermanos mayores nuestros, lo hicieron en el mundo pagano de aquellos siglos.

Y quizá la primera forma de hacerlo consiste en un amor tal a todos nuestros prójimos, que trasluzca, así sea de manera pálida, el amor misericordioso con que Dios nos ha amado.

74

EL AMOR QUE HIZO EL SOL Y LAS ESTRELLAS | José Miguel Ibañez Langlois

V

PADRE, HIJO Y ESPÍRITU SANTO

"El misterio de la Santísima Trinidad es el misterio central de la fe y de la vida cristiana. Es el misterio de Dios en sí mismo. Es, pues, la fuente de todos los otros misterios de la fe; es la luz que los ilumina" (CEC, 234).

Nos asomaremos al misterio de la Trinidad divina con la viva conciencia de no poder comprenderlo, pero sí de poder creerlo y adorarlo por muy buenas razones: primero, por la palabra de la segunda Persona, el Hijo, contenida en los Evangelios; y luego por el testimono del resto del Nuevo Testamento; y en fin, por el Magisterio temprano de la Iglesia. En todo caso, es ante la Trinidad que "si alguno se tiene por sabio según el mundo, hágase necio para llegar a ser sabio" (1 Cor 3, 18), que es como decir: si alguno quiere ser teólogo, hágase niño primero.

Para despejar los términos del misterio, comenzaremos por hacernos cargo de un posible equívoco, no infrecuente, que viene del sentido común pero no de la fe, y cuya aclaración ha ayudado a principiantes del catecismo a vislumbrar dónde está el núcleo del problema. Son quienes pueden pensar que el Dios Uno decidió en algún instante ser Trino, y dio origen al Hijo y al Espíritu Santo. Ese equívoco procede, entre otros aspectos, de imaginar a un Dios cambiante en la sucesión del tiempo, y a un Dios Hijo y un Dios Espíritu Santo posteriores e inferiores al Padre (error no muy distinto, por lo demás, de algunos que se dieron en los primeros siglos).

75

Pero esa fantasía, tan humana y terrena, es del todo ajena al misterio trinitario. El Dios Uno y Eterno ha sido, es y será siempre Trino, y en Él no hay nada anterior o posterior, nada superior o inferior. Nunca existió el Padre sin el Hijo por Él engendrado, y nunca existieron el Padre y el Hijo sin el Espíritu que de ellos procede. Para Dios, ser Dios es simplemente ser Trino; ser Trino es simplemente ser Dios. ¡Qué insondable misterio, qué adorabilísimo Ser Tres! Su Ser es eterna e infinitamente así. Y más aún, es por completo imposible que Dios sea de otra manera. Esta observación nos permite medir mejor lo misteriosísimo de la Trinidad de Dios.

Por supuesto que si alguien nos preguntara por qué Dios tiene que ser así, y no de ninguna otra manera, no tendríamos otra respuesta que esta: no lo sabemos, porque para saber por qué es así, habría que estar viendo la divina Esencia. Solo en el cielo entenderemos, con la claridad de un teorema, que Dios es tan Uno como Trino, y que no puede ser de otra manera, porque entonces lo veremos cara a cara y tal como es.

La razón natural, que alcanza al Dios Uno como Creador del mundo, no puede asomarse siquiera al abismo de este misterio de la intimidad de Dios. Solo sabemos algo de él porque así nos fue revelado. ¿Cómo sabemos que en Dios hay tres Personas distintas, y no (como podría suponer cualquier monoteísta) tres aspectos o tres nombres del Dios Uno? ¿Cuándo, dónde, por qué medio lo sabemos?

1. La revelación del misterio

La Trinidad nos fue revelada por Cristo. Él, el hombre Jesús, al afirmar su propia divinidad, se nos reveló así: como el Hijo del Padre, lo que le valió entre los judíos la acusación de blasfemo y la pena de muerte. "El que me ve a mí, ve al Padre" (Jn 14, 9); "El Padre y yo somos una sola cosa" (Jn 10, 30). Para el riguroso monoteísmo de Israel, es lógico que palabras tales sonaran a un insulto contra Dios mismo, y aun los apóstoles las acogieron lenta y parcialmente.

Por eso mismo, Jesús esperó hasta el final de su vida para prometerles que, después de su muerte y Resurrección, recibirían la visita del Espíritu Santo, la tercera Persona divina. De haberlo hecho antes, habría sembrado la confusión entre los suyos. Pero ya resucitado y a punto de subir a los cielos, su mandato final fue este: "Enseñad a todas las gentes, bautizándolas en el nombre del Padre y del Hijo y del Espíritu Santo" (Mt 28, 19).

Diversas religiones han invocado a veces a Dios como Padre de los hombres, y sobre todo la israelita. Pero Jesús se refiere a su Padre Dios en términos completamente únicos. Hablando de sí mismo, aparte de llamarse simplemente "el Hijo", dice, por ejemplo: "Nadie conoce al Hijo sino el Padre, y nadie conoce al Padre sino el Hijo, y Aquel a quien el Hijo se lo quiera revelar" (Mt 11, 27). Este conocimiento perfecto y recíproco, esta intimidad única entre el Padre y el Hijo, solo es posible entre Dios y Dios: entre Dios Padre y Dios Hijo. "Nadie ha visto nunca a Dios. Pero el Hijo Único, que está en el seno del Padre, él nos lo ha revelado" (Jn 1, 18).

A su vez es Jesús, el Dios Hijo, quien hacia el final de su vida terrena nos promete que no nos dejará solos, sino que rogará a su Padre que nos envíe al Espíritu (Jn 14, 16-17), al Paráclito (que significa Defensor), el Dios consolador o Espíritu de Verdad: "el Paráclito, el Espíritu Santo que el Padre enviará en mi nombre" (Jn 14, 26), y que el mismo Jesús nos enviará: "yo os enviaré del Padre al Espíritu de la Verdad que procede del Padre" (Jn 15, 26), porque también es su propio Espíritu. Ese envío se realiza por primera vez en Pentecostés, cuando el Espíritu desciende sobre los apóstoles en forma de lenguas de fuego y de viento impetuoso.

La palabra de Jesús revela, pues, tanto la divinidad del Espíritu Santo como su personalidad divina junto al Padre y al Hijo. Y su acción sobre las almas es descrita a lo largo de todo el Nuevo Testamento en términos que indican ambas cosas. En el bautismo de Jesús, tal como lo relatan los cuatro Evangelios, ocurre una verdadera manifestación sensible de la Trinidad: Jesús el Hijo es bautizado, la voz del Padre resuena en el cielo, y el Espíritu desciende y reposa sobre Cristo en forma de paloma (Mt 3, 16; Mc 1, 10; Lc 3, 22; Jn 1, 32).

Esa misma revelación se expresa de manera muy significativa en todas las fórmulas trinitarias, comenzando por la del bautismo de los fieles según lo ordena Jesús en su mandato final (Mt 28, 19), pero también en el hermoso saludo con que san Pablo cierra su segunda Carta a los Corintios, y que la Iglesia ha incorporado al inicio de la liturgia eucarística: "La gracia del Señor Jesucristo, el amor de Dios Padre y la comunión del Espíritu Santo estén con todos vosotros" (2 Cor 13, 13).

Así, pues, Dios no es un supremo solitario: Dios es, en su ser más íntimo, una comunión de vida infinita entre las tres Personas, comunión eterna, amorosa sobremanera, felicísima: Dios es Familia, dijo san Juan Pablo II (*Familiaris consortio*, 11). Y la vida cristiana es íntegramente trinitaria.

Desde el bautismo, somos llamados por el Padre a participar en la vida del Hijo por obra del Espíritu Santo. Dice san Pablo: "Vosotros recibísteis el Espíritu de hijos adoptivos, con el cual clamamos: ¡Abbá, Padre!" (Rom 8, 5). La invocación de las tres Personas divinas es constante en la liturgia de los sacramentos y en la oración cristiana, comenzando por la señal de la cruz con que nos santiguamos: "En el nombre del Padre y del Hijo y del Espíritu Santo", y siguiendo por la doxología o glorificación divina: "Gloria al Padre y al Hijo y al Espíritu Santo, como era en un principio, ahora y siempre, por los siglos de los siglos, amén".

2. El enunciado del misterio

Nuestra inteligencia puede captar los términos y el sentido del misterio, pues si no fuera así, no sabríamos de qué estamos hablando. Pero para creer en él necesitamos el don de la gracia y la luz de la fe sobrenatural. Y comprenderlo, comprender a Dios Trino tal como es, eso solo será posible con la luz de la gloria en el cielo.

Se atribuye a san Agustín el protagonismo de un curioso episodio, quizá legendario pero ilustrativo. Caminaba él un día por la playa pensando en este misterio, y haciendo en vano su mayor esfuerzo intelectual para comprenderlo, cuando encontró a un niño que jugaba sacando agua del mar con una concha, y echándola luego en un hoyo que había cavado en la arena. Cuando el sabio le preguntó qué hacía, el niño contestó que estaba trasladando el mar al hoyo. Nuestro hombre se dio cuenta de que su esfuerzo intelectual era todavía más imposible: abarcar en el insignificante espacio de su mente la inmensidad del misterio de Dios.

Así y todo, la Iglesia necesitaba formular, al menos, el misterio en términos inteligibles. Hoy estamos habituados a hablar de las tres "Personas" divinas, y entendemos qué es ser persona, pero entonces no existía propiamente el concepto, y hubo que forjar este y otros para significar a la Trinidad. Esa tarea intelectual de los primeros siglos fue ímproba y procedió tanteando, errando y rectificando errores, hasta llegar a las fórmulas dogmáticas que hoy son usuales a los creyentes.

Desde los apóstoles en adelante, se supo bien que Dios es Uno, y que es, a la vez, Padre e Hijo y Espíritu Santo, y que estos tres no son el mismo, pero son "lo mismo": Dios. La enorme dificultad que hubo de enfrentarse procede de la lógica humana, y es realísima: si lo uno es uno ya no es tres, y si lo tres es tres ya no es uno. ¿Cómo entender, o mejor dicho, cómo formular y describir el misterio en términos humanos comprensibles? ¿Cómo fijarlo sin equívocos ni errores en la inteligencia creyente y de cara a los siglos venideros?

El esfuerzo de los Padres de la Iglesia intentaba, por una parte, evitar que la unidad de Dios nos hiciera malentender o incluso negar la Trinidad (fue el peligro más obvio y frecuente). Había que evitar, por otra parte, entender la Trinidad de modo que rompiera la unidad de Dios. Al mismo tiempo, se trataba de no ensombrecer en lo más mínimo la divinidad del Hijo, ni la del Espíritu Santo, en favor de una única divinidad del Padre.

Con este fin, los términos de naturaleza, persona, esencia, substancia, subsistencia y relación, usuales en la filosofía griega, debieron cobrar, según los casos, un sentido nuevo y aún asombroso a la hora de expresar el misterio. Así ocurrió en primer lugar con el concepto de persona, entendida como el ser único e intransferible, el ser de sí mismo que se posee por la autoconciencia y la autodeterminación. Ese concepto, que luego se haría universal en Occidente, como una de las bases de su cultura y civilización, es en buena medida una hechura filosófica y teológica del cristianismo.

La Persona designó entonces la distinción de los Tres en el Uno. Y la substancia, la esencia y la naturaleza designaron la unidad divina. Así decimos que el Padre, el Hijo y el Espíritu Santo poseen una sola y la misma naturaleza divina; que son tres Personas distintas, consubstanciales entre sí (de la misma substancia), y que se distinguen por sus relaciones: "El Padre es quien engendra, el Hijo quien es engendrado, y el Espíritu Santo es quien procede" (Conc. de Letrán IV).

Pero estas que llamamos "procesiones" no significan en absoluto un proceso temporal ni de precedencia, pues en la Trinidad "no hay nada anterior o posterior, nada mayor o menor, sino que las Tres personas son co-eternas y co-iguales" (Símbolo atanasiano). Solo difieren, pues, por sus relaciones: la paternidad del Padre, la filiación del Hijo y la procedencia del Espíritu Santo. Digamos, a modo de muy imperfecta descripción, que el Padre da al Hijo todo su ser divino menos la paternidad, y que el Padre y el Hijo dan al Espíritu Santo todo su ser divino menos la paternidad y la filiación. Y todo ello en el interior de la única substancia eterna que es Dios.

Como se ve, estas formulaciones están lejos, lejísimos de haber comprendido o explicado el misterio; solo se han fijado los términos para expresar aquello que en el Nuevo Testamento, del todo ajeno a la especulación abstracta, aparece simplemente como que hay Dios Padre, Dios Hijo y Dios Espíritu Santo. Y con esos términos se evitan las confusiones y errores a los que el misterio pudiera dar margen. Y así se da una ayuda inapreciable a la oración, contemplación y adoración fervorosa en el corazón de los cristianos de todos los siglos.

Debe añadirse que todo cuanto Dios hace en el mundo ("*ad extra*") lo hacen en común las tres Personas, solo que en esta única operación divina cada Persona manifiesta lo que le es más propio en el seno de la Trinidad. Así la creación del mundo y la redención del hombre son obra de las tres Personas, pero al mismo tiempo hablamos, por "apropiación", de Dios Padre como creador, de Dios Hijo como redentor, y de Dios Espíritu Santo como santificador.

En cambio, las dos "misiones" divinas, que son la Encarnación del Verbo y la venida del Espíritu Santo, consisten en el "envío" de una Persona divina por parte de las otras, para desempeñar un cometido personal en la historia de la salvación. Así Jesús es enviado por el Padre (Jn 20, 22), y es solo él quien nace de María y muere en la cruz; y él, junto con el Padre, envía el Espíritu Santo a los apóstoles (Jn 15, 26).

Pero, en virtud de la inseparabilidad de las tres Personas divinas, decimos que la Trinidad toda habita de un modo inefable en el alma en gracia, es decir, hace su verdadera morada en el centro y en el fondo del abismo del alma humana. La doctrina de la inhabitación de la Santísima Trinidad en el santuario del alma es una de las realidades más conmovedoras de toda la piedad cristiana.

Ese misterio está lleno de consecuencias espirituales. Por una parte, nos hace tomar conciencia de que la vida de oración, la "presencia de Dios", la vida contemplativa, no consisten tanto en saltar hacia quién sabe qué lejanías del cielo o de la tierra, sino más bien en buscar al Señor en el recogimiento del alma dentro de sí misma, donde Él tiene su templo vivo.

Es este el sentido de aquella estrofa de san Juan de la Cruz: "Olvido de la criatura, / memoria del Criador, / atención a lo interior / y estarse amando al Amado". Y era esto lo que maravillaba a san Agustín cuando se lamentaba de su demora para encontrar a Dios: "¡Tarde he llegado a amarte, belleza tan antigua y nueva! Porque Tú estabas dentro y yo te buscaba fuera (de mí) y allá, en aquellas cosas hermosas que hiciste, yo desordenadamente me precipitaba. Tú estabas conmigo y yo no estaba contigo" (*Confs.* VII, 10).

Y por otra parte, la conciencia de esta inhabitación trinitaria nos mueve al deseo de que este Huésped no deba compartir la morada del alma con mugrecillas, impurezas y vanidades del pensamiento, del corazón o del cuerpo, o con cualquier género de compañía que le desagrade.

"Toda la vida cristiana es comunión con cada una de las personas divinas (…) El que da gloria al Padre lo hace por el Hijo en el Espíritu Santo" (CEC, 259). La Escritura, la Tradición y el Magisterio han expuesto la forma trinitaria de la vida cristiana entera, de la liturgia de la Iglesia, y de la oración de los fieles. Al santiguarnos con la señal de la santa cruz, en el inicio de tantas oraciones, decimos: "En el nombre del Padre y del Hijo y del Espíritu Santo", palabras con las que hemos nacido a la vida divina por el bautismo, y que resuenan en la santa misa y en los demás sacramentos.

Oraciones trinitarias son el Gloria y el Credo, el Símbolo atanasiano, el Te Deum, el Trisagio angélico, y tantas otras oraciones. Es un gozo para el alma cristiana repetir esos tres nombres santísimos, invocarlos en nuestras plegarias, alabarlos y glorificarlos en compañía de los ángeles del cielo. ¡Gloria al Padre y al Hijo y al Espíritu Santo, como era en un principio, ahora y siempre, por los siglos de los siglos, amén!

3. Hijos de Dios Padre

Pocas veces en el Antiguo Testamento se llama Padre a Dios. Así en Isaías: "Tú, Señor, eres nuestro Padre" (63, 16), o en el salmo: "Él (David) me invocará: Tú eres mi Padre, mi Dios, la roca de mi salvación" (89). O a la hora de suplicar: "Señor, Padre y Dios de mi vida, no me abandones a mis pensamientos" (Sir 23, 4). Pero esos vislumbres no son frecuentes ni temáticos; los hombres de la antigua Alianza tuvieron solo atisbos dispersos de la paternidad divina.

Tenía que ser el Hijo, el Hijo eterno y consubstancial al Padre, el que nos revelara abiertamente, y como una parte esencial de su revelación, que su Padre lo es también de nosotros, aunque no, obviamente, en el mismo sentido. Y fue asombroso para oídos israelitas que Jesús lo llamara no ya solo Padre, sino con el apelativo familiar y cariñoso que usaban en Israel los niños pequeños, algo semejante a nuestro "papá": "abbá". Así en el momento estremecedor del huerto de los olivos: "Abbá, Padre, todo te es posible: aparta de mí este cáliz" (Mc 14, 36).

Ese término cariñoso es el que usa san Pablo para expresar el fin mismo de la Encarnación: "Al llegar la plenitud de los tiempos, Dios envió a su Hijo (…) a fin de que recibiéramos la adopción de hijos. Y porque sois hijos, Dios envió a nuestros corazones el Espíritu de su Hijo, que clama: ¡Abbá, Padre! Así que ya no eres siervo, sino hijo; y si eres hijo, también heredero por la gracia de Dios" (Gal 4, 4-7). Con ese dulce nombre, Abbá, cierra san Pablo el círculo de la acción de las tres Personas divinas en nuestras almas.

Se configuran así los tres sentidos de la paternidad y la filiación divina. El primero es genérico y se refiere a todos los hombres, como hijos creados por Dios a su imagen y semejanza. El segundo es ya sobrenatural: es el sentido fuerte en que nos llamamos hijos los hombres redimidos por Dios Hijo en la cruz. San Juan lo expresa así: "A cuantos le recibieron les dio la capacidad de hacerse hijos de Dios, a los que creen en su nombre, los cuales no han nacido de la sangre ni de la voluntad de la carne, ni del querer del hombre, sino de Dios" (Jn 1, 12-13).

El tercer sentido es el que corresponde en forma absolutamente única al Hijo eterno, que también llamamos el Hijo Unigénito del Padre, el Hijo único. Es el Padre de Jesús, el Padre "de quien toma nombre toda paternidad en los cielos y en la tierra" (Ef 3, 15). Porque es en Cristo y por Cristo que adquirimos nuestra condición de hijos de Dios. Nuestra filiación divina es obra de la gracia, que se inicia en nosotros por la gracia bautismal.

Todos los nombres que damos a Dios se forman, por analogía, a partir de nuestra experiencia de ciertas perfecciones terrenas. Nuestra idea de Dios como Padre nuestro se forma también a partir de nuestros padres en la tierra. De allí la necesidad de depurar esa noción de todas las imperfecciones posibles de la paternidad humana: su ribete de afán posesivo, de sensiblería, de egoísmo… Queda así el núcleo desnudo de una paternidad que es puro amor increado, pura omnipotencia, pura generosidad, misericordia, ternura inefable. Solo así podemos experimentarnos en forma correcta como hijos adoptados por Dios en Cristo Jesús.

Decimos que Jesús, el Verbo encarnado, es el Hijo "natural" de Dios Padre, y que nosotros somos hijos "adoptivos" suyos. Pero esta palabra posee una condición real y "metafísica", que va inmensamente más allá del sentido externo y más bien jurídico, que solemos dar hoy al término "adopción": no somos hijos de Dios por ficción legal, sino por una verdadera "sobrenaturaleza" que crea en nosotros la gracia.

El mismo Jesús distingue ambas filiaciones, la adoptiva nuestra y la natural suya. Así cuando nos enseña a orar: "Padre nuestro…" (Mt 6, 9). Somos nosotros los que oramos así, con posesivo plural, no Jesús. En innumerables ocasiones él nos dice "vuestro Padre", pero él dice simplemente "mi Padre", por ejemplo, después de su Resurrección, cuando indica con especial claridad a Magdalena: "Anda a mis hermanos y diles que subo a mi Padre y a vuestro Padre, a mi Dios y a vuestro Dios" (Jn 20, 17).

Nosotros solo llegamos a ser hijos de Dios en cuanto hacemos uno con el Hijo, en cuanto somos "otro Cristo, el mismo Cristo". Somos, como suele decirse, "hijos en el Hijo", pues no hay otro camino que Jesús para alcanzar la filiación divina, y para hacerla cada vez más profunda en nuestra conciencia: "por Cristo, con él y en él". Y es por obra del Espíritu Santo, que nos identifica con el Hijo, que alcanzamos esta maravilla, descrita así por san Juan: "Ved qué amor nos ha tenido el Padre para llamarnos hijos suyos, y que lo seamos" (1 Jn 3, 1).

Todo el Nuevo Testamento está lleno de esta denominación de Dios como Padre y de nosotros como hijos suyos. Y la entera vida cristiana es un profundizar continuo en la conciencia y el sentido de nuestra filiación divina, un asombrarse y admirarse de esta condición inefable, que debe llegar a afectar todos los pensamientos y acciones de un verdadero hijo de Dios.

Esta conciencia de hijos pequeños de quien hizo el cielo y la tierra se renueva sin cesar. Quien se conozca a sí mismo, por poco que sea, y haya echado un vistazo a la miseria y poquedad personal, no dejará de asombrarse: yo… ¡hijo de Dios! O en forma de oración: Tú, mi Dios… ¡Padre mío! Lo creo porque me lo has revelado Tú mismo, pero casi no lo puedo creer. ¡Ayúdame a ser tu hijo!: como los mejores padres ayudan a sus hijos a ser buenos hijos, pero de manera infinitamente más honda y perfecta.

Este es, pues, el hecho inconcebible, formidable, inaudito que llamamos filiación divina: Dios Padre me ama con todo su Ser divino, me mira en todo instante con ojos de padre y madre, me oye como si no existiera sino yo solo en la tierra, me cuida, me abraza como a su pequeña criatura, guía mis pasos en este mundo, y por eso mismo me exige siempre más, para que yo me asemeje más a su Hijo Unigénito.

Esta conciencia filial de cara a Dios, este sentido de nuestra filiación divina se manifiesta en mil actitudes del cristiano, en mil formas de su conducta. Comunica al alma fortaleza ante la adversidad; alegría que no alteran las vicisitudes de la vida; firmeza ante las inseguridades de la existencia; vencimiento de los miedos que puedan asaltarnos; paso firme en la vida, como quien pisa sobre un suelo de granito, aunque tiemblen las seguridades terrenas; reposo confiado entre los brazos omnipotentes del Padre, como un niño en el regazo materno; optimismo teologal de cara al futuro; gozo de ser amado con amor supremo; y una fraternidad humana que encuentra en el Padre común su fundamento último y, en definitiva, único.

4. La venida del Espíritu Santo

A medida que el alma cristiana avanza en su vida de oración, siente la necesidad de distinguir a las tres Personas divinas en su unidad, y de relacionarse con cada una de ellas en forma personal, y según la "personalidad" de cada una. Este proceso de nuestra oración diferenciada nos resulta más fácil con Dios Padre (¡filiación!) y con Dios Hijo (¡su humanidad!), pero el Espíritu Santo parece escondérsenos tras el Padre y el Hijo, porque su representación no se funda en ningún lazo de parentesco, ni en ninguna imagen reconocible de este mundo.

Por eso se lo suele llamar el Gran Desconocido. La condición de algunos cristianos podría asemejarse a la de aquellos doce discípulos de Éfeso que, preguntados por san Pablo, le respondieron: "Ni siquiera hemos oído que haya Espíritu Santo" (Hch 19, 2). Pero no hay vida cristiana plena sin este conocimiento amoroso de la Tercera Persona divina. Contemplarlo y amarlo pertenece habitualmente a una fase madura de la vida espiritual, y exige un esfuerzo especial, cuyo éxito solo será posible por la gracia y la luz del mismo Espíritu.

Hemos dicho que sus nombres, en boca de Jesús, son el Paráclito, el Defensor y Consolador nuestro, y el Espíritu de Verdad (Jn 14, 16-17): el que nos lleva hacia la verdad completa (Jn 16, 13), porque en la mente de los apóstoles ilumina, como en una revelación retrospectiva, todo lo que Jesús hizo y dijo (Jn 14, 26). Él es el amor mutuo del Padre y del Hijo, distinto de ambos y tan perfecto (infinito) que subsiste como una nueva Persona divina. Él recibe la misma adoración y gloria que el Padre y el Hijo.

Él es el Amor increado, y en relación a nosotros es el Don que Dios nos hace de sí mismo: "El amor de Dios se ha derramado en nuestros corazones por el Espíritu Santo que nos ha sido dado" (Rom 5, 5). El Espíritu Santo viene actuando en el mundo como su Creador desde el principio mismo de la creación: "El Espíritu de Dios se cernía sobre la superficie de las aguas" (Gn 1, 2). El Credo lo llama "Señor y Dador de vida" o "Vivificante", y resume así su continua acción en la historia de la salvación antes de Cristo: "el que habló por los profetas".

Desde que Él, el Altísimo, cubrió con su sombra el cuerpo virginal de María, para que en ella el Verbo de Dios se hiciera carne y habitara entre nosotros (Jn 1, 14), el Espíritu Santo actúa sin cesar sobre Jesús. A su vez, al borde ya de su Pasión, Jesús lo promete a sus apóstoles: "Cuando venga Aquel, el Espíritu de Verdad, Él os guiará hacia la verdad completa (…), porque recibirá de lo mío y os lo anunciará" (Jn 16, 13-14). Y una vez resucitado: "Seréis bautizados en el Espíritu Santo dentro de pocos días" (Hch 1, 5). Una vez pasados esos días, ocurrió la estremecedora manifestación del Espíritu Santo en forma sensible, su venida sobre los apóstoles.

Fue así: "Al llegar el día de Pentecostés, estaban todos juntos en el mismo lugar. Y sucedió que de repente sobrevino del cielo un ruido como de viento huracanado, que invadió toda la casa en que estaban. Se les aparecieron lenguas como de fuego, que se distribuían y se posaban sobre cada uno de ellos. Y todos se llenaron del Espíritu Santo, y comenzaron a hablar en otras lenguas, según el Espíritu Santo les impulsaba a expresarse" (Hch 2, 1-4). Se congregan entonces multitudes de distintos idiomas, asombrados por lo que oyen, porque todos los entienden en el suyo propio.

Pedro se dirige a ellos para explicarles lo ocurrido. Comenta san Juan Pablo II que Pedro "proclama lo que ciertamente no habría tenido el valor de decir anteriormente" (Enc. *Dominum et Vivificantem*, 30). La verdadera mutación espiritual que sufren los apóstoles es impresionante: se convierten de cobardes en hombres llenos de coraje; de ignorantes en sabios; de vacilantes en segurísimos; de débiles en fuertes hasta el heroísmo y el martirio…

Comienza ese día la era de la Iglesia, que perdura de generación en generación hasta el fin de los tiempos. "Consumada la obra que el Padre encomendó realizar al Hijo sobre la tierra, fue enviado el Espíritu Santo el día de Pentecostés, a fin de santificar indefinidamente a la Iglesia, para que de este modo los fieles tengan acceso al Padre por medio de Cristo en el mismo Espíritu. Él es el Espíritu de vida o la fuente de agua que salta hasta la vida eterna, por quien el Padre vivifica a los hombres, muertos por el pecado, hasta que rescate sus cuerpos mortales en Cristo" (*Lumen gentium*, 4).

Él es el Espíritu que nos santifica, el que nos hace posible confesar la divinidad de Jesucristo, pues "nadie puede decir: Jesús es el Señor, sino por el Espíritu Santo" (1 Cor 12, 3), hasta tal punto lo necesitamos. A Él le debemos todos los dones espirituales, que "el único y mismo Espíritu distribuye a cada uno según quiere" (1 Cor 12, 11).

En la vida de oración, al repasar fórmulas ya conocidas, o una página del Evangelio muchas veces leída, a veces se alcanza de pronto algún vislumbre superior del misterio de Cristo, o de cualquier otro misterio de la fe, con el asombro de una cosa nueva y como jamás pensada antes, como si esas palabras habituales nunca hubieran tenido el novísimo significado que de súbito expresan. Esa especie de descubrimiento viene acompañado de la viva conciencia de ser dado de lo alto, por la acción del Espíritu Santo, a la vez que trae un compromiso espiritual no menos nuevo.

Algo análogo, pero de mayor intensidad espiritual, sucede cuando el estímulo es externo: cuando un acontecimiento de poca monta se carga de súbito con un alto significado divino, y mueve a una reacción profunda y quizá indeleble del alma. Así ocurrió a Santa Teresa de Ávila a la vista de la imagen de un Cristo sumamente llagado y ensangrentado, que la remeció entera y la movió a una nueva conversión de largo alcance en su vida (*Vida*, IX).

A Santa Teresa de Lisieux le pasó que, entre las páginas de un devocionario, asomó el ángulo superior de una estampa, que dejó visible solo la mano izquierda del Señor clavada en la cruz, sencillo hecho que le produjo una impresión considerable (*Historia de un alma*, V). San Josemaría, de muy joven, encontró una gélida mañana de invierno en la nieve las huellas de los pies desnudos de un fraile descalzo, y la sola vista de esas pisadas desató en su alma el proceso de su vocación divina (*El fundador del Opus Dei*, A. Vásquez de Prada, II, 4).

Pero estas actuaciones del Espíritu Santo son, naturalmente, excepcionales. En ellas, o en los casos más corrientes de la vida de oración que describíamos antes, el alma agradece vivamente esos dones, que sabe superiores a sus capacidades y a sus hábitos. Y a la inversa, cuando se carece de toda luz de esa especie, es también el mismo Espíritu el que nos hace entender que esa carencia es nuestra condición natural, nuestra ceguera con respecto a los misterios sobrenaturales. ¿Cómo podría la creatura humana creer, amar, adorar, experimentar uno de aquellos pequeños encantamientos divinos, sin el toque singular del Espíritu Santo?

"De igual modo, también el Espíritu acude en ayuda de nuestra flaqueza; porque no sabemos lo que debemos pedir como conviene;

pero el mismo Espíritu intercede por nosotros con gemidos inefables" (Rom 8, 26). Nosotros necesitamos estrictamente del Espíritu Santo para orar, para hablar con Dios, y para oírle; para hablar sobre Dios y ser escuchados; para invocarlo sobre la Iglesia, sobre el mundo y sobre nuestros más cercanos; para tener vida contemplativa de oración, sacrificio y trabajo; para hacer bien nuestras ocupaciones, intelectuales o no; para ver la mano de Dios en todos los acontecimientos, especialmente los que traen dolor, y para entenderlos como una caricia de su mano y como un abrazo muy especial de Cristo crucificado.

También lo invocamos especialmente para mover a otros a acercarse al Evangelio, a la Iglesia y a los sacramentos, y si es el caso, para administrarlos; en suma, para realizar todas las acciones que superan nuestra naturaleza y que contienen algo, aunque sea una migaja, de deiforme y sobrenatural. Al Paráclito se le atribuye especialmente la consolación divina, superior a todos los consuelos de la tierra, que se otorga en primer lugar a los que no tienen consuelos de este mundo. San Pablo enumera así sus frutos en nuestras almas: "Los frutos del Espíritu son la caridad, la alegría, la paz, la paciencia, la afabilidad, la bondad, la fidelidad, la mansedumbre, la templanza" (Gal 5, 22-23).

A esos frutos se añaden los siete dones del Espíritu, propios de los tiempos mesiánicos (Is 11, 1-2). Esos dones son disposiciones permanentes que producen en el alma una especial facilidad, no ya solo para actuar bien, como las virtudes, sino para ser dócilmente llevados por los impulsos del Espíritu Santo donde Él nos quiera llevar. Son los dones de sabiduría, inteligencia y ciencia, que se refieren al conocimiento de Dios y de las cosas divinas, y los dones de consejo, fortaleza, piedad y temor de Dios. A veces se ha hablado de ellos como propios de almas escogidas y místicas, pero en realidad no es así: forman parte de la vida ordinaria del cristiano corriente, que puede y debe aspirar a ellos y pedirlos.

El esfuerzo del cristiano está, entonces, en impedir que el Espíritu Santo le pase inadvertido u oculto tras el Padre y el Hijo, para poder así alabarlo y glorificarlo juntamente con Ellos. Porque Él es Dios que alumbra nuestro camino al cielo, Dios que mantiene a su Iglesia en un constante Pentecostés. No en vano tantos himnos y oraciones suelen comenzar así: ¡Ven, Espíritu Santo! "Ven, Espíritu Santo, / y emite desde el cielo / un rayo de tu luz". "Ven, Espíritu Creador, / visita el intelecto de los tuyos / y llena con la gracia de los cielos / los corazones nuestros que has creado".

VI

LA CREACIÓN DEL MUNDO

La primera revelación divina orienta nuestra mirada hacia las lejanías más remotas de todo lo que existe. El primer versículo del primer libro de la Sagrada Escritura dice así: "En el principio creó Dios el cielo y la tierra" (Gn 1, 1). También nuestro Credo comienza así: "Creo en Dios, Padre Todopoderoso, Creador del cielo y de la tierra".

El Compendio del Catecismo, por su parte, afirma que esta verdad "es el fundamento de todos los designios salvíficos de Dios (...); es el comienzo de la historia de la salvación, que culmina en Cristo; es la primera respuesta a los interrogantes fundamentales sobre nuestro origen y nuestro fin" (51).

Al misterio de la creación nos asomamos, pues, a través del misterio de la salvación. Ambos misterios se alumbran entre sí y el nexo que los une es tan estrecho que san Pablo puede decirnos, aludiendo al relato del Génesis: "El mismo Dios que dijo: De las tinieblas brille la luz, es el que hizo brillar la luz en nuestros corazones, para que irradien el conocimiento de la gloria de Dios que está en Cristo" (2 Cor 4, 6).

1. CREAR DE LA NADA

El verbo "crear" del Génesis ("*barah*") tiene en toda la Escritura el mismo sentido: no "hacer" en general, sino crear de la nada. Así, por ejemplo: "Mira el cielo y la tierra y todo lo que hay en ellos, y reconoce que Dios no los ha hecho de cosas ya existentes" (2 Mac 7, 28). O bien: "Yo soy el Señor, que hizo todas las cosas. Yo solo desplegué los cielos y afiancé la tierra" (Is 44, 24).

Crear es producir algo de la nada, sin materia preexistente, mientras que hacer es transformar o dar nueva forma a algo que ya existía, a una materia previa. El universo es un continuo hacer y deshacer, una continua transformación de todo cuanto hay en él. Y el hombre, singularmente, hace o fabrica una innumerable cantidad de objetos o artefactos. Pero solo Dios puede crear propiamente, pues para crear de la nada es necesario un poder infinito: su Omnipotencia.

Así, pues, se nos ha revelado que la totalidad de lo existente fuera de Dios debe su ser a Dios Creador, verdad que también está en cierta medida al alcance de nuestra razón, si bien ninguna filosofía fuera del ámbito judeocristiano logró formalizar con precisión este concepto. El mundo no es una realidad que se explique a sí misma: su ser solo se hace inteligible a la luz de la creación. Antes del acto creador divino, o fuera de él, no puede existir absolutamente nada.

Los intentos de explicar, excluyendo a Dios, que exista mundo (¿por qué el ser y no la nada?), o de dónde proviene (de la nada, nada proviene), son estériles. A la inversa, la inteligencia objetiva de las leyes que gobiernan la naturaleza, rebosante de orden hasta su última partícula, y la inteligencia subjetiva, que descubre esas leyes y las formula científicamente, postulan una Inteligencia creadora que sea la causa de ambas inteligencias, en su mutua armonía y encuentro.

Llamamos inteligencia subjetiva a la que nosotros poseemos como sujetos, y que nos hace humanos; y llamamos inteligencia objetiva ("objetivada") a la que muestran las leyes que rigen la naturaleza entera, y que nuestras ciencias conocen cada vez más. ¿Cómo sería posible que la relación última entre ambas inteligencias no sea la Inteligencia suprema que creó una y otra, hombre y mundo? El salmo 136 nos invita a alabar al Señor "porque hizo el firmamento con inteligencia", y así las luminarias del cielo y todas las demás creaturas.

Volvamos al Génesis y a sus primeras palabras: "En el principio creó Dios…". ¿El principio de qué? Es tanto el principio del mundo como del tiempo, que son del todo correlativos: son una sola cosa el inicio del cosmos y el inicio de esa forma de duración que llamamos tiempo (a diferencia de la duración de Dios, que es un eterno presente). La expresión bíblica significa también que, a diferencia de la idea griega de una materia eterna con que Dios plasma el mundo, este tuvo un comienzo temporal, una fecha de origen, un punto cero, y que por tanto tiene hoy una edad limitada.

La astrofísica de nuestros días parece haber descubierto lo mismo por sus propios medios: que el universo tiene una edad definida, que cifra entre los trece y los catorce mil millones de años. Pero, por supuesto, fe y ciencia se mueven en planos distintos. Y en todo caso, la creación del mundo no es solamente algo que haya ocurrido hace millones de años, sino que ocurre en forma continua y permanente en cada instante; en caso de cesar, el mundo volvería a la nada. Como solemos decir en forma metafórica: si Dios dejara de pensar en nosotros, dejaríamos de existir.

La expresión "el cielo y la tierra" designa, en el Génesis y en muchos pasajes bíblicos, todo lo que existe, la entera creación, el universo en su totalidad. Hoy diríamos que, desde los incontables billones de soles que lo componen, hasta la última partícula subatómica, todo es hechura de su Omnipotencia; que Él llama a los seres y los seres vienen a existir: "Dios llama a las cosas que no son para que sean" (Rom 4, 7). Dios "visitó la nada" (H. Hello) para manifestar su gloria en sus creaturas todas.

Esta revelación viene a responder a las grandes interrogantes humanas de todos los tiempos: ¿de dónde venimos, adónde vamos?, ¡quiénes somos! Con razón se ha dicho que el mal de nuestro tiempo reside en sentirse tantos seres humanos en el mundo como viviendo en un lugar desconocido por razones desconocidas. La respuesta de la primera revelación divina tiene un efecto moral y espiritual inmenso sobre el corazón humano.

Esa respuesta nos hace saber que la primera y última palabra sobre nuestra existencia, y sobre todo lo que existe, es el Bien infinito y la Sabiduría infinita; que no estamos en manos de fuerzas oscuras y ciegas, que nos hayan arrojado al borde de la nada ni a merced del simple azar de los elementos, sino de una Providencia completamente buena que tiene para nosotros designios de amor, y en quien podemos apoyarnos con plena confianza y optimismo: que es el Dios vivo quien "está al final de todo, y nosotros en sus manos" (Card. Ratzinger, *Creación y pecado*, I, 1).

2. EL RELATO DEL GÉNESIS

Los dos primeros capítulos del libro del Génesis son como un gran poema oriental, que describe la creación del mundo en forma narrativa, apoyándose en las experiencias más familiares de sus contemporáneos, los pueblos semitas. El relato se divide en siete días. En el primero creó Dios la luz, en el segundo el firmamento, en el tercero la tierra y la vegetación, en el cuarto el sol y la luna, en el quinto la vida animal, en el sexto al hombre como imagen y semejanza suya y señor de la naturaleza, y en el séptimo día descansó Dios.

Esta cronología está ligada al número siete que expresaba perfección, y sigue el ejemplar litúrgico de la semana mosaica y del precepto del descanso sabático. Hay que leer con detención la conmovedora y casi ingenua poesía de este relato trascendental, no exento de grandeza. Mi generación recordará cómo sonaron esas palabras en labios de los astronautas que primero pisaron otra superficie astral, la luna.

Para entender con propiedad este relato, debe distinguirse bien entre su contenido revelado y la forma o lenguaje que expresa ese contenido. Se trata de un lenguaje común, universal, familiar, destinado a los lectores de su tiempo, los semitas antiguos, y que aún hoy puede ser entendido por cualquiera, incluso por niños de primera comunión. Este texto religioso contiene los presupuestos básicos de la historia de la salvación: expresa un contenido religioso metafísico en el lenguaje de la imaginación poética popular, incluso folclórica.

Hoy mismo nosotros, sabiendo lo que sabemos sobre el cosmos, seguimos diciendo en ese lenguaje figurado que el sol salió o se puso, que se levantó la luna o se escondió, etc. El Génesis, pues, es del todo ajeno a una pretensión científica. No tendría ningún sentido que nos hablara, como un tratado de astrofísica, de una explosión inicial, de la formación de átomos, de estrellas, de galaxias.

Los textos de la Escritura deben ser entendidos según su género literario propio: histórico, profético, sapiencial, etc. Estamos aquí frente a un poema oriental, donde los seis días de la creación se relatan en seis estrofas, cada una de ellas con la misma estructura poética de cuatro versos, por ejemplo: "Dijo Dios: haya luz"; luego "hubo luz"; en seguida "vio Dios que era buena", y por fin "hubo día primero"; y así sucesivamente con los demás días.

A su vez, y como no podía ser menos, el relato se apoya en las ideas de la cosmología oriental de la época: el firmamento como una bóveda metálica sobre el disco de la tierra, los astros que están fijos en ella, y sobre ella las aguas cósmicas, etc., sin que el contenido de ese lenguaje dependa en absoluto de tales imágenes del mundo.

En cambio, nada tiene este relato en común con los mitos de los pueblos circundantes de la antigüedad, babilónicos, egipcios, fenicios, que hacían correr a las divinidades del bien y del mal diversas aventuras o conflictos en la plasmación del mundo. Nada hay aquí de esos dioses y demonios bajo cuyo terror vivía el hombre, ni de esos conflictos originarios que por fuerza se prolongaban de modo inquietante en su propia vida. El gran mito babilónico de Marduk y el dragón era el más importante de los mitos vigentes alrededor del antiguo Israel, y el relato del Génesis se diferencia radicalmente de él, en lo formal y en lo religioso.

A su vez, todos aquellos mitos divinizaban ciertos elementos de la naturaleza, dando lugar a cultos idolátricos de variada índole (de los astros, de la madre tierra, de ciertos animales), mientras que el Génesis desacraliza y en cierto modo "naturaliza" todos esos elementos: cielo y tierra, luz y tinieblas, astros y animales y plantas, que ya no son deidades sino creaturas de Dios único y todopoderoso: son la naturaleza creada, lo que debió parecer a sus contemporáneos un sacrilegio inaudito.

Se ha dicho también (S. Jaky) que ese gran paso de desacralización abrió el camino del futuro conocimiento científico: por ejemplo, mientras el sol se considerara una divinidad (y a menudo la suprema), no cabía estudiarlo como un objeto natural.

La substancia o el contenido de fe que revela el relato del Génesis puede resumirse así: el Dios único (Elohim) creó de la nada (*barah*) todo lo que existe; toda la realidad del mundo procede de una sola fuerza omnipotente y eterna, que es Dios creador y salvador. El texto antes citado del libro de los Macabeos muestra a una sencilla madre de familia israelita en posesión de una verdad (*barah*) que ni Platón ni Aristóteles, aproximadamente sus contemporáneos, llegaron a formular.

Esa verdad resuena gozosamente a lo largo de la Escritura. Por ejemplo, en salmos como estos: "Benditos seáis de Yahvé, que hizo el cielo y la tierra" (115, 5); "Nuestro auxilio está en el nombre del Señor, que hizo el cielo y la tierra" (124, 8). Y en el Nuevo Testamento: "Por la fe sabemos que el mundo fue creado por la palabra de Dios" (Hebr 11, 3); "Tú has creado todas las cosas" (Apoc 4, 11). Y así continuamente.

3. EL ACTO CREADOR DIVINO

La creación es una obra de las tres Personas divinas, por ser un acto exterior o "ad extra". Sin embargo, hablamos de Dios Padre Creador, en virtud de aquella figura que antes llamamos "apropiación". En forma sintética podemos decir que el Padre crea el mundo por el Hijo en el Espíritu Santo, y que el mundo creado tiene con el Hijo y el Espíritu Santo la misma relación íntima de dependencia que con el Padre.

El acto creador divino procede de una voluntad absolutamente libre, no movida por ninguna necesidad interna o externa. Dios no necesitaba del mundo, ni tampoco se lo exigía ninguna necesidad de su naturaleza: Dios se basta a sí mismo. Él podría no haber creado el mundo, y no por eso sería menos Dios.

Así lo desprende la razón humana de la misma naturaleza divina, que no es susceptible de aumento o necesidad alguna, ni puede recibir en su ser infinito ninguna perfección sobreañadida que no tuviera antes. Nunca hubo "deificación" alguna que le ocurriera a la par del desarrollo del cosmos o de la historia, como han pretendido algunas formas de panteísmo, desde Spinoza y Hegel, que terminan identificando a Dios con el proceso cósmico o con la historia humana, según los casos.

En suma, que Dios creó el mundo porque quiso, por un acto amorosísimo de su soberana voluntad: "Yahvé hace cuanto quiere en los cielos o en la tierra" (Sal 135, 6). "Por tu voluntad, lo que no existía fue creado" (Apoc 4, 11).

La propensión del ser humano ante todo acto libre es preguntarse por su motivo; en este caso: ¿por qué creó Dios el mundo, si no lo necesitaba, si podía no haberlo creado? ¿Por qué no permaneció en su magnífica soledad, en su eterna autosuficiencia o, mejor dicho, en el dichosísimo amor entre el Padre y el Hijo y el Espíritu Santo?

Por supuesto que el motivo divino de la creación existe, pero no consta expresamente en las Escrituras, ni la filosofía humana puede desentrañarlo en el abismo de la libertad divina. Y así, por natural que nos resulte esta pregunta, no podemos responderla. Incluso hay algo en ella que no procede, más aún, que tiene su ribete de temeridad: "Él hace obras grandiosas e insondables (...) ¿Y quién podrá decirle: qué estás haciendo?" (Job 10, 12). "¡Oh hombre! ¿Quién eres tú para pedir explicaciones? ¿Acaso dice lo formado del barro al que lo modeló: por qué me hiciste así?" (Rom 9, 20).

Puesto que el motivo de la creación no puede estar en el mundo, ya que nada le agrega a su infinitud, un esbozo de respuesta solo puede estar en Él mismo. Y ese esbozo se dice con una sola palabra: amor, Amor increado. "Porque Tú amas todo cuanto existe" (Sir 11, 25). O según comenta santo Tomás: "Al abrir su mano con la llave del amor surgieron las creaturas" (*Sent* 2, pról.). Solemos añadir, más como ilustración que como explicación: el bien es difusivo de sí mismo.

En cambio, una pregunta más apropiada es el para qué, porque apunta a la finalidad de la creación y de la creatura. Y la respuesta, aunque no carente de misterio, solo puede ser una: para la gloria del Creador, para la revelación de su poder y su sabiduría y su misericordia, gloria que va íntimamente asociada a la bondad y felicidad de las creaturas. Dios creó el mundo "no para aumentar su gloria, sino para manifestarla y comunicarla" (san Buenaventura, Sent 2, 1). Pues la gloria de Dios es una cierta irradiación de su belleza y majestad sobre la creación entera.

Toda la Escritura se hace eco de su gloria. Así canta David: "Tuya es, Señor, la grandeza y el poder, la gloria, el esplendor y la majestad" (1 Cro 29, 11). "Su magnificencia sobrepasa los cielos y la tierra" (Sal 148, 13). Y en el Apocalipsis, de continuo: "La bendición, la gloria, la sabiduría, la acción de gracias, el honor, el poder y la fuerza a nuestro Dios por los siglos de los siglos" (7, 12).

Habrá que repetir aquí lo dicho antes sobre la apariencia de "egoísmo" divino, que alguien pudiera encontrar en estas aclamaciones: la egolatría es una miseria del hombre, porque solo es un hombre pecador, pero la latría o adoración que el hombre rinde a Dios por ser Dios es una cosa justa, digna, saludable y espléndida, conforme al Ser de Dios y al ser del hombre. Notemos de paso que una parte esencial de la oración cristiana es esta glorificación y alabanza del Creador.

4. Creación y evolución

Todavía una pregunta distinta sobre la creación es el estado en que Dios creó el mundo. Por una parte, sabemos que antes de la caída original el mundo era hermoso, porque resplandecía de la gloria de Dios: era todo él como "un jardín" (Gn 2, 8), y la tierra no había sido maldecida a causa del pecado: "Maldita sea la tierra por tu causa" (Gn 3, 17), dice Yahvé a Adán. Pero nada sabemos de ese estado de la naturaleza.

En cambio, tanto la fe como la razón nos hacen saber que Dios creó al mundo imperfecto (por finito), en estado de hacerse, haciéndose, en estado de continuo fluir: el universo inicial no tiene por qué ser tal como es hoy. Es la ciencia la que puede precisar hasta cierto punto ese estado primero y sus etapas sucesivas. Y en efecto, en los últimos tiempos (desde mediados del siglo XIX en adelante), la astrofísica nos ha hecho saber cosas insospechadas sobre el origen, la edad, las etapas y las dimensiones del cosmos, que invitan a creyentes y no creyentes a la admiración.

La idea de un universo evolutivo y de su comienzo a partir del llamado Big Bang, hipótesis predominante aunque no exclusiva en la ciencia actual, no se opone en absoluto a la creación divina del universo. Más bien se diría que la armonía y hermosura de esa concepción, la de un cosmos dinámico, expresa mejor la sabiduría del plan divino, que la tradicional idea de un mundo original estable o fijo, dotado de la misma forma del cosmos actual.

Esa idea estática fue dominante dentro y fuera del ámbito de la fe, también en la ciencia, mientras no hubo indicio alguno de evolución cósmica. Hoy sí lo poseemos, y en abundancia; hoy los científicos creyentes adhieren a ella casi sin excepción, si bien la naturaleza y las causas de ese proceso se interpretan de maneras muy diversas. Solo la versión materialista y atea es incompatible con la filosofía y la fe cristiana.

En este asunto deben deslindarse cuidadosamente dos problemas y dos órdenes de conocimiento distintos. Una cosa es saber cuándo y cómo ocurrió esa evolución, problema que corresponde a las ciencias de la naturaleza. Otra cosa muy distinta es saber la causa última y el sentido final de ese proceso, es decir, de la totalidad del cosmos, lo que corresponde a la filosofía y a la fe. Creación divina y evolución cósmica son dos realidades de distinto orden, y entre ellas no hay oposición alguna.

Hay quienes pueden pensar, en forma sumamente simplificada, que el origen del mundo, explicado por el Big Bang, hace superflua la idea de creación divina. Pero de ser efectiva la evolución, según parece serlo, entonces ¿cuál fue la causa de la evolución, de dónde procede su protomateria original, y cómo se explica su inteligencia objetiva? ¿Es que el Big Bang carece de causa? Porque en realidad evolución cósmica y cosmos son la misma cosa, y esa única cosa o mundo físico en movimiento no se explica por sí misma: es hechura de Dios, es creatura, es creación divina.

Más aún: se ha dicho (Tresmontant) que las clásicas pruebas cosmológicas de la existencia de Dios, de Aristóteles en adelante, se hacen más fáciles y fuertes en su versión evolutiva que en su versión estática tradicional. Pues si la base de esas pruebas es el movimiento, dicha base se vuelve más evidente y, por así decirlo, exige de modo más inmediato una causa eficiente y final, que si se supone una materia eterna y estática. Y desde el punto de vista de la fe, la gloria que cantan a Dios los astros del firmamento es la misma (y bien puede parecernos más cercana y evidente) en su ser dinámico que en su casi imposible estaticidad.

Pero cualquiera que sea el estado primero y original del universo tal como fue creado por Dios, la revelación divina nos certifica que es bueno. El tercer versículo de las estrofas fundacionales del Génesis nos repite por seis veces: "Y vio Dios que era bueno": bueno todo lo que había hecho: luz, firmamento, astros, tierra, mares, plantas, animales (Gn 1, 4. 7. 10. 12. 18. 21. 25), y por fin, tras la creación del hombre, "muy bueno" (31). O si queremos: buena la explosión del cosmos, bueno todo lo que ella ha formado, hasta llegar a nuestro planeta capaz de albergar a la humanidad.

Se trata de la bondad intrínseca y ontológica del mundo como creatura divina: "Porque toda creatura de Dios es buena" (1 Tim 4, 4). Esta convicción de fe está en la base misma del optimismo teologal del cristiano. El mundo que habitamos no es un laberinto de fuerzas opuestas, ni de dioses temibles ni de poderes del mal (como suponían los mitos arcaicos), ni es un azar de los poderes ciegos de la naturaleza (como supone hoy el materialismo), sino que es la buena tierra de Dios, donde todo ser que la habita está en sus manos: "¡Cuántas son tus obras, oh Dios, y cuán sabiamente ordenadas! Está llena la tierra de tus beneficios" (Sal 104, 24).

Pero en sentido contrario, el mismo relato del Génesis fundamenta la imperfección del mundo, la debilidad de su ser y su transitoriedad, que por fuerza están en su raíz, no ya por su finitud o por su posible condición evolutiva, sino, mucho más radicalmente, por su origen a partir de la nada: "Él (Dios) suspende la tierra sobre la nada" (Job 26, 7). Si el mundo es bueno como ser, puede contener muchos males desde el punto de vista de la existencia humana, también ella amenazada como lo está por la nada de su origen.

5. La Providencia y el mal

A esta limitación de la bondad del mundo se añade todavía otra más radical, de carácter moral pero también ontológico: el pecado, el de los ángeles y de los hombres. El pecado de origen y la multiplicación de los pecados personales han ensombrecido el mundo original, han afeado su primer rostro.

La maldición del pecado alteró la naturaleza misma, que dejó de ser paraíso (Gen 3, 17-18) y gime por su redención (Rom 8, 20-22). Por el pecado entró en el mundo la muerte, con su cortejo de penas y dolores (Rom 5, 12). El reino de este mundo, que debió ser bellísimo como un reflejo de la suma belleza de su Creador, ha llegado a ser en distintos grados y formas el dominio del príncipe de este mundo, Satanás, y el campo de acción de fuerzas oscuras e irracionales del corazón humano.

Este panorama de sombras puede poner a prueba el optimismo teologal del cristiano, pero la revelación divina nos suministra certezas y energías sobradas, para no caer en ese pesimismo casi sistemático de ciertas filosofías de la modernidad, de Schopenhauer a Sartre, que se acercaron al nihilismo. Ellas son parte de esa rotación de optimismos y pesimismos, tan desmesurados unos como otros, que componen en cierta medida la historia intelectual de Occidente en los tres últimos siglos.

Los ojos de la fe teologal, en cambio, no dejarán de divisar en esa penumbra los innumerables rasgos de hermosura, de grandeza y santidad que destellan en la naturaleza y en la historia, formando parte de la amabilidad del mundo a pesar de todas sus limitaciones. Llegados a este punto, fuerza es ahora anticipar problemas que atañen al hombre y que se abordarán en el capítulo siguiente, para adentrarnos en ese poder divino que de los males, aún del pecado mismo, es capaz de sacar mayores bienes, y que se llama la Providencia divina.

Este nombre designa la previsión, el poder y la sabiduría con que Dios gobierna el universo, desde los grandes acontecimientos del cosmos y de la historia, hasta la última brizna de hierba que se mueve en este mundo, conduciéndolo todo hacia su fin. La revelación divina nos hace saber con certeza que no estamos en manos de un destino ciego, o del ciego azar, sino en las manos suavísimas y fuertes de nuestro Padre del cielo, que todo lo sabe y todo lo puede. León Bloy llamaba al azar "la Providencia de los necios".

Ese cuidado que Dios prodiga a la creación entera es una gozosa realidad, de la que dan cuenta las dos Escrituras con variados acentos. Con admiración por su alcance universal: "abarca con su poder de un extremo al otro del mundo y lo dispone todo con dulzura" (Si 8, 1). "Muchos proyectos hay en la mente del hombre, pero es el plan de Dios el que permanece" (Prov 19, 21). "Arroja tus preocupaciones en el Señor, que Él te sustentará" (Sal 55, 23). Y con una llamada elocuente para un pueblo nómade de pastores: "El Señor es mi pastor, nada me habrá de faltar (…) Aunque haya de pasar por un valle tenebroso, no temo mal alguno, porque Tú estás conmigo" (Sal 23, 1. 4).

Otro tanto y más aún leemos en los Evangelios. Jesús nos exhorta a la confianza en su Padre del cielo: "Mirad las aves del cielo, que no siembran ni siegan ni guardan en graneros, y vuestro Padre celestial las alimenta. ¿No valéis vosotros más que ellas? (…) Mirad cómo crecen los lirios del campo: no se fatigan ni hilan, y yo os digo que ni Salomón en toda su gloria se vistió como uno de ellos. Pues si a la hierba del campo, que hoy es y mañana se echa al fuego, Dios así la viste, ¿no hará mucho más por vosotros, hombres de poca fe? (…) Por tanto, no os inquietéis por el día de mañana, pues el mañana tendrá su propia inquietud" (Mt 6, 26. 29-30. 34).

Un peso no pequeño que gravita sobre el corazón del hombre es este: el futuro es incierto. Jesús no nos pide una imprevisión irresponsable de cara al futuro, porque hay cosas que podemos y debemos prever, pero sí quiere evitarnos ese desasosiego que corroe tantas vidas humanas, y que en gran parte está hecho de imaginación y miedo: por la imaginación se vive anticipando futuros posibles, que el miedo se encarga de pintar con colores sombríos.

El remedio no está en esas múltiples ofertas actuales de métodos de autoayuda (aunque algunos de ellos tengan cierta efectividad). El remedio radical, el sosiego profundo del alma de cara al porvenir, es la confianza filial de los hijos de Dios en la Providencia de su Padre Dios, es el abandono en sus manos. "Hasta los cabellos de vuestra cabeza están todos contados" (Lc 12, 7), nos asegura Jesús. Y san Pablo: "Todas las cosas cooperan para el bien de los que aman a Dios" (Rom 8, 28): todo es para bien.

La verdad de la Providencia divina se ve enfrentada, sin embargo, a la terrible prueba del mal en el mundo. Tanto la limitada sabiduría humana, como sobre todo la fe en la revelación divina, deben hacerse cargo de este escándalo del mal: si Dios es bueno, por una parte, y omnipotente por otra, ¿cómo es posible que quiera o que permita tanto dolor, tanto pecado, tanta miseria? Cuando se trata del dolor de los inocentes, sobre todo de los niños, el escándalo del mal es aún más terrible. Esa pregunta puede ser causa de incredulidad para el no creyente, pero el creyente también se la plantea, a veces dramáticamente. Nadie se libra de ella.

A la hora de un gran padecimiento personal, propio o ajeno, aún el hombre más santo y justo puede ser arrastrado a esta tremenda pregunta: ¿por qué envías o toleras esto, precisamente esto, Dios mío, si podrías borrarlo con un simple pensamiento de tu justicia, con un simple querer de tu misericordia? ¿Para qué sirve todo esto, a quién ayuda? ¿O acaso Tú no eres todopoderoso y compasivo?

Esta interrogante recorre de variadas formas las Escrituras, por ejemplo, en los salmos (10, 13, 22, 42, 69, 77, 88, etc.), y a veces son otros, los incrédulos, los que preguntan con sorna al creyente: "¿Dónde está tu Dios?" (Sal 42, 4). O como la esposa de Tobías a este en su desgracia: "¿Dónde están tus limosnas y tus buenas obras? ¡Mira dónde están ahora!" (Tob 2, 14). Y el creyente, sin argumentos de este mundo, solo puede responder con una mirada implorante a las alturas.

En una perspectiva panorámica, puede llegar a marear el espectáculo que componen las desgracias propias y ajenas, la brevedad de la vida, lo efímero de los bienes terrenos, la fragilidad de nuestros cuerpos, la fuerza de las pasiones y el refinamiento de la crueldad humana, la magnitud de las catástrofes de la naturaleza y las guerras de los hombres, el semblante fantasmal de la enfermedad y de la muerte, la precariedad de las empresas y las conquistas humanas, y aún la estela de ruinas que parece dejar el paso de las civilizaciones; en fin, todo el dolor de aquello que una oración a la Virgen (la Salve) inmortalizó como "este valle de lágrimas".

El Catecismo nos recuerda, acerca del mal en el mundo, que "a esta pregunta tan apremiante como inevitable, tan dolorosa como misteriosa, no se puede dar una respuesta simple. El conjunto de la fe cristiana constituye la respuesta (…) No hay un solo rasgo de la fe cristiana que no sea en parte una respuesta a la cuestión del mal" (309).

Y a continuación evoca, entre otros, el caso de santo Tomás Moro que, poco antes de su martirio, consuela a su hija Margarita con estas palabras: "Todo lo que Dios quiere, por malo que nos parezca, es en realidad lo mejor" (carta). Juliana de Norwich, ante un crucifijo, se afligía pensando en el confuso espectáculo de los males que veía en torno, cuando la gracia de Dios le puso en su corazón: "Ya verás por ti misma que todas las cosas van a estar bien" (rev. 32, CEC 313), es decir, que en el cielo vería que los males de toda especie aquí abajo estaban bien, habían estado bien; un eco de la palabra de san Pablo: todo es para bien.

La expresión suprema de este misterio es la cruz de Cristo: el mal más horrendo y al mismo tiempo el bien más alto de toda la historia de la creación.

6. La Providencia y la cruz

Del mal físico, que procede de la naturaleza, ya dijimos algo al hablar de la imperfección de un mundo creado de la nada. El mal moral es distinto: es el pecado, que depende de habernos dotado el Creador con el don inapreciable de la libertad. Diríamos que Dios quiso correr el riesgo del mal que libremente podemos hacer; y lo corrió porque a sus ojos nuestros buenos actos libres, sobre todo los actos de amor a Él y al prójimo, y más si los realizamos en estado de gracia, tienen un valor tan inmenso, tan inconmensurable, que justifica todos los peligros de nuestro libre albedrío. Entre esos actos están de manera singular los de paciencia ante la adversidad.

Nos pondremos en la situación de la persona que sufre algunas de las pruebas más difíciles de sobrellevar: enfermedad, deshonra, pobreza, agotamiento, calumnia, cesantía, desamor, fracaso, soledad… La sabiduría humana nos ha ofrecido percepciones correctas, aunque muy limitadas, sobre el valor del sufrimiento. Son consideraciones de esta especie: en la bonanza y en la prosperidad terrena, sobre todo material, nuestras mejores energías se adormecen o tienden a apagarse, porque solo en el conflicto, en la paciencia y el esfuerzo, en el combate moral, esas fuerzas alcanzan su mayor medida posible.

Lo decían los antiguos: *per áspera ad astra*, a las estrellas se va por el camino áspero; todo lo que vale cuesta. En las culturas superiores se ha elaborado de distintas maneras esta consideración: el dolor puede destruir, pero llevado con fortaleza puede elevar el alma, enaltecerla, purificarla, llevarla hasta nuevas alturas que son inaccesibles a través del mero bienestar. León Bloy decía que el dolor abre en el alma espacios que sin el dolor no habrían llegado a existir en ella. Pero solo hasta ahí llega la sabiduría humana.

En el orden de la fe sobrenatural, el dolor ingresa en otra dimensión del espíritu, del todo positiva, pero ardua y posible de alcanzar solo con la gracia de Dios. Lo diremos con otra sentencia de León Bloy: "Todo lo que ocurre es adorable". Esta paradoja solo se entiende a la luz de las Escrituras: "Los bienes y los males, la vida y la muerte, la pobreza y la riqueza, del Señor vienen" (Ecl 11, 14). Ninguna penuria ha escapado de sus manos, ni deja de formar parte de su plan: nada en el mundo ocurre sin el querer o la permisión divina.

La revelación divina sobre el sentido del dolor fue gradual e incompleta en el Antiguo Testamento, porque a la fe en la Providencia le faltaban dos misterios esenciales, que solo en la nueva Alianza se revelarían. El primero concierne a lo que sigue tras la muerte: el juicio, el cielo, el infierno, el purgatorio. Por ejemplo, en el libro de Job, que aborda temáticamente los padecimientos del justo, Dios los compensa con abundantes premios todavía terrenales: más riqueza, más familia, más honores que antes de sufrir, porque del más allá se sabía poco.

El Nuevo Testamento abre, en cambio, un horizonte de eternidad, y con él la posibilidad de una verdadera redención del sufrimiento terreno de cara al cielo, como prometen las Bienaventuranzas: "Felices los pobres de espíritu, porque de ellos es el reino de los cielos. Felices los que lloran, porque ellos serán consolados" (Mt 5, 3-4). En las balanzas eternas pueden ocurrir compensaciones impensables, y el dolor asumido con amor se proyecta hacia la salvación eterna y la resurrección de la carne.

En ese sentido puede decir san Pablo: "Considero que los sufrimientos del tiempo presente no admiten comparación con la gloria futura que se ha de manifestar en nosotros" (Rom 8, 18). Y también: "Las leves y momentáneas tribulaciones nos producen, por encima de toda medida, un peso eterno de gloria" (2 Cor 4, 17). Pero el segundo y novísimo misterio que ilumina la santidad del dolor en los designios de la Providencia es mucho más radical y definitivo: es el misterio de la cruz de Cristo, que modifica desde su interior el sentido del sufrimiento.

Ahora el sufrir en Cristo, el sufrir con él y en él, hace posible no ya la resignación y la paciencia, sino la alegría del amor corredentor. Será Providencia divina toda penalidad que purifique nuestras pasiones terrenas, nuestra concupiscencia de la carne, nuestros afanes de éxito y honra, el egoísmo del propio yo, para que desnudos de todo apego mundano seamos, por decirlo así, uno solo con Cristo crucificado. Y esto no por la mera materialidad de sufrir, sino por los actos libres de fe y amor con que nos hacemos otro Cristo en la cruz.

Esta como transfiguración del dolor ocurre en el dominio de la fe teologal. Pues la Providencia no nos muestra sus planes, ni nos hace saber qué clase de bienes, y dónde y cuándo, hará brotar de esos que llamamos males, y que son nuestra cruz de Cristo. A veces lo más duro de nuestras adversidades es ignorar su destino glorioso en la comunión de los santos, es decir, para qué sirven y a quiénes sirven. "Mis pensamientos no son vuestros pensamientos, y mis caminos no son vuestros caminos" (Is 55, 8). Y san Pablo: "¡Oh profundidad de las riquezas de la sabiduría de Dios! ¡Qué incomprensibles son sus juicios, y qué insondables son sus caminos!" (Rom 11, 33).

Pues la mano de Dios es invisible, y solo a la luz de la fe es posible divisarla en acción dentro de la historia, dirigiendo hechos y acontecimientos penosos o incluso terribles hacia un mayor bien. Este poder es tan misterioso que aun del mal propiamente dicho, es decir del pecado, puede hacer un camino hacia bienes supremos. Así canta el Pregón pascual acerca del pecado de Adán: "Feliz culpa, que tan gran redentor nos mereció".

El Catecismo toma de la Escritura, como ejemplos de esos designios divinos, un suceso del Antiguo Testamento y otro del Nuevo. El primero es uno de los relatos más conmovedores de la antigüedad: la historia del patriarca José, hijo de Jacob, que de adolescente es vendido como esclavo por sus propios hermanos, por envidia, y a través de múltiples peripecias, muchas de ellas dolorosas, termina siendo en Egipto el valido del Faraón, el primer hombre del reino.

Es así como en tiempos de hambruna puede José salvar a su pueblo de perecer, y cuando sus hermanos reconocen en este gran personaje egipcio a su propio hermano, a su víctima, y aterrados temen su venganza, él los tranquiliza con las siguientes palabras: "No fuisteis vosotros los que me hicisteis llegar aquí, es Dios quien me trajo" (Gn 45, 7-8). "Vosotros creíais hacerme un mal, pero Dios ha hecho de él un bien, para hacer sobrevivir a un pueblo numeroso" (50, 20).

Pero el caso más diáfano de la Providencia (el caso absoluto, diríamos) es la Pasión y muerte de Cristo en la cruz, el bien supremo de la humanidad, que procede del peor de los males jamás perpetrado por seres humanos. Los miembros del Consejo superior judío, los sumos sacerdotes Anás y Caifás, el procurador romano Pilato, el populacho vociferante y la soldadesca sádica, hicieron todos objetivamente el mal. Al llevar a Jesús a la muerte de cruz a través de indecibles dolores, ellos no pretendían nada bueno; al contrario, querían anularlo y destruirlo de la peor manera.

Y sin embargo, ellos actuaron "conforme al consejo y a la presciencia divina" (Hch 2, 3): todos ellos fueron instrumentos involuntarios del plan divino más grandioso de la creación: la salvación del mundo por los padecimientos de Cristo. El propio Satanás, al azuzar a los verdugos contra su víctima, y creyendo darle la muerte más ignominiosa, supo demasiado tarde (al tercer día) que había sellado la derrota última de los poderes del infierno.

Esa sangre redentora es el punto de la historia del universo donde se concentran en forma suprema la sabiduría y el poder de la Providencia. Allí fueron a parar todos los males del mundo, y de allí brotan todos los bienes del mundo.

A ese misterio nos acogemos los cristianos frente a todos los males y penas posibles, vengan de las fuerzas de la naturaleza o de la malicia del corazón humano. Este es el triunfo del cristianismo en la historia: el triunfo sobre el pecado, el dolor y la muerte. Fuera de su ámbito solo queda, ante el sufrimiento, el recurso de la rebelión autodestructiva, o de la resignación estoica, o de los mil escapismos frustrantes que el hombre en su impotencia pueda inventar.

Por profundo que sea el misterio del mal en el mundo que Dios creó, la luz que arrojan sobre él la Providencia y la Pasión de Cristo nos permite reafirmar de corazón estas dos certezas de fe: la del Génesis, que el mundo es bueno, y la de san Pablo, que todo es para bien.

VII

EL HOMBRE

La expresión "cielo y tierra" designa en las Escrituras la creación entera, pero también, en forma separada, "tierra" equivale al mundo de los hombres, y "cielo" a la morada de Dios y de los ángeles. "Dios creó a la vez de la nada una y otra creatura, la espiritual y la corporal, es decir, la angélica y la mundana; luego la creatura humana, que participa de las dos realidades, pues está compuesta de espíritu y de cuerpo" (IV Conc. de Letrán).

1. LOS ÁNGELES

¿Quiénes son los ángeles? Son espíritus puros, muy superiores a nosotros, que contemplan y adoran a Dios en el cielo, y forman en torno a Él como una inmensa irradiación de su gloria. Ellos nos recuerdan que existe un mundo más hermoso, más fuerte y más real que este, en continua comunicación con nosotros. La Escritura usa a veces la expresión "ejércitos celestiales": su número incontable nos habla de la generosidad creadora de Dios.

Están repletos de su presencia los textos bíblicos, así como la vida entera de la Iglesia, su historia, su liturgia y su piedad. Desde nuestros primeros padres (Gn 3, 24), pasando por Abraham (Gn 19, 21-22) y los profetas (Is 6, 6), ellos rodean a Cristo (Mt 1, 24; Mc 16, 5; Lc 2, 9-14; Jn 1, 51), y luego acompañan a la Iglesia naciente (Hch 5, 10, 12, 27) y a cada uno de nosotros (Mt 18, 10; Lc 16, 22). Ellos han sido creados en atención a Cristo, cuyo misterio desean contemplar (1 Pe 1, 12).

A veces el arte sacro y la piedad popular nos han ofrecido una imagen sensiblera y decorativa de los ángeles, que necesita ser purificada, porque ellos son seres altísimos y poderosos, en cierto sentido terribles (Rilke: "Todo ángel es terrible", *Elegías del Duino*). Ellos pertenecen a un grado de realidad excesivo para nuestra pequeñez, y su presencia nos resulta tan sobrecogedora que, según las Escrituras, cuando aparecen incluso ante almas tan santas como María, sus primeras palabras son "No temas" (Lc 1, 20).

Dicho esto, debe añadirse que los ángeles son espíritus servidores y mensajeros de Dios, que nos traen las buenas nuevas sobre su reino, nos ayudan e interceden por nosotros ante el Señor. Y cada fiel cristiano tiene personalmente su ángel de la guarda o ángel custodio, todo un príncipe del cielo que nos guía en nuestro peregrinar terrestre, y a quien acudimos en toda especie de necesidades. Hablando de los niños, Jesús funda nuestro aprecio por ellos en esta consideración: "En verdad os digo que sus ángeles están viendo siempre en el cielo el rostro de mi Padre celestial" (Mt 18, 10).

La Iglesia venera e invoca a los ángeles en su liturgia: "En presencia de los ángeles te alabaré" (Sal 138, 1). Veneramos en forma especial a los tres ángeles cuyo nombre se nos ha revelado: san Miguel, que significa "Quién como Dios" (Dan 10, 13), triunfador sobre las huestes demoníacas; san Gabriel, "Fortaleza de Dios", embajador del cielo ante la Virgen María (Lc 1, 26), y san Rafael, "Medicina de Dios", guía del joven Tobías en una difícil misión (Tob 5, 6).

Todos los ángeles fueron sometidos a una prueba, como conviene a una libertad creada, y algunos de ellos pecaron y fueron condenados para siempre y "precipitados a los abismos tenebrosos" (2 Pe 2, 4). A estos ángeles caídos los llamamos demonios (Lc 8, 27; 1 Jn 3, 8), y en los Evangelios se los llama a veces espíritus inmundos (Mc 6, 12; Lc 8, 29), pero también la forma singular designa a Satanás o Beelzebub, su cabeza (Mt 12, 26; Mc 3, 23; Lc 11, 18; Jn 13, 27), el príncipe de este mundo (Jn 12, 31), "la antigua serpiente que se llama diablo y Satanás" (Apoc 12, 9).

Los demonios "rechazaron radical e irrevocablemente a Dios" (CEC, 392). A pesar de su perfección, ellos podían pecar, porque no estaban confirmados en la gracia de Dios, ni lo poseían por visión. Ambas condiciones fueron alcanzadas, en cambio, por los ángeles fieles después de la prueba: la perfección sobrenatural y la visión facial de Dios.

Ignoramos la naturaleza del pecado de los demonios, pero la Escritura nos permite suponer que solo pudo ser un pecado de soberbia: deslumbrados por su propia perfección, quisieron tomarla como suya propia, negando al Creador que se las había otorgado, y haciéndose principio y fin de sí mismos. Con tentación de soberbia tentaron a nuestros primeros padres ("Seréis como dioses", Gn 3, 5), soberbia que luego estaría en la raíz de todo pecado.

Pero a diferencia de nosotros, que existimos en el tiempo y después de pecar podemos arrepentirnos, ellos no tenían esta posibilidad: de acuerdo con su condición de espíritus puros, todos los ángeles, fieles e infieles, lo decidieron todo en un solo instante irrevocable, sin marcha atrás posible: por Dios o contra Dios.

Es terrible pensar que existen, y actúan en el mundo, estos seres personales enteramente malignos, para siempre incapaces de amar, capaces solo de odiar a Dios y al hombre, de desear y hacer el mal, de apartar a las almas de Dios. Sin embargo, estos seres tienen un poder limitado, y están enteramente subordinados al poder de Dios, que les permite actuar y tentar a los hombres, para que estos con su gracia superen la tentación y salgan de ella triunfantes. Pues "fiel es Dios que no permitirá que seáis tentados por encima de vuestras fuerzas, sino que con la tentación os dará la fuerza para que podáis superarla" (1 Cor 10, 13).

Todo relato posterior sobre intervenciones o posesiones diabólicas debe ser recibido con extrema cautela, pues en principio el demonio no actúa causando al hombre daños aparatosos, que al dar testimonio de sí mismo lo daría también de Dios, lo que no le conviene. Lo suyo es tentarnos en forma sutil e invisible, pasando inadvertido, y por eso se dice que su mejor negocio es hacer que los hombres no crean en él.

Tras la Encarnación, las fuerzas demoníacas se multiplican en torno a Cristo; de allí su protagonismo en los relatos evangélicos. La Resurrección es su derrota definitiva, pero, como un ejército en retirada, siguen luchando contra el reino y la Iglesia. Hacia el final de los tiempos, se les permitirán victorias sorprendentes, hasta ser vencidos para siempre y hundidos en las profundidades del infierno (Apoc 20, 10).

2. A IMAGEN DE DIOS

Las Escrituras no definen al hombre con conceptos abstractos, sino que el Génesis nos cuenta su origen y destino con el mismo lenguaje, imaginativo y familiar, con que cuenta la creación del mundo. Pero este lenguaje nos entrega luces claras sobre su condición y su vocación divina, sentando las bases inamovibles de la antropología cristiana.

En el relato bíblico sobre nuestros primeros padres debemos distinguir, una vez más, su forma de expresión y su contenido. Leemos que después de haber creado el cielo y la tierra, dijo Dios: "Hagamos al hombre a nuestra imagen y semejanza. Que domine sobre los peces del mar, las aves del cielo, los ganados…" (Gn 1, 26). Primero el palacio, luego su morador y soberano del mundo: su rey, el apoderado del mundo en representación de su propio Creador. El hombre se nos presenta, pues, como la consumación del acto creador divino, y como la coronación del cosmos.

El hombre es "la única creatura que Dios ha amado por sí misma" (Const. Past. *Gaudium et spes*, 24). Todo cuanto lo rodea, tierra y cielo, ha sido querido y amado por Dios para él, con vistas a él. No obstante estar hecho del polvo de la tierra (Gn 2, 7), "lo has hecho poco menor que los ángeles, lo has coronado de gloria y honor, le das el mando sobre las obras de tus manos" (Sal 8, 6-7). "El hombre viviente es la gloria de Dios" (san Ireneo).

Que el hombre sea imagen de Dios es una realidad de múltiples significados. Como su imagen, el hombre es una cierta irradiación de la divinidad, de la majestad de Dios y de su trascendencia sobre toda creatura. Así como un espejo nos refiere enteramente a aquello que refleja y no a sí mismo, así el hombre está enteramente referido a Dios; nos remite más allá de sí mismo: es imagen-de, espejo-de, y cuando se cierra sobre sí mismo se degrada: es, por decirlo con una metáfora, como el espejo que se mira al espejo, es decir, que se refiere a… nada, y eso será la nada del pecado, es decir, del hombre que quiere ser como Dios.

Ser imagen de Dios es ser persona: "no es solamente algo, sino alguien" (CEC, 357). Como imagen de Dios, posee inteligencia y voluntad. Cada persona es un ser único e intransferible; es un ser que se posee a sí mismo mediante el conocimiento y la libertad: auto-conciencia y autodeterminación, con la consiguiente responsabilidad ante Dios, ante sí mismo y ante su prójimo. La condición personal y su correspondiente dignidad son el fundamento último de la igualdad de todos los seres humanos: el gran señor y el último mendigo son tan imagen de Dios el uno como el otro.

Como imagen de Dios y como ser personal, el hombre "es capaz de conocerse, de poseerse y de darse libremente" (CEC, 357). Ser imagen personal de Dios solo es posible si, a diferencia de la materia y de la vida animal, se está dotado de esas capacidades (conciencia y libertad) que denotan inmaterialidad y espiritualidad, por ligadas que estén al cuerpo. No otra cosa significa el "aliento de vida" (Gn 2, 7), que no es la vida animal precedente (Gn 1, 24-25), sino propiamente el espíritu.

Afirma el Sirácida, después de recordar que el hombre está hecho a imagen de Dios: "Le concedió discernimiento (…) y un corazón para razonar, y lo llenó de la capacidad para entender. Le dio el conocimiento espiritual, llenó de sentimientos su corazón, y le mostró el bien y el mal" (17, 5-6). Y la entera Escritura, sin emplear tecnicismos, supone siempre en el hombre una capacidad cognoscitiva por encima de lo sensorial, y conciencia de sí mismo, a la vez que libertad para elegir el bien o el mal: la historia de la salvación es un tejido de actos libres, y por tanto, imputables.

La dignidad del hombre reposa de tal modo en su condición de creatura hecha a imagen y semejanza divina, que cuando se niega a Dios se degrada al hombre, incluso cuando esa negación pretendiera lo contrario. Así se aprecia en los principales ateísmos de la modernidad, que ya mencionamos.

El caso del materialismo ateo es obvio: el hombre queda reducido a un fragmento de materia, a "polvo de estrellas", como se dice para hermosearlo. Nietzsche, después de sus alardes sobre el superhombre y sobre ser "fieles a la tierra", termina sumiendo al hombre en una tristeza paralizante. Y Sartre, depués de su exaltación de la libertad creadora del hombre, termina en el absurdo de la vida y en la "pasión inútil".

3. Cuerpo y alma

Pero la revelación divina no niega nuestra materialidad ni nuestra pequeñez. El Génesis completa el relato de la creación del hombre con el contrapunto de su grandeza: la humildad de su origen: "El Señor Dios formó al hombre del polvo de la tierra" (Gn 2, 7). Y tras el pecado, la maldición divina: "Polvo eres y al polvo volverás" (Gn 3, 19).

El término bíblico puede significar también barro, lodo, arcilla, limo, siempre con una clara connotación terrestre. Luego hay una doble razón para reconocer la poquedad del hombre ante la grandeza de Dios: ha sido creado de la nada, y ha sido hecho del barro de la tierra. La misma palabra "humildad", que designa este reconocimiento, procede de "humus", suelo, tierra. El olvido del propio origen hace medir la magnitud del primer pecado, la soberbia, que invierte los lugares ontológicos del hombre y Dios.

Pero nuestra procedencia del barro de la tierra no debe ocultar el consuelo que nos trajo el relato del Génesis, al recordarnos que, si no somos dioses ni semidioses, tampoco somos demonios ni tenemos parte en algún hacedor o demiurgo del mal: hemos sido hechos "de la buena tierra de Dios" (card. Ratzinger), y en esa buena tierra vivimos bajo su mano.

La frase bíblica completa nos hace saber que, al formar al hombre del polvo terreno, "el Señor Dios inspiró en su rostro aliento de vida, y así fue el hombre un ser viviente" (Gn 2, 7). Este aliento, es decir, el alma o espíritu, se nos presenta como una realidad que no procede de la tierra, y marca una diferencia esencial, no de grado, con el animal. Ya los griegos habían expresado en su terminología filosófica esa "diferencia específica", en su definición del hombre como animal racional. La persona humana es, pues, un ser compuesto de alma y cuerpo.

El pensamiento cristiano usó esos términos griegos sin mayores reparos, al interpretar el significado del "aliento de vida" y del "polvo de la tierra". En ese sentido hablamos de la unión de alma y cuerpo: unión tan profunda, que solemos llamarla substancial. Nada hay en el cuerpo humano, ni aún la más remota célula o el menor impulso sensorial, que no esté animado y vivificado por el alma espiritual. Pero, al mismo tiempo, aún las realidades más inmateriales y espirituales de nuestro ser tienen siempre alguna base, sustento o correlato orgánico.

Si por el cuerpo pertenecemos al cosmos y a la tierra, por el espíritu estamos abiertos a la trascendencia, al orden superior de las realidades divinas. Como alma del cuerpo, el alma espiritual comunica a este una dignidad única e incomparable en relación a toda otra materia. Dada su naturaleza dual pero unitaria, el ser humano es una suerte de frontera y horizonte fronterizo entre los dos mundos: el cosmos y el espíritu.

El hombre participa de todos los órdenes de lo creado. Con el universo físico tiene en común la materia, con las plantas la nutrición y la reproducción, con los animales la sensación o los sentidos; con los ángeles el intelecto y la voluntad libre, y de Dios tiene la imagen y semejanza. Se le puede llamar, pues, un microcosmos, un resumen de toda la realidad. En la jerarquía de los órdenes de la creación, se ha dicho, una sola unidad del orden superior vale más que todo el orden inferior: un pensamiento humano vale más que todo el universo físico, y un solo acto sobrenatural (realizado en gracia de Dios) vale más que todas las creaturas pensantes en su ser natural.

A estas alturas se nos permitirá un pequeño paréntesis: una consideración sumamente humana, pero también de alcances teológicos. Si el hombre es una creación de Dios, podemos decir con una pizca de fantasía que es también una invención de Dios, un invento divino. Pero ¡qué invento más increíble, qué proyecto más extraño el que pasó por su mente creadora, al inventar a una creatura semejante! Así lo percibimos en esos momentos privilegiados de extrañeza de nosotros mismos, cuando removemos la capa de acostumbramiento que cubre sólidamente nuestra conciencia, y nos miramos como desde fuera.

Con asombro nos percibimos entonces como unos seres curiosísimos: como espíritus encarnados, como mamíferos metafísicos, como terrestres ultraterrestres. Ser un espíritu que digiere hierbas y carnes, ser una autoconciencia espiritual y a la vez la conciencia de un dolor de estómago o de muelas; ser semejante a un ángel y a una bestia; ser un espíritu quedándose dormido; ser un primate que canta *gregorianum*; tomar decisiones libres que pueden salvarnos o perdernos, y hacerlo quizá bostezando durante el aseo matutino; suspirar por una felicidad sin límites, y al mismo tiempo suspirar por satisfacer necesidades vegetativas y sensitivas básicas…

Y así tantas dualidades que no alteran la unidad substancial de la "caña pensante" que somos, ni la singuralidad de nuestro ser personal. "Profundo es el interior del hombre, y su corazón es un abismo" (Sal 64, 7). Debemos ser el asombro de los ángeles, que solo por ciencia infusa comprenden a este espíritu menor que ellos, y enteramente ligado a la carne en su existencia terrena y… en la resurrección de los muertos.

Volvamos ahora a la narración del Génesis. El polvo, barro, lodo con que Dios hizo al hombre fue interpretado en forma literal durante siglos, salvo los ligeros matices de san Agustín: "Que Dios haya formado al hombre del lodo de la tierra con manos corporales es una creencia demasiado pueril" (*De Gen.*, 6). Y la interpretación fue literal porque no había ninguna razón de fondo para pensar de otra manera: el barro era el barro.

Pero a mediados del siglo XIX el panorama científico dio un vuelco grande, con el descubrimiento de fósiles y otros indicios de la variabilidad de las especies vivientes. Tomó forma así la idea de una evolución de la vida en el planeta, hasta alcanzar hoy un alto grado de certeza. El hombre aparecía en este contexto como la forma terminal de ese proceso en la línea de los primates.

¿Puede entonces interpretarse la arcilla bíblica en sentido dinámico, como la genealogía de la vida prehumana, en continua evolución hasta el momento de la infusión del alma espiritual por parte de Dios? Nada se opone a esa posibilidad, siempre que se excluya el evolucionismo materialista ateo, que hace del hombre el producto azaroso de una materia ciega. Esa especie de transformismo, ni qué decir tiene, no es ciencia, sino una elaboración conceptual de tintes filosóficos a partir de ciertos datos científicos.

Las ciencias mismas, en su propio dominio, han avanzado mucho en el conocimiento de la evolución. Ya en su día el Papa san Juan Pablo II afirmó que esta era mucho más que una hipótesis (22-X-1996), aunque con grandes interrogantes aún sin resolver, y a ella adhieren casi todos los científicos cristianos. Pero queda fuera del alcance de las ciencias naturales el orden de las causas últimas del proceso, a saber, por qué su formidable impulso ascendente, de dónde viene, cuál es su naturaleza, y qué es la conciencia espiritual. Los científicos que ingresan en este dominio en nombre de la ciencia ya no hacen ciencia, como queda dicho, sino una extrapolación filosófica o, mejor, seudofilosófica.

Pero muchos filósofos y teólogos piensan que la arcilla del Génesis resulta más coherente con el poder y la sabiduría de Dios en dimensión evolutiva, por su grandeza y hermosura, que en dimensión estática, como un simple puñado de materia inerte. En esa perspectiva, la totalidad del proceso ascendente de la vida debió ser finalizado por la Inteligencia creadora del mundo, la misma que crea e infunde en cada hombre el alma espiritual, ya que esta no puede proceder de la simple materia viva, ni a escala de la especie ni del individuo.

Pero a diferencia de estos dos postulados, finalismo e infusión del alma espiritual, que proceden tanto de la revelación como de la razón, es solo la fe la que exige una tercera condición: una sola pareja inicial, la de nuestros primeros padres, según el relato bíblico. Esa pareja única, comoquiera que se entienda esa unicidad, es la que funda la unidad del género humano, la fraternidad universal, y la transmisión del pecado original por vía de generación.

4. Varón y mujer

El primer capítulo del Génesis nos revela tres realidades íntimamente ligadas: "Creó Dios al hombre a imagen suya, a imagen de Dios lo creó, varón y mujer los creó. Y los bendijo Dios, y les dijo: Creced, multiplicaos, llenad la tierra" (1, 27-28). Estas palabras significan que el ser varón y el ser mujer constituyen un designio creador divino; que el ser humano realiza su condición de imagen de Dios en la dualidad de los sexos, masculino y femenino; y que esta dualidad está encaminada a la generación de la nueva vida y la multiplicación de la prole.

Leemos en el Catecismo: "El hombre y la mujer son creados, es decir, queridos por Dios: por una parte, en una perfecta igualdad en tanto que personas humanas, y por otra, en su ser respectivo de hombre y de mujer" (369). A la vez, iguales y distintos, "son queridos por Dios el uno para el otro" (371), el hombre para la mujer y la mujer para el hombre. Se descubren el uno al otro "como otro yo" (*ibid*).

Esta magnífica realidad está contenida, bajo la forma narrativa del Génesis, en el encuentro de Adán y Eva: al serle presentada esta a aquel por el Creador, el varón exclama: "Esta sí que es hueso de mis huesos y carne de mi carne" (Gn 2, 23). La primera mirada que se cruzan Adán y Eva ha sido glosada por el pensamiento cristiano en términos de esta especie: el *¡oh!* de asombro y de encantamiento, la maravilla de descubrir el uno en el otro la misma naturaleza humana, pero no como en un espejo, sino en la belleza de la diferencia: lo mismo en lo otro, lo otro en lo mismo.

En téminos abstractos, diríamos que ni varón ni mujer agotan en cuanto tales la esencia de lo humano, sino que el ser hombre y el ser mujer constituyen esa esencia en su mutua diferencia y complementariedad; la constituyen en ese ser y completarse el uno en el otro, "complementarios en cuanto masculino y femenino" (CEC, 372).

Seguimos leyendo en el Génesis: "Dejará el hombre a su padre y a su madre, y se unirá a su mujer, y serán los dos una sola carne" (2, 24). Cuando Jesús es interrogado acerca del divorcio, que los judíos practicaban en una forma mitigada, él los hace volver la mirada hacia los orígenes: les cita ese pasaje del Génesis sobre la institución del matrimonio, y agrega una exigencia sin mitigaciones: "De modo que ya no son dos, sino una sola carne. Por tanto, lo que Dios ha unido no lo separe el hombre" (Mc 10, 8-9).

Tras haberlos bendecido, Dios agrega el mandato de procrear: "Multiplicaos, llenad la tierra" (1, 28). Comenta el Catecismo: "Al transmitir a sus descendientes la vida humana, el hombre y la mujer, como esposos y padres, cooperan de una manera única en la obra del Creador" (372). Procrear (pro crear) es actuar en una misteriosa conjunción con quien propiamente crea: con Dios mismo.

Así, pues, la igualdad, la diferencia y la complementariedad de ambos sexos constituyen un designio divino, cuyo fin es la unión de hombre y mujer en el matrimonio indisoluble, orientado a la generación de los hijos. Innumerables realidades humanas, sociales y culturales, giran en torno a ese designio, y pueden enriquecer o entorpecer su cumplimiento, pero ninguna puede atentar contra él. Por muchos cambios sociales que hayan afectado hoy a la institución familiar, ese núcleo duro de su esencia, según los planes del Creador, debe ser defendido a toda costa por el espíritu cristiano, porque está en la base misma del edificio social.

En las últimas décadas ha ganado terreno la teoría (e ideología) de género, que niega las categorías de sexo masculino o femenino, entendidas como procedentes de la naturaleza humana (también suele negar que exista una naturaleza humana), y en cambio sobrepone a la condición sexual la categoría de "género". Este último sería una construcción convencional, moldeada por la historia, la cultura y la libertad humana, que permite someter la naturaleza biológica del sexo a esa autoconstrucción performativa de sí mismo: el género de cada uno es el que cada uno experimenta y decide tener como suyo.

La teoría de género proviene de las corrientes del feminismo radical, que diluyen o anulan la singularidad de lo femenino y masculino. De allí que esa teoría también legitime las diversas "orientaciones" sexuales (hetero, homo, bi, asexual y otras), que serían todas igualmente válidas. Este conjunto de ideas afines se opone y dirige claramente contra el matrimonio, la familia, la natalidad y crianza de la prole, tal como fueron instituidos por el Creador e inscritos por Él en la naturaleza humana.

En las teorías de género hay, con todo, algo rescatable: pueden ayudarnos a entender mejor el origen cultural de ciertos caracteres secundarios y accidentales, que considerábamos propios de la naturaleza masculina o femenina (por ejemplo, que los hombres no lloran y las mujeres sí), y pueden favorecer una mayor comprensión y respeto por ciertas indeterminaciones sexuales, que corresponde a la medicina y a la psiquiatría identificar.

Pero las diversas ciencias antropológicas constatan de manera innegable las diferencias naturales y permanentes, de índole fisiológica y psicosomática, entre el hombre y la mujer. Y así tanto esas ciencias como la revelación divina sobre ambos sexos son inconciliables con las ideas e ideologías de género.

5. El trabajo, vocación divina

Todavía entrega Dios al hombre este mandato primordial: "Llenad la tierra, sometedla: dominad sobre los peces del mar, las aves del cielo y los animales todos" (Gn 1, 28). Y enseguida: "El Señor Dios tomó al hombre y lo puso en el jardín del Edén para que lo trabajara y lo guardara" (Gn 2, 15).

La tarea divina de dominar las fuerzas de la naturaleza comprende, a lo largo de la historia, la caza y la pesca, la agricultura, el comercio, la industria, las técnicas y tecnologías, las artes y artesanías, la cultura popular y la académica, las ciencias y las letras: en suma, todo lo que llamamos trabajo. Hoy podemos entender mejor que nunca esta vocación original del hombre en el mundo: trabajar. El trabajo no es una maldición sino una bendición de Dios: "Y los bendijo Dios y les dijo (…): dominad la tierra" (Gn 1, 28).

Considerado a veces una maldición, y en la antigüedad una ocupación propia de siervos, hoy estamos en condiciones de comprender el trabajo en todas sus formas, las que parecen más altas y las que parecen serviles, como una vocación divina fundacional, de suyo enteramente positiva. El equívoco procedió a veces de considerar el trabajo como una consecuencia (y un castigo) de la caída original; pero el Génesis lo sitúa ya en el paraíso, como anterior al pecado. Lo que el pecado sí trae consigo es su carácter arduo y cansador, que antes no poseía: "Con el sudor de tu frente comerás el pan" (Gn 3, 19).

Pero el trabajo es "la colaboración del hombre y de la mujer en el perfeccionamiento de la creación visible", como dice el Catecismo (378). Pues Dios, al crear el mundo, no le dio la forma definitiva: podemos decir que dejó la creación inconclusa, para que el hombre la concluyera con su trabajo. Al realizarlo, nos hacemos partícipes de la actividad creadora del Padre, y de la actividad redentora del Hijo en el taller de Nazaret, y de la actividad santificadora del Espíritu Santo, que santifica nuestras ocupaciones cotidianas. Esta es la grandeza divina del trabajo humano, aun en sus formas más humildes: su carácter trinitario.

Con el trabajo nos ganamos el pan de cada día, servimos a los demás y a la sociedad entera, construimos cultura y progreso, mejoramos el mundo, cultivamos nuestras facultades y nos realizamos como personas, practicamos todas las virtudes, desarrollamos innumerables vocaciones laborales y sociales, nos santificamos y ayudamos a otros a santificarse, hacemos obra de eternidad, damos gloria a Dios y nos encaminamos al cielo. Y así aquellas actividades terrenas que en los tiempos modernos hayan alejado al hombre de Dios "a causa de la soberbia y el egoísmo" (GS 37), por el trabajo santificado pueden ser hoy el camino del retorno al Señor, al ser realizadas en el espíritu de Cristo.

También hoy, ante el peligro que corren las reservas naturales del planeta, nos hemos hecho más conscientes de nuestra misión como "guardianes" suyos (Gn 2, 15). Dios no nos encargó la tierra para dominarla con "un dominio arbitrario y destructor" (CEC, 373), sino para ser sus "administradores" sabios y prudentes. Así "cada comunidad puede tomar de la bondad de la tierra lo que necesita para su supervivencia, pero también tiene el deber de protegerla (…) para las generaciones futuras" (Francisco, Enc. *Laudato si'*, 67).

La explotación indiscriminada de la naturaleza es, pues, contraria al mandato bíblico, que nos urge hoy a responsabilizarnos del medio ambiente. Y si la preocupación ecológica ha podido dar lugar a ideologías extremas de signo naturalista, que subordinan el hombre a la naturaleza, recursos tiene el cristiano para formular en sus justos términos este "desarrollo urgente de proteger nuestra casa común" (LS, 137).

Cerraremos este apartado con una palabra sobre nuestra condición humana como creaturas de Dios, es decir, sobre el feliz sentimiento de nuestra "creaturidad". Este comienza por el asombro de ser, por el desnudo hecho de ser algo y ser alguien, pero de no ser por sí mismo y desde sí mismo, sino de recibir nuestro ser como una donación gratuita del amor divino.

Ciertas filosofías contemporáneas han descrito el primer sentimiento de la existencia como un ser arrojados en el mundo, como un sentimiento de abandono originario, lo que parece más un estado afectivo de desánimo que una categoría ontológica. Otras tantas filosofías de la modernidad piensan al hombre como creador de sí mismo y como ley para sí mismo, lo que a poco andar ha desembocado en la desesperanza. El sentir cristiano, que también conoce esos desfallecimientos, es un sentir de filial gratitud hacia el Dios omnipotente y misericordioso, que nos dio el ser a su imagen y semejanza.

Saberse creado no se opone a saberse también creador de sí mismo por obra de la libertad, pero sabiendo, a la vez, que hay Alguien por encima de nuestras cabezas, y que suyo es el reino y el poder y la gloria, y suyas son las leyes morales del buen vivir humano, y suya la misericordia y el perdón. Así la creatura humana vive apoyada en el Fundamento de todo lo que existe, no en el espejismo de alguna idolatría (y sobre todo de la egolatría) de la mundanidad.

6. EL PECADO ORIGINAL Y LA LIBERTAD

El estado inicial del hombre en el paraíso, seguido del pecado original y sus consecuencias, son hechos históricos que el Génesis narra con su lenguaje habitual, hecho de imágenes propias de la cultura de entonces, pero también de fácil comprensión universal.

Esos hechos llenos de misterio nos entregan las claves para comprender, por una parte, la condición humana, y por otra, los hechos consiguientes de la historia de la salvación. En ellos está la primerísima luz de la respuesta a la lacerante pregunta sobre el mal en el mundo, que solo puede esclarecerse por esa revelación divina. Al margen de esa luz, el doloroso enigma queda sin respuesta suficiente, como no la dan tantas filosofías que intentaron explicarlo, desde los gnósticos y Platón hasta Rousseau, Marx o Freud.

En el capítulo anterior esbozamos el sentido del mal en el mundo, pero es aquí donde encontramos su raíz más profunda: en el pecado, el pecado de origen y la multiplicación de nuestros pecados personales, que cubren de un oscuro velo la belleza del mundo tal como salió de las manos del Creador.

El relato bíblico comienza en el jardín del Edén o paraíso, morada de nuestros primeros padres, que se describe con metáforas e imágenes de intenso colorido (Gn 2, 8-14). Allí la naturaleza debió resplandecer con destellos de la gloria de Dios, que el pecado apagó para siempre. Allí sus moradores disfrutaban de la gozosa amistad de Dios. A ese estado inicial de gracia lo llamamos "estado de santidad y justicia original", que llevaba consigo "la armonía interior de la persona humana, la armonía entre el hombre y la mujer, y (…) la armonía con toda la creación" (CEC, 376).

Dios condicionó ese estado al cumplimiento de un mandato: "De todos los árboles del jardín podrás comer, pero del árbol del conocimiento del bien y del mal no comerás, porque el día que comas de él, morirás" (Gn 2, 16-17). De todos los bienes paradisíacos podían gozar tanto como quisieran, pero existió un límite, inherente por lo demás a la condición humana, así como a la condición angélica. Es el límite de toda libertad creada, tan difícil de concebir sin un "no harás", una línea fronteriza que la hace ser condicional y no absoluta, es decir, no divina.

La tentación de Satanás, bajo la figura de la serpiente, consistió en rechazar ese límite de lo creado, que antes había rechazado él mismo: "No moriréis en modo alguno; es que Dios sabe que el día que comáis de él se os abrirán los ojos y seréis como Dios" (Gn 3, 4-5). Eva comió e indujo a Adán a comer del fruto prohibido (3, 6).

¿En qué consistió el primer pecado? Dada la perfección de sus protagonistas, este pecado de autodivinización tuvo que ser análogo al pecado del tentador, es decir, de los ángeles caídos, aunque solo análogo, por supuesto: pensamos que debió consistir en tomarse como suya propia y autónoma la belleza y magnificencia que veían en sí, la espléndida hechura recibida de Dios, lo que equivale a hacerse el principio y fin de sí mismo. En nuestras categorías morales llamamos soberbia a este pecado, que está en la raíz de todo pecado, puesto que el hombre al pecar niega la ley de Dios y se hace ley de sí mismo.

La prueba inherente a la existencia humana, representada en el fruto prohibido, nos recuerda "el límite infranqueable que el hombre en cuanto creatura debe reconocer libremente" (CEC, 396), a saber, que es Dios el Señor, y que el hombre, creado de la nada y formado del polvo de la tierra, es hechura de sus manos y no puede hacerse como Dios, según sugiere la tentación. Una muy buena versión de esa tentación primera, en forma literaria de fantasía, se puede encontrar en la novela de C. S. Lewis titulada *Perelandra*.

El relato del Génesis nos pone en presencia del sentido mismo de la libertad humana, que otro pasaje de la Escritura nos describe haciendo a Dios hablarnos así: "Hoy pongo ante ti la vida y el bien, o la muerte y el mal (…) Pongo ante vosotros la vida y la muerte, la bendición y la maldición; elige, pues, la vida (…) amando al Señor tu Dios, escuchando su voz y adhiriéndote a Él" (Deut 30, 15. 19-20). Se nos pide elegir, y se nos manda elegir el bien.

La libertad es ese atributo supremo que se nos concede como imagen y semejanza divina. Por ella somos capaces de autodirigirnos al fin, es decir, de elegir el bien pudiendo elegir el mal; en términos del Génesis, obedecer al Creador o comer el fruto prohibido. Al margen de esa disyuntiva que es su sentido último, la libertad como arbitrio incondicionado gira en el vacío de sí misma, está vacía (hueca la llamó san Juan Pablo II).

El "da lo mismo qué elegir, con tal de elegir libremente" desemboca en el sinsentido de la vida, como lo verifican ciertas filosofías actuales. La libertad como el bien en sí, al margen de lo elegido, viene a ser la "libertad para nada", como sugiere el título de una obra de Georges Bernanos, *La libertad ¿para qué?* Esa forma de libertad proyecta su pesada sombra sobre ciertas ideologías libertarias (o mejor, liberistas) de nuestro tiempo.

La libertad es la modalidad propia de la creatura espiritual para alcanzar o para frustrar su propio fin, la felicidad que reside en el supremo Bien. La libertad nunca es fin para sí misma y por eso no existe libertad sin su otra cara, la responsabilidad. La hondura de la relación entre libertad y ley moral está planteada, en el relato del Génesis, del modo más gráfico y plástico que pueda imaginarse, en términos de los frutos permitidos y del fruto prohibido. Allí sentará la antropología cristiana una base inconmovible, porque muestra el sentido de la libertad como el sentido mismo de la existencia cristiana, puesta sin cesar entre el bien y el mal.

Al crearnos libres, Dios se arriesgó, por así decirlo, ya que Él no quiere autómatas de la virtud (que ya no sería virtud) sino hijos libres, peligrosamente libres. El Catecismo afirma: "En este pecado, el hombre se prefirió a sí mismo en lugar de Dios: hizo elección de sí mismo contra Dios (...) Quiso 'ser como Dios' (Gn 3, 5) pero 'sin Dios, antes que Dios y no según Dios', como dice san Máximo Confesor" (398).

Pero el relato bíblico sugiere que nuestros primeros padres, tan bien dotados como estaban, no habrían tenido por sí mismos la iniciativa de querer hacerse como Dios sin una seducción externa: la que vino de Satanás, el padre de la mentira, siempre dispuesto a contrarrestar todo designio divino: "Seréis como Dios". Adán y Eva sabían que era imposible borrar la diferencia entre Creador y creatura. Lo que quisieron, al ser seducidos, fue adquirir una perfección máxima, no ser Dios sino "como Dios", en forma autónoma y de espaldas a Dios: divinizarse por cuenta propia.

7. Las consecuencias de la caída

Tras su pecado, lejos de obtener esa autonomía divina y esa posesión total de sí mismos, Adán y Eva constataron con espanto que habían perdido el tesoro de la unión con Dios, que se habían apartado de la fuente de la verdadera grandeza, y que solo les quedaba su pobre humanidad caída, su desnuda miseria humana. Cayó sobre ellos la triste consecuencia del pecado: hicieron su entrada en el mundo el dolor y la muerte: "Parirás con dolor a tus hijos (...) Con el sudor de tu frente comerás el pan, hasta que vuelvas a la tierra, pues de ella fuiste sacado, porque polvo eres y al polvo volverás" (Gn 3, 16. 19).

Fueron entonces expulsados del paraíso, lo que significaba para su descendencia que todos los paraísos terrenales y los mundos perfectos, que el hombre invente y trate de construir aquí abajo, están condenados al fracaso, lección que a veces la humanidad (sobre todo en los siglos XVIII a XX) no ha aprendido. Nuestros primeros padres perdieron, pues, la santidad original, y con ella, la armonía entre hombre y mujer y con la creación; y la naturaleza ya no les fue amable, sino áspera y aun hostil: "con fatiga comerás de ella (...), te producirá zarzas y espinas" (Gn 3, 17-18).

El pleno dominio de sí mismos fue reemplazado por esos desequilibrios y tensiones que conocemos tan bien, en forma especial a causa de la concupiscencia, es decir, de ese conjunto de deseos desordenados que no son pecado en sí mismos, por ser involuntarios, pero que inclinan al pecado, y que san Juan agrupa en tres tipos: "la concupiscencia de la carne, la de los ojos, y la soberbia de la vida" (1 Jn 2, 16), es decir, la inclinación desordenada "a los placeres de la carne, a la apetencia de los bienes terrenos y a la afirmación de sí contra los imperativos de la razón" (CEC, 377).

La muerte, precedida por el sentimiento de la caducidad de la vida y por la certeza de morir, entró en nuestra existencia por el primer pecado. De hecho, nuestra naturaleza era de por sí mortal, pero a Adán y Eva, junto con la santidad original, se les había concedido la inmortalidad corporal, o el poder no morir (distinto del no poder morir), en caso de ser fieles a Dios.

En el libro de la Sabiduría leemos: "Dios no hizo la muerte, ni se goza con la pérdida de los vivientes, sino que creó todas las cosas para que existieran" (1, 13-14). Y más adelante: "Dios creó al hombre para la incorruptibilidad, y lo hizo a imagen de su propia eternidad. Pero por la envidia del diablo entró la muerte al mundo" (2, 23-24), es decir, por el pecado. San Pablo describe así esta pérdida: "Por medio de un solo hombre entró el pecado en el mundo, y a través del pecado la muerte, y de esta forma la muerte llegó a todos los hombres" (Rom 5, 12).

Por el pecado de origen perdimos nuestro bien más precioso, la amistad de Dios, que también llamamos gracia. Pero "la naturaleza humana no está totalmente corrompida: está herida en sus propias fuerzas naturales" (CEC, 405). Este deterioro consiste en cierto oscurecimiento de la inteligencia en la búsqueda de la verdad, y en cierto debilitamiento de la voluntad en la realización del bien, cosas ambas que se relacionan con la fuerza de las concupiscencias, ya mencionadas.

Debe añadirse que el pecado original afectó también al mundo, según la maldición divina (Gn 3, 16-19). Ignoramos en qué forma se alteró la naturaleza en torno al hombre, pero tenemos, entre otras menciones bíblicas, el testimonio de san Pablo, que relaciona el daño de la creación con el nuevo estado que ella adquirirá una vez cumplida por Cristo la redención de los hijos de Dios.

Dice, en efecto: "La espera ansiosa de la creación anhela la manifestación de los hijos de Dios. Porque la creación se ve sujeta a la vanidad, no por su voluntad, sino por quien la sometió, con la esperanza de que también la misma creación será liberada de la corrupción, para participar de la libertad gloriosa de los hijos de Dios. Pues sabemos que la creación entera gime y sufre dolores de parto hasta el momento presente" (Rom 8, 19-22).

8. UN PECADO HEREDITARIO

Si el pecado original mismo está rodeado de misterio, no menos misteriosa nos resulta su transmisión a todo el género humano: el hecho de que sea hereditario, y que todos arrastremos el lastre de un pecado que no hemos cometido personalmente, pero que hemos contraído como descendencia de Adán, según enseñan, siguiendo sobre todo a san Pablo, los Padres y diversos Concilios, sobre todo el de Orange II y el de Trento.

El hecho mismo de ese peso muerto es para nosotros casi una verdad experimental: conocemos el dolor y la fatiga y la enfermedad y el envejecimiento; nuestras relaciones humanas tienden a ser conflictivas; sentimos nuestra inclinación al mal y lo arduo de hacer el bien; experimentamos la fuerza de nuestras pasiones; pesan sobre nuestra inteligencia la ignorancia o el error; nuestra voluntad es débil y, en suma, somos pecadores.

La idea de que el hombre es intrínseca o naturalmente bueno pertenece a edades más ilusas que la nuestra, sobre todo al siglo XVIII y parte del XIX: el desmentido de la historia, incluso la más reciente, es abrumador. "Ignorar que el hombre posee una naturaleza herida, inclinada al mal, da lugar a graves errores en el dominio de la educación, de la política, de la acción social y de las costumbres" (CEC, 407), errores que la humanidad ha pagado caro en la modernidad.

"Siguiendo a san Pablo, la Iglesia ha enseñado siempre que la inmensa miseria que oprime a los hombres, y su inclinación al mal y la muerte, no son comprensibles sin su conexión con el pecado de Adán, y con el hecho de que nos ha transmitido un pecado con el que todos nacemos afectados. Por esta certeza de fe, la Iglesia concede el Bautismo para la remisión de los pecados incluso a los niños que no han cometido pecado personal" (CEC, 403).

"El mal interior" llamaba William Golding a ese que tendemos a atribuir a toda clase de factores externos, y este equívoco es el asunto central de sus novelas, que en cierto modo son una versión antropológica del pecado de origen. Pero solo la revelación cristiana acierta a dar con su causa profunda, así como con el principio sanador: "Como por el pecado de uno solo la condenación afectó a todos los hombres, así también por la justicia de uno solo la justificación que da la vida alcanza a todos los hombres" (Rom 5, 18).

A veces se reprocha al cristianismo la contradicción entre un pesimismo y un optimismo extremos sobre la condición humana. Y es cierto que la fe nos hace reconocernos en toda nuestra bajeza, como míseros pecadores proclives al mal, y al mismo tiempo, en toda nuestra grandeza, como hijos de Dios y herederos en Cristo de la vida eterna; y es igualmente cierto que ninguna sabiduría moral pide a nuestras conciencias elevarse a tal altura o descender a tal humillación, como lo hace el cristianismo, porque ninguna es tan radical en alguno de los dos sentidos, y menos en ambos juntos.

Pero es que la verdad del hombre está en esa paradójica dualidad, y no en ninguno de los dos extremos solos. Si lo estuviera, deberíamos inclinarnos al pesimismo irremediable de un Schopenhauer, o al optimismo iluso de un Hegel. Más bien lo admirable de la antropología cristiana es la unidad de los extremos, la armonía de los contrarios o, si se quiere, es la dinámica tensión de los opuestos. G. K. Chesterton ha escrito brillantes páginas sobre este punto; por ejemplo, el capítulo VI de *Ortodoxia*, titulado "Las paradojas del cristianismo".

En cuanto al pecado de origen, el motivo de su transmisión procede del carácter único de Adán, como cabeza ontológica de nuestro linaje y de la profunda unidad del género humano, tejido en su interior por esos invisibles lazos, que transportan a la vez el pecado de Adán y la redención de Jesucristo. Esta transmisión es incomprensible para el pensamiento individualista, que concibe a la humanidad como un conjunto de individuos-átomo aislados, y relacionados solo por lazos conscientes y voluntarios. Pero la humanidad no es eso, sino una red anterior e interior que nos comunica a todos con todos, una comunión de personas solidarias en el bien y en el mal.

Pascal ha planteado el misterio de esta caída hereditaria en la forma de una vigorosa paradoja, que arroja sobre ella cierta luz. Nos parece imposible e incluso injusto, dice, que se haga a todo recién nacido culpable del pecado del primer hombre, cometido hace miles de años. Y sin embargo, agrega, "sin este misterio, el más incomprensible de todos, somos incomprensibles para nosotros mismos", incapaces de entender la doble condición de nuestra naturaleza: partícipes de la divinidad y bestias brutas, dioses y jumentos a la par. De allí que "el hombre es más inconcebible sin este misterio, de lo que este misterio es inconcebible para el hombre" (*Pensamientos*, 131).

En términos parecidos han hablado otros conversos que, una vez cruzada la oscuridad del misterio, emergen al otro lado sorprendidos por entender, solo entonces, la complejidad del corazón humano y el laberinto de nuestra historia. Santa Teresa de Ávila forjó esta hermosa metáfora de nuestra doble condición: somos un espejito roto. Espejo, por la imagen de Dios que seguimos siendo; quebrado, porque somos todos pecadores.

El episodio de la caída se cierra, no obstante, con una nota de esperanza: Dios no nos abandona, y promete la victoria final sobre el mal. La maldición que recae sobre la serpiente tentadora, Satanás, dice: "Pondré enemistad entre ti y la mujer, entre tu linaje y el suyo; él te aplastará la cabeza, y tú acecharás su talón" (Gn 3, 15).

Llamamos "Protoevangelio" a este pasaje, porque anuncia la venida y el triunfo del Mesías sobre el demonio. La tradición llama a María la "nueva Eva", la madre por la que nos viene la verdadera vida, porque antes ha llamado a Cristo el "nuevo Adán", según aquello de san Pablo: "Como por la desobediencia de un solo hombre muchos resultaron pecadores, así también por la obediencia de uno solo muchos quedarán justificados" (Rom 5, 19).

Este "uno solo" es Jesucristo, "obediente hasta la muerte, y muerte de cruz" (Flp 2, 8). De donde resulta que "donde abundó el pecado, sobreabundó la gracia" (Rom 5, 20). Más inmensidad de gracia y gloria nos trae Cristo, que mal nos trae Adán, como audazmente canta el Pregón pascual que ya mencionamos: "Oh, feliz culpa...".

VIII

DIOS Y HOMBRE VERDADERO

Después de la caída original, el estado de desorden del mundo es tan manifiesto que muchos espíritus lúcidos de todos los tiempos lo han percibido, y no como la mera constatación de un hecho, sino como algo que "no debería ser" y como algo que "debería cambiar".

1. La salvación y el salvador

Pero los múltiples intentos de redención de la humanidad, ya desde la religión, ya desde la filosofía o el ascetismo, ya desde la política o las ciencias, no podían sino fracasar, porque el hombre caído en el pecado no puede autorredimirse. "El hombre no puede redimirse a sí mismo" (Sal 49, 8). Cada uno de nosotros, por muy poderoso o clarividente que sea, puede medir en sí mismo esta radical incapacidad.

Y en lo histórico, basta observar el curso de los variados mesianismos terrenos: la sucesión de maestros, supuestos profetas, reformadores político-religiosos, constructores de inminentes paraísos terrenos, que creían "salvar" a la humanidad, y que a veces aportaban más caos a la humanidad caída, o en todo caso, solo conseguían aliviar el dolor humano, pero no podían ir más allá.

Buda es una de las expresiones más nobles de la historia, entre quienes creyeron descubrir el camino de la salvación, la ley de la existencia humana, el saber de redención. Pero el camino que vio Buda lo podía haber visto, en principio, cualquier otro: es externo a él, que afirmó verlo solo por sus mayores luces como "el iluminado".

133

Cuando Jesús de Nazaret dice: "Yo soy el Camino, la Verdad y la Vida" (Jn 14,6), dice algo enteramente distinto. No habla de un camino externo a su persona, ni que pudiera haber sido descubierto por cualquier otro.

El camino de la salvación es él mismo en persona, solo él, y nadie fuera de él podría conocerlo si él no nos lo diera a conocer; más aún, si él mismo como camino no se pusiera bajo nuestros pies para ser caminado. Y él no es simplemente el camino para llegar a una verdad distinta de sí: en el Cristo de Dios, la Verdad misma se ha hecho camino, la verdadera Vida se ha convertido en el sendero que lleva hacia su gloria.

Y es que solo él podía hacer y decir una cosa semejante, por ser él quien era, el Hijo de Dios hecho hombre. La iniciativa solo podía venir de Dios mismo, de su voluntad salvífica universal, de "Dios nuestro salvador que quiere que todos los hombres se salven y lleguen al conocimiento de la verdad" (1 Tim 2, 4). Salvarnos significa no solo perdonarnos el pecado, sino también salvarnos de nosotros mismos, de todas las fuerzas oscuras que operan en nosotros a causa del pecado, y todavía más, acogernos en la profundidad infinita del corazón divino y de su Amor misericordioso.

Dios pudo redimirnos de muchas maneras posibles, con la sola condición de nuestro arrepentimiento, pues sin él la redención sería un proceso mecánico. Él no nos ha dado a conocer esas otras posibilidades de su misericordia; solo conocemos la que se realizó. Pero somos del todo incapaces de imaginar otra más amorosa y más tremenda que la escogida por Él: la Encarnación del Hijo Eterno en las entrañas de María Virgen. "Tanto amó Dios al mundo, que le entregó a su Hijo Unigénito, para que todo el que crea en él no muera, sino que tenga vida eterna" (Jn 3, 16). "El Padre nos envió a su Hijo como salvador del mundo" (1 Jn 4, 14).

Para salvarnos, la Trinidad divina eligió, en efecto, la más alta de todas las posibilidades que podamos pensar, la más generosa y so-breabundante, la más inaudita, escandalosa y rayana en la locura, si se nos permite usar las expresiones de san Pablo: "Cristo crucificado, escándalo para los judíos y locura para los gentiles" (1 Cor 1, 23). "Al llegar la plenitud de los tiempos, Dios envió a su Hijo, nacido de mujer, nacido bajo la ley, a fin de que recibiéramos la adopción de hijos" (Gal 4, 5). El motivo de esta elección divina se nos pierde en el abismo insondable de su misericordia.

Leemos en uno de los pasajes más hermosos del Catecismo esta primerísima profesión de fe: "Nosotros creemos y confesamos que Jesús de Nazaret, nacido judío de una hija de Israel en Belén (…), de oficio carpintero, muerto crucificado en Jerusalén bajo el procurador Poncio Pilato durante el reinado del emperador Tiberio, es el Hijo eterno de Dios hecho hombre (…), porque 'el Verbo se hizo carne y habitó entre nosotros, y hemos visto su gloria, gloria que recibe del Padre como Hijo único, lleno de gracia y de verdad' (Jn 1, 14)" (CEC 423).

2. EL MISTERIO DE LA ENCARNACIÓN

Su nacimiento fue anunciado así por un ángel a los pastores que velaban por sus rebaños en las cercanías de Belén: "Os anuncio una gran alegría, que lo será para todo el pueblo: hoy os ha nacido un salvador, que es el Cristo Señor, en la ciudad de David" (Lc 2, 10-11). Los pastores solo entenderían el sentido inmediato del suceso, pero ese anuncio dichosísimo: ¡el Salvador, la salvación del mundo!, es la buena nueva que se expande como una luz prodigiosa a lo largo de los siglos, alcanzando a todas las almas del mundo pecador, como la primera y única esperanza de redención en medio de todas nuestras miserias y oscuridades.

"Él nos rescató del poder de las tinieblas, nos trasladó al reino del Hijo de su amor, en quien tenemos la redención, el perdón de los pecados" (Col 1, 13-14). "Anunciar a las gentes la insondable riqueza de Cristo" (Ef 3, 8) es el centro mismo de la proclamación cristiana, es la misión excelente de la Iglesia, es el contenido por antonomasia del evangelizar, es la noticia divina que los apóstoles difundieron por el mundo, es "el misterio oculto desde los siglos (…) que ahora ha sido manifestado (…), que ahora nosotros anunciamos a todos los hombres, para que en Cristo lleguen a la plenitud de su vida" (Col 1, 26-28). "Jesucristo es el centro del cosmos y de la historia" (san Juan Pablo II, Enc. *Redemptor hominis*, 1).

Llamamos Encarnación "al hecho de que el Hijo de Dios haya asumido la naturaleza humana para llevar a cabo por ella nuestra salvación" (CEC, 461). El Hijo o Verbo de Dios podía haberse hecho hombre de muchas maneras posibles; por ejemplo, podía haber aparecido un día en los caminos de la tierra, como un hombre hecho y derecho de treinta años. Pero no: Él asumió nuestra condición de la manera más humana, conmovedora y humilde que pueda darse: fue engendrado en el seno de una mujer, en la forma mínima con que hemos comenzado todos a existir, solo que por obra del Espíritu Santo.

Fue gestado en las entrañas de una muchacha judía desconocida; en esa morada recóndita recorrió día a día, durante nueve meses, las humildes etapas de toda gestación humana. Dijo el ángel Gabriel a María: "Concebirás en tu seno y darás a luz un hijo, y le pondrás por nombre Jesús. Este será grande: se llamará Hijo del Altísimo" (Lc 1, 31-32).

Confesamos en el Credo: "fue concebido por obra del Espíritu Santo; nació de Santa María Virgen". Así dice de Cristo el Símbolo atanasiano: "Es Dios engendrado de la substancia del Padre antes de todos los tiempos, y es hombre nacido de la substancia de la madre en el tiempo". San Pablo proclama el misterio de la Encarnación en uno de sus magníficos himnos cristológicos: "Él, siendo de condición divina, se anonadó a sí mismo, tomando la forma de siervo (…), y en su condición de hombre se humilló haciéndose obediente hasta la muerte, y muerte de cruz" (Fil 2, 6-8).

Al "inhumanarse", el Hijo de Dios se anonadó, se hizo como nada: se vació de sí mismo, de su infinita gloria y poder y majestad; entró en el mundo débil y desnudo y desprotegido, compartió todas las debilidades y flaquezas de nuestra condición, hambre y sed y frío y cansancio, ¡fue tentado por el demonio!, "fue probado en todo igual que nosotros, excepto en el pecado" (Hb 4, 15), y salió de este mundo rozando la nada de nuestro pecado, por la puerta tenebrosa de la muerte de cruz.

El Credo de Nicea y Constantinopla lo presenta en estos términos majestuosos: "Hijo Unigénito de Dios, nacido del Padre antes de todos los siglos, Dios de Dios, Luz de Luz, Dios verdadero de Dios verdadero, engendrado, no hecho, consubstancial al Padre, por quien fueron hechas todas las cosas, que por nosotros los hombres y por nuestra salvación descendió de los cielos, y se encarnó de María Virgen por el Espíritu Santo, y se hizo hombre".

Este es el misterio adorable que llamamos Encarnación: el Creador se hace creatura, el Verbo del Principio se hace uno de nosotros, el infinitamente Grande se hace pequeño entre los pequeñísimos, el Todo se acerca a la nada; no desprecia la matriz de una virgen, como decimos en el Te Deum; no desdeña las tibias entrañas de la mujer de un carpintero; no se hace ángel de luz, sino una pequeña cría mamífera en Belén, y un oscuro judío crucificado en Jerusalén.

3. Dios y hombre verdadero

El corazón cristiano no termina nunca de asombrarse en la contemplación, en la muda adoración de este misterio, que es el centro mismo de la fe cristiana. El Hijo de Dios se hace hombre para que el hombre sea hijo de Dios o, más audazmente aún, Dios se hace hombre para que el hombre se haga Dios: con esta simetría verbal se expresaron a veces los Padres de la Iglesia, sobre todo san Ireneo y san Atanasio.

Que un judío crucificado en Palestina hace dos mil años sea el Hijo de Dios, Dios hecho hombre, es el escándalo por excelencia para las religiones monoteístas, y para tantas filosofías que consideran inaceptable la sola idea del Infinito que se hace finito, de un ser finito que se proclama el Infinito: "Yo y el Padre somos uno" (Jn 10, 30).

Con todo, Karl Adam hace notar que quienes, desde el judaísmo, el islam o la filosofía, niegan con asombro y escándalo reverente esa posibilidad, a veces pueden rozar más de cerca el misterio que esos fieles rutinarios, que en misa dominical repiten casi sin pensarlo, y como la cosa más natural: "Creo en Jesucristo su Único Hijo…", o "El Verbo se hizo carne…".

Esta observación interpela a la conciencia cristiana para no caer nunca en el acostumbramiento de una mera fórmula, sino que al revés, para aceptar el desafío de un "desacostumbramiento" continuo, que conserve siempre fresco el asombro, como parte integrante de la adoración del misterio del Dios encarnado: el Verbo humanado que no solo cruza la distancia infinita entre Creador y creatura, sino que hace de puente sobre otro abismo más profundo, el que separa al Dios tres veces santo de la creatura pecadora que somos.

El novelista François Mauriac ha escrito este elocuente testimonio: "Confieso que, si no hubiera conocido a Jesucristo, Dios sería para mí una palabra vacía de sentido. Salvo una gracia especialísima, el Ser infinito me resultaría inimaginable. El Dios de los filósofos y de los eruditos no ocuparía ningún lugar en mi vida moral. Fue necesario que Dios se sumergiera en la humanidad, y que en un preciso momento de la historia, en un determinado punto del globo, un ser humano, hecho de carne y sangre, pronunciara ciertas palabras, cumpliera ciertos actos, para que yo cayera de rodillas."

Aunque hoy nos parezca curioso, en los primeros siglos cristianos resultó a veces más problemática la humanidad que la divinidad de Cristo. Los errores de los gnósticos, por ejemplo, procedían de la dificultad de creer que Dios asume la carne humana. Así Marción, por su espiritualismo y su desprecio de la materia, se horrorizaba de los pañales de Belén y de las heces del recién nacido ("¡Quitad esos inmundos pañales!").

Por eso los gnósticos consideraban la humanidad carnal de Jesús como una mera imagen espectral (e irreal) usada por Dios para enseñar a los hombres. Pero los Padres le argumentaban que en ese caso no nos habría redimido. La "muerte" de un espectro en la cruz solo puede salvar espectros, no a hombres de carne y hueso, que después de nacer también hemos ensuciado pañales.

Para los apóstoles, la humanidad de Jesús era un hecho de evidencia inmediata. San Juan comienza así su primera Carta: "Lo que existía desde el principio, lo que hemos oído, lo que hemos visto con nuestros ojos, lo que hemos contemplado y han palpado nuestras manos acerca del Verbo de la Vida (...) os lo anunciamos también a vosotros" (1-3). Este énfasis apasionado se explica porque san Juan llegó a tener ya al frente los preámbulos de aquella *gnosis* despreciadora del cuerpo, y de allí su vigorosa réplica: "En esto conoceréis el Espíritu de Dios: todo espíritu que confiesa que Jesucristo vino en carne es de Dios" (1 4, 2).

Se notará que, al proclamar la condición humana y carnal de Cristo, San Juan proclama también su divinidad. Y su insistencia en el testimonio de ojos, oído y tacto nos da la impresión de que, a la distancia de más de sesenta años, el apóstol anciano todavía pareciera oír el timbre de la voz de su Maestro, y sentir con su propio rostro, reclinado sobre el pecho del Señor en la última Cena, los latidos del corazón divino. Los apóstoles caminaron con Jesús, comieron con él, durmieron cerca de él, oyeron el respirar profundo del hombre dormido, y esta proximidad excluía toda sombra de duda sobre su humanidad plena.

"El Hijo de Dios, en su Encarnación, se ha unido en cierto modo con todo hombre. Trabajó con manos de hombre, pensó con inteligencia de hombre, obró con voluntad de hombre, amó con corazón de hombre. Nacido de la Virgen María, se hizo verdaderamente uno de los nuestros, semejante en todo a nosotros, menos en el pecado" (GS 22; CEC, 470). De allí que leer el Evangelio es también imaginar, en lo posible, los gestos y miradas y ademanes de Jesús, para adorar mejor la humanidad del mismo Dios en esta tierra. Pues la vida cristiana es el proceso incansable y progresivo de conocer a Jesús: su mentalidad, su modo de ser y de razonar, de sentir y de hablar y, en fin, su ser divino y humano entero.

4. Vida y semblanza del Señor

En los Evangelios, en la Tradición, en el arte y en la memoria cristiana, tal vez nada es más enternecedor que la imagen de María Virgen con Jesús recién nacido en sus brazos. "Lo envolvió en pañales y lo reclinó en un pesebre" (Lc 2, 7). Ese pesebre es como la primera figura visible de la Encarnación. Del establo de Belén arranca esa corriente de gracia que recorrerá los siglos: la pobreza evangélica, la humildad de Dios Niño, el camino de infancia espiritual. Tal vez de allí provenga la palabra, casi el grito dolorido de san Francisco de Asís por los caminos de su andar: ¡El Amor no es amado, el Amor no es amado!

De la vida oculta de Jesús en Nazaret (Lc 2, 51) hasta sus treinta y tantos años, cuando salió a predicar el Evangelio del reino, no sabemos casi nada, porque nada importante ocurrió. Lo verificamos porque, a la vista de su predicación inicial y de sus primeros milagros, sus paisanos quedaron pasmados: "¿De dónde le viene a este esa sabiduría y esos prodigios? ¿No es este el hijo del carpintero?" (Mt 13, 54). Unos se admiraban, otros se escandalizaban, pero ese asombro significa, en ambos casos, que Jesús había sido por largos años un aldeano como cualquier otro, que no había hecho ni dicho nada especial.

En el museo vaticano, se ha dicho, no existe ni podría existir un remo o una artesa con un letrero que dijera: "Obra de Jesús de Nazaret". La maravilla es que fueron estas las humildes obras del Señor en su taller. El sentido de esa vida anónima del Verbo encarnado es elocuente: nos dice que su fuerza redentora y santificadora quedó impresa para siempre en la vida familiar y en el trabajo cotidiano.

De allí que la vocación primera y universal del cristiano a la santidad no consista en hacer nada espectacular, sino en santificar la vida de familia y las ocupaciones ordinarias de cada día: en realizar, con amor a Dios y al prójimo, las pequeñas cosas de la jornada habitual del hombre y la mujer comunes y corrientes, siguiendo los pasos de Jesús en el hogar y el taller de Nazaret.

Su vida pública se inauguró con su bautismo de manos de Juan Bautista en el río Jordán. Fue un acto de extrema humildad, pero ocurrió entonces algo único: la manifestación sensible de la Trinidad de Dios. Cuando el Hijo subía de las aguas, "bajó el Espíritu Santo sobre él en forma corporal, como una paloma. Y se oyó una voz del cielo" (Lc 3, 22), la voz del Padre que decía: "Este es mi Hijo amado, en quien he puesto mi complacencia" (Mt 3, 17). Dios Padre expresa su absoluta complacencia en Jesús. Nada hay en él que no sea de la absoluta satisfacción de su Padre del cielo; todo en él es del más consumado contentamiento divino.

Tras su bautismo, Jesús comienza a recorrer toda la Palestina, como un predicador errante, anunciando la buena nueva del reino de Dios que con él llega, y confirmando esta llegada con obras prodigiosas o milagros. La expresión "reino de Dios", tan frecuente en toda la Escritura, significa el reinado o la soberanía de Dios sobre el hombre: primero sobre su propio corazón, sobre sus pensamientos, afectos, obras y palabras todas, lo que equivale, en el fondo, a lo que también llamamos justificación, salvación y santificación.

En seguida, ese reinado de Dios se proyecta sobre la sociedad entera, pero no es ni será nunca un estado de cosas de la *polis*, una determinada estructura social, como lo presentan diversos mesianismos temporales. Su primera realización histórica está en la Iglesia misma, la que alguien llamó "crisálida del reino". Y, por último, reino de Dios es el cielo y la resurrección de la carne. El rey de este reinado es, a fin de cuentas, Jesús mismo o, si queremos, Dios por Cristo y en Cristo.

El estilo de predicación de Jesús sigue la usanza judía, pero es del todo singular: "Después de terminar estos discursos, la muchedumbre quedó admirada de su doctrina, porque enseñaba como quien tiene autoridad, y no como sus escribas" (Mt 7, 28-29). San Juan cuenta que un día los sumos sacerdotes y los fariseos enviaron guardias para apresar a Jesús, pero estos policías, que no eran precisamente almas sensibles, después de oirlo predicar un rato quedaron tan impresionados, que no se atrevieron ni a tocarlo. Y cuando sus jefes les pidieron cuenta, respondieron así: "Es que nunca hombre alguno habló jamás como este hombre" (7, 46).

La forma más frecuente de su enseñanza fueron las parábolas: pequeños relatos de extrema sencillez, tomados de la vida circundante, pero a la vez cargados con el misterio inagotable del reino de los cielos, de Dios y del alma humana. Ese género pedagógico era usual entre los judíos, pero los ejemplos que nos han llegado de ellos no poseen ni la sombra de la profundidad y la sencillez de las parábolas de Jesús, que han llegado a ser proverbiales a lo largo de los siglos, como la del hijo pródigo, la del buen samaritano, la del sembrador, etc. En ellas Jesús se muestra como un observador agudo del mundo en torno, y a la vez como un gran comunicador, según diríamos hoy.

Por sus parábolas, en efecto, desfilan todos los oficios de la época: el pescador, el comerciante, el agricultor, la dueña de casa, el juez, el limosnero, el pastor, el rey… Lo mismo ocurre con la flora y fauna palestina, y con todas las costumbres de la época: los banquetes, los juegos infantiles, las bodas… Estas comparaciones y anécdotas, metáforas y ejemplos hacen comprensibles para todo el mundo las verdades religiosas y morales más altas, al mismo tiempo que ni los grandes sabios y teólogos consiguen agotar su sentido.

Las enseñanzas de Jesús eran confirmadas por sus grandes milagros, que superan toda explicación posible por las leyes de la naturaleza. En su mayoría son curaciones de enfermos, como devolver la vista a un ciego de nacimiento o dejar limpio en un instante a un leproso. Pero otros milagros suyos revelan también su poder sobre las fuerzas naturales, como la conversión del agua en vino, o la tempestad de mar calmada, o incluso la resurrección de muertos.

El motivo inmediato de estos milagros es la compasión por el dolor humano. Pero su meta última es confirmar con un sello divino su revelación de los grandes misterios de la fe, y sus inauditas exigencias morales y espirituales: ¿cómo iban a creer en ellas sus auditores, si no las validaba Jesús con sus grandes prodigios? "Las obras que yo hago en nombre de mi Padre dan testimonio de mí" (Jn 10, 25). "Creedme que yo estoy en el Padre y el Padre en mí; si no me creéis, creed por las mismas obras que yo realizo" (Jn 14, 11).

5. LA CUMBRE DE LA HUMANIDAD

El corazón de Cristo es un abismo insondable de ternura y de misericordia. Cuando solloza ante la tumba de su amigo Lázaro, los judíos que lo rodean exclaman: "¡Mirad cómo lo amaba!" (Jn 11, 36). Amó a los niños (Mc 10, 13), a los pecadores todos, ¡a sus propios crucificadores!: "Padre, perdónalos, porque no saben lo que hacen" (Lc 23, 34). San Juan introduce así la Cena final: "Habiendo amado a los suyos que estaban en el mundo, hasta el fin extremadamente los amó" (13, 1).

Nadie, ni los seres más íntimos, nos amará jamás como Cristo nos ama. Su corazón es la acogida suprema de los necesitados, de los afligidos, de los pecadores todos: "Venid a mí todos los que estáis cansados y agobiados, que yo os aliviaré (…) y encontraréis paz para vuestras almas" (Mt 11, 28-29). San Pablo nos invita a comprender "cuál es la anchura y la longitud, la altura y la profundidad" de ese misterio que es "el amor de Cristo que supera todo conocimiento" (Ef 3, 18-19).

Quien siga las páginas de los Evangelios podrá verificar, incluso en un nivel humano, que Cristo es la cumbre de la humanidad: que su grandeza, su majestad, su belleza, su santidad, son incomparables. Nuestra cultura ha forjado ciertas categorías superiores de lo humano, que Max Scheler resume así: el héroe, el sabio, el genio, el santo. Jesús las encarna y las realiza todas, y todas las trasciende y supera en grado sumo. Aun considerado como simple hombre, él es la expresión máxima de lo humano: así lo han visto incluso tantos no creyentes de buena voluntad. Jorge Luis Borges, por ejemplo, pudo escribir: "Más allá de nuestra falta de fe, Cristo es la figura más vívida de la memoria humana" (*Bibl. Pers.*, 13).

Nuestra humanidad pecadora es tan imperfecta, puede ser tan maltrecha y sucia que, desde lo hondo de nuestra miseria y por contraste, podemos admirar con embeleso a una humanidad al tope de sus posibilidades: noble, hermosa, generosa, santísima. Eso y mucho más que eso es la humanidad de Jesús de Nazaret. Con todo, nosotros estamos llamados, por su gracia, a llegar "al hombre perfecto, a la madurez de la plenitud de Cristo" (Ef 14, 13).

En la historia del cristianismo, en cuanto se debilita el sentido de la plena humanidad de Jesús, su divinidad desligada de ella empieza a aparecer como lejana, incluso como terrible, en la dirección contraria del sentido de la Encarnación. Es esa unión misteriosa pero realísima de humanidad y divinidad la que hace a Cristo cercano a nuestro corazón, y la que lo constituye como único mediador entre Dios y los hombres. "Porque uno solo es Dios, y uno solo también el mediador entre Dios y los hombres, Jesucristo hombre, que se dio a sí mismo como rescate por todos" (1 Tim 2, 5-6).

La humanidad singularísima de Jesús solo se explica, en último término, por ser ... ¡la humanidad de Dios mismo!, la humanidad que la propia Persona del Verbo, Hijo eterno de Dios, asumió en el seno de María Virgen. Toda interpretación de la grandeza de Jesús hombre que lo separe de su divinidad está condenada al fracaso, o en el mejor de los casos se queda a medio camino, como las de Murry, Harnack o Renan.

La divinidad de Cristo es afirmada por él mismo y corroborada por todo el Nuevo Testamento, y está en el centro mismo de la fe de la Iglesia. En la última Cena, cuando Felipe pide a Jesús: "Muéstranos al Padre, y eso nos basta", Jesús le responde con un dejo de decepción: "Tanto tiempo llevo con vosotros, ¿y todavía no me has conocido, Felipe? El que me ve a mí, ve al Padre. ¿Cómo dices entonces: muéstranos al Padre?" (Jn 14, 8-9). Esta afirmación resuena en la de san Pablo: "Él es la imagen del Dios invisible" (Col 1, 15).

Y un poco más adelante, con expresión fuerte: "En él reside corporalmente toda la plenitud de la divinidad" (Col 2, 9), lo que no se explica sino en términos de identidad con el Ser divino.

Lo mismo encontraremos en este himno cristológico, donde san Pablo describe la Encarnación de Dios Hijo: "El cual (Jesús), teniendo la forma de Dios, no consideró presa deseable ser igual a Dios, sino que se anonadó a sí mismo, tomando la forma de siervo, haciéndose semejante a los hombres" (Fil 2, 6-7).

Tanto en el Evangelio de san Mateo como en el de san Lucas encontramos esta afirmación de Jesús sobre su relación con el Padre: "Nadie conoce al Hijo sino el Padre, y nadie conoce al Padre sino el Hijo, y aquel a quien el Hijo se lo quiera revelar" (Lc 10, 22; también Mt 11, 27). Este conocimiento divino, único y recíproco, entre el Hijo y el Padre, implica por fuerza la unidad ontológica entre los dos. Solo Dios conoce a Dios; pero aquí no se habla del conocimiento que el Dios Uno tiene de sí mismo, sino de una relación entre dos, es decir, del conocimiento que existe entre Dios Padre y Dios Hijo, tan divinos el uno como el otro.

También el propio Jesús afirmará expresamente, para escándalo de muchos judíos que quieren apedrearlo: "Yo y el Padre somos uno" (Jn 10, 3). Sus enemigos quieren matarlo, explica san Juan, porque "llamaba a Dios Padre suyo, haciéndose igual a Dios" (Jn 5, 18). En efecto, dicen ellos piedra en mano: "Porque tú, siendo hombre, te haces Dios" (Jn 10, 33). De hecho, la sentencia de muerte por blasfemo recaerá sobre él cuando, en el tribunal del sumo sacerdote, el Consejo superior, como autoridad suprema de Israel, le conjure en nombre del Dios vivo a responder: "Luego, ¿tú eres el Hijo de Dios?", y Jesús firme su sentencia de muerte afirmando: "Vosotros lo habéis dicho. Yo soy" (Lc 22, 70).

G. K. Chesterton ha ilustrado así, en su habitual forma de paradoja, esta tremenda verdad de Cristo Dios: "Es más esperable que la hierba se seque y los pájaros caigan muertos, antes que un carpintero vagabundo diga tranquilamente, casi despreocupadamente, como quien mira por encima del hombro: Yo y el Padre somos uno".

6. LA IGLESIA ANTE EL MISTERIO

A la par que el misterio de la Trinidad, la Iglesia naciente debió formular en términos humanos, fijos y comprensibles, el misterio inefable e inabarcable de un hombre que es Dios, de un Dios hecho hombre. Fue el debate cristológico de los Padres de la Iglesia el que inició su debate trinitario.

Las dos certezas, la humanidad y la divinidad de Cristo, estaban a firme, pero su expresión conceptual y la relación entre ambas debieron ser abordadas en forma lenta y compleja, con los tanteos y errores y luces crecientes de una gran odisea intelectual. Eso, porque la terminología que suministraba el pensamiento griego no estaba hecha a la medida del misterio, y debió afinarse con incesantes matices, hasta llegar a las formulaciones que hoy nos son familiares desde siglos atrás: que la única Persona del Hijo, sin variación de su naturaleza divina, asumió en la Encarnación nuestra naturaleza humana.

Las primeras herejías, como ya sugerimos, negaron la verdadera humanidad carnal de Cristo: así esos gnósticos cuyos primeros asomos refutó ya san Juan en sus Cartas: 1 4, 2 y 2, 7. Más tarde debió afirmarse que Cristo era Hijo de Dios por naturaleza y no por adopción. Y el Concilio de Nicea (año 325) hizo frente a Arrio, que negaba la divinidad del Hijo al hacerlo una creatura del Padre: "engendrado, no creado, de la misma substancia del Padre (consubstancial)".

Nestorio postuló en Cristo una persona humana junto a la persona divina del Hijo, dos personas, negando a María el título ya popular de Madre de Dios, que le fue gozosamente reivindicado en el Concilio de Éfeso (431). Todavía los llamados "monofisitas" supusieron que la naturaleza humana de Cristo dejaba de existir al ser absorbida por su naturaleza divina.

Frente a ellos, el Concilio de Calcedonia (451) afirmó en una hermosa fórmula: "un solo y mismo Hijo y Señor nuestro, verdadero Dios y verdadero hombre, consubstancial con el Padre según la divinidad, y consubstancial con nosotros según la humanidad (…), uno solo en dos naturalezas, sin confusión, sin cambio, sin división, sin separación (…), quedando a salvo las propiedades de cada una de las naturalezas en un solo sujeto y en una sola persona". Y en el quinto Concilio Ecuménico (Calcedonia, 553), frente a quienes hacían de la naturaleza humana de Cristo un sujeto personal: "No hay más que una sola hipóstasis (persona), la de N. S. Jesucristo, uno de la Trinidad".

Así llegamos a la fórmula perenne arriba apuntada. Dicho en términos muy básicos, naturaleza es el "qué" de algo, y responde a la pregunta ¿qué es esto, este algo?; y persona es el "quién" de respuesta a la pregunta ¿quién es este, este alguien? Bajo esas expresiones técnicas, que pueden sonar a abstractas (naturaleza, persona, substancia, relación y otras), se juega la formidable verdad de Cristo, y se juega también la realidad de nuestra redención en la cruz. Pues solo siendo Dios y hombre verdadero nos redime: si le faltara algo a la perfecta divinidad o a la perfecta humanidad de su única Persona, no nos habría redimido en la cruz.

En estas verdades de orden metafísico, accesibles solo a la luz de la fe, se juega el núcleo más íntimo y profundo de la vida cristiana: la centralidad absoluta de Cristo en nuestra existencia, en nuestros pensamientos y afectos, meta de todas nuestras acciones, y único camino hacia nuestro Padre del cielo: por Cristo, con él y en él; o en forma completa: por el Hijo, al Padre, en el Espíritu Santo.

El principio que recorre de arriba abajo las Cartas de san Pablo, el gran teólogo de Cristo, puede resumirse así: vivir con Cristo para morir con Cristo y resucitar con Cristo, y eso en la vida de cada día, en las penas y alegrías, en el trabajo y en el descanso. En forma biográfica, el apóstol expresa así este principio: "Vivo yo, pero ya no vivo yo, sino que es Cristo quien vive en mí" (Gal 2, 20). Y también: "Para mí vivir es Cristo, y morir es ganancia" (Fil 1, 21).

¿Qué puede significar eso para cada uno de nosotros? Se nos permitirá glosar esos textos de esta manera: para un cristiano, rezar o asistir a la iglesia es Cristo, pero en forma mucho más amplia, convivir con los demás es Cristo, amar es Cristo, trabajar es Cristo, comer y dormir es Cristo, caminar por la calle es Cristo, descansar es Cristo, gozar es Cristo, sufrir es Cristo, leer y escribir es Cristo, enfermarse es Cristo, sanar es Cristo, envejecer y morir es Cristo… y así hasta donde queramos.

Una identidad semejante puede limitarse a una buena intención general, lo que sin duda es valioso. Pero también puede ser algo efectivo

¡en cada día de nuestra existencia terrenal!, y en ese caso lo será por obra de la Eucaristía, de la vida de oración y sacrificio. En suma, esa real identificación con Cristo debe ser una gracia de Cristo crucificado, de Cristo resucitado, de Cristo sacramentado, por intercesión de su madre María. Estamos todos llamados a hacer la experiencia total de Jesucristo, a vivir la centralidad plena de Cristo, que llena el alma de paz y alegría.

7. La Pasión y muerte de Cristo

"Desde los pañales de su natividad hasta el vinagre de su Pasión y el sudario de su Resurrección, todo en la vida de Jesús es signo de su Misterio" (CEC, 515). Pero la cumbre más sobrenatural del misterio de Cristo es lo ocurrido desde la última Cena hasta su Ascensión a los cielos.

Desde el punto de vista argumental, la Pasión de Cristo es el desenlace de la creciente hostilidad de las autoridades de Israel hacia su persona. Lo acusaban de curar enfermos en día sábado, de tratar familiarmente con pecadores públicos, de perfeccionar la ley de Moisés en nombre propio, y por último, de proclamarse Hijo de Dios y Dios mismo. A esto debe añadirse la envidia, porque el pueblo se iba con él y su predicación arrastraba multitudes.

Esas autoridades y sus verdugos actuaron como agentes libres y responsables de la Pasión, pero esta fue voluntariamente aceptada, y aún amorosamente querida por Jesús, para la redención del mundo: "Yo doy mi vida para tomarla de nuevo. Nadie me la quita, sino que yo la doy voluntariamente" (Jn 10, 17-18). Su sacrificio fue, pues, decidido por la Providencia divina salvadora, y así todo ocurrió "según el determinado designio y la presciencia de Dios", como dirá una y otra vez san Pedro después de Pentecostés (Hch 2, 23; 3, 18).

¿Quiénes lo crucificaron? Cuando se habla de la cuestión histórica de las responsabilidades humanas, la Iglesia nos enseña a mirar más allá de los protagonismos de grupos o personas, de judíos o romanos o quienes sea, y a ver los hechos con perspectiva teologal, porque somos todos nosotros, uno a uno, los hombres pecadores, los que hemos clavado a Cristo en la cruz: cada pecado nuestro es una bofetada más en su rostro, una espina de su corona, un martillazo que clava sus manos al madero.

El pórtico de entrada de la Pasión, previo al prendimiento, fue su oración en el huerto de Getsemaní. Allí Jesús "comenzó a sentir tedio y pavor", y dijo: "Mi alma está triste hasta la muerte" (Mc 14, 33), es decir, me muero de tristeza. Estos sentimientos son horribles e insólitos en Jesús; son afecciones que nosotros relacionamos más bien con la enfermedad o con el pecado.

Y en efecto, ahora Jesús es "el gran leproso", "herido de Dios y humillado", según había profetizado Isaías (53, 3-4), "un gusano y no un hombre" (Sal 22, 7). Porque, según adelantó el profeta siete siglos antes, "él tomó sobre sí nuestras enfermedades (...), fue traspasado por nuestras iniquidades, molido por nuestros pecados (...), y por sus llagas hemos sido curados" (Is 53, 4-5). San Lucas, médico, extrema la nota: "Y le sobrevino un sudor de gotas de sangre que caían hasta el suelo" (22, 44).

El estado físico y moral de Jesús entre los olivos del huerto es imposible de imaginar o de abarcar con la mente humana. Lo que pesa sobre su corazón, y trasciende sobre su cuerpo, es el peso inconmensurable de todos los pecados del mundo, desde Adán hasta el último hombre sobre la tierra, sentidos como suyos propios. "A aquel que no conoció pecado, Dios le hizo pecado por nosotros, para que nosotros nos hiciéramos santidad de Dios en él" (2 Cor 5, 21).

Obviamente él no podía pecar, pero sí pudo apropiarse de todas nuestras abominaciones en lo más íntimo de su ser. Sí pudo y quiso cargar en su conciencia, como suyas propias, todas las iniquidades, vilezas, prostituciones, infamias, violencias y podredumbres de todos los seres humanos. "Dios le hizo pecado...". ¿Cómo pudo ser una cosa semejante? Por la omnipotencia y la misericordia salvífica de su Padre del cielo, por el amor inimaginable con que Jesús nos amó hasta el extremo.

Es allí, en ese colmo de la angustia, donde se eleva la oración más alta que haya subido jamás de la tierra al cielo. Viene de un hombre que, como verdadero hombre, no desea sufrir; más aun, tiene un horror indecible por ese cáliz que se le aproxima, porque contiene todas las abominaciones de la historia, que le arrancan esta humanísima súplica: "Padre, si quieres, aparta de mí este cáliz". Pero enseguida, tras una agónica pausa, viene la oración suprema, modelo de toda posible oración humana en el sufrimiento: "pero no se haga mi voluntad, sino la tuya" (Lc 22, 42).

Es la hondura insondable de ese cáliz, es su contenido espantoso lo que lo angustia en el huerto y lo hace traspirar sangre; lo que tras el prendimiento abofetea una y otra vez su rostro; lo que sacude su cuerpo entero con las innumerables palizas de una soldadesca brutal; lo que hiere su alma con la traición de sus amigos, y con todas las injurias y sarcasmos de sus verdugos; lo que rompe su carne con los terribles látigos de la flagelación; lo que hace tan pesada la cruz que hiende su hombro en la subida del Calvario; lo que atraviesa a golpes de martillo sus manos y sus pies, y lo que inmoviliza sobre el madero de la cruz ese cuerpo hecho un calambre de pies a cabeza.

Dos posibles prejuicios disminuyen y casi banalizan el misterio de la Pasión. El primero supone que Jesús atravesó ese mar de dolores como blindado por su divinidad. Pero más bien sucedió lo contrario: su divinidad hizo como un espacio de resonancia ilimitada, como un amplificador que proyectaba esos dolores hacia el infinito, y eso precisamente en virtud de su divinidad, es decir, de lo que hemos llamado la unión hipostática o personal del Verbo con su carne.

El otro prejuicio supone que Jesús sufrió esa inmensidad de dolor moral y físico "en vez de nosotros", por sustitución jurídica, "en lugar nuestro", por ficción legal, lo que nos deja a nosotros fuera de su Pasión, y hace que Cristo sufra también su Pasión como desde fuera, a infinita distancia del pecado: llevándolo sobre sus hombros, por decirlo así, y no sobre su corazón, dentro de su propio corazón, como efectivamente ocurrió: "Dios le hizo pecado por nosotros…".

Con todo, a lo largo de su Pasión, no pasó inadvertida a los circunstantes, amigos y enemigos, la inaudita serenidad que irradiaba ese rostro desfigurado, su silencio, su paciencia, su indecible majestad, su inalterable paz, que hará recordar más tarde a los apóstoles la palabra de Isaías: "Fue maltratado y se dejó llevar, no abrió su boca, como cordero llevado al matadero, como oveja muda ante sus trasquiladores" (53, 7).

Si Jesús parece un objeto, un animal traído y llevado por sus verdugos, en realidad es él quien dirige los acontecimientos, quien ora tiernamente por sus verdugos, quien hace de su ser doliente una ofrenda de expiación gratísima a su Padre por los pecadores, quien recorre con suprema voluntariedad el camino del *via crucis*. "Yo doy mi vida para tomarla de nuevo (...) Tengo poder para darla y poder para volver a tomarla" (Jn 10, 17. 18).

La crucifixión es una de las torturas más terribles que haya inventado la crueldad de los antiguos. El crucificado no muere de ningún mal singular, sino que muere de puro sufrimiento total; su cuerpo es un solo calambre, su único apoyo para moverse y aliviarlo son sus pies y manos inmóviles, su corazón bombea penosamente la sangre a sus miembros, la asfixia se vuelve angustiosa…

Los primeros cristianos, nos cuenta el P. Lagrange, tenían horror de representar a Cristo en la cruz, "porque ellos habían visto con sus propios ojos aquellos pobres cuerpos desnudos, con el peso del cuerpo presionando sobre los pies, y buitres sobrevolando este campo de carnicería, y perros atraídos por el olor de la sangre, que…", y en fin, un cuadro espantoso, que explica la reacción de aquellos primeros hermanos nuestros en la fe, y nos ayuda a nosotros a representarnos mejor el espectáculo terrible de la crucifixión del Señor.

Pero aún le quedaba a Jesús la prueba más inaudita, contenida en sus palabras penúltimas: "Dios mío, Dios mío, ¿por qué me has abandonado?" (Mt 27, 46). Son las palabras iniciales del salmo 22, que termina triunfalmente, pero aún así están llenas de misterio, porque Dios no puede abandonar a Dios; pero sí puede el Padre retirar del

Hijo encarnado todo sentimiento de su presencia, todo consuelo sensible: permanecer unido a él solo en el vértice superior de su espíritu, y de allí hacia abajo retirarse completamente de su sensibilidad, de su ánimo, dejándolo sumido en el vacío y la tiniebla más espantosa.

Es la prueba mística del desamparo, que somos incapaces de concebir en el Hijo consubstancial al Padre. Los santos que han sido probados y purificados con una porción insignificante de esa que llamamos "noche oscura del alma", han descrito su pena indecible. Pero el Hijo tomó sobre sí el pecado humano, y con él su secuela de dolor y muerte, hasta llegar al mismísimo fondo del abismo: la separación de Dios, según dice la Escritura: "El Altísimo se aparta del pecador" (Si 12, 6).

En ese grito pavoroso de Jesús percibimos que se ha entregado a nosotros rendidamente, que nos ha amado locamente, "hasta el extremo" (Jn 31, 1): que por expiar nuestros pecados se ha arrojado perdidamente al fondo del abismo del mundo pecador. Nada hay de extraño entonces que la naturaleza misma se haya hecho solidaria del duelo: que la tierra haya temblado (Mt 27, 51) y que las tinieblas hayan caído sobre el Gólgota horas antes del anochecer (Mc 15, 33).

8. El sentido del dolor

Nos preguntamos por qué tantísimo dolor, cuando muchísimo menos habría sido suficiente: una sola gota de su sangre (el pinchazo de un dedo del niño Jesús jugando en un jardín), un solo pensamiento de su amor. Solo podemos responder con la palabra de la Escritura: "Las obras de Dios son perfectas" (Deut 32, 4). En el máximo del dolor quiso Jesús expresarnos el máximo de su amor, llegar tan lejos como podía a la hora de ganarnos, de atraernos al interior de su corazón enamorado.

¿Podía todo un Dios llegar más lejos, podía la imaginación divina, por decirlo al modo humano, discurrir algo más extremo para limpiar nuestra miseria y apretarnos contra sus propias llagas? Con razón decimos que Cristo crucificado es el libro abierto donde podemos leer la inmensidad del amor con que hemos sido amados.

Quedó así trazado para siempre el camino cristiano de nuestra peregrinación terrena: camino de cruz. El sentido más profundo del dolor solo se encuentra en Cristo, cuando se lo sufre en unión de amor con su Pasión, con fe en la divina Providencia, que lo quiere o permite para nuestra purificación más plena. Escribe san Pablo: "Llevamos siempre y por todas partes la muerte de Jesús en nuestro cuerpo, para que también la vida de Jesús se manifieste en él" (2 Cor 4, 10).

Y aún más: "Yo completo en mi carne lo que falta a la Pasión de Cristo en beneficio de su cuerpo, que es la Iglesia" (Col 1, 24). ¿Qué puede faltar a la Pasión de Cristo, perfecta y cerrada ya para siempre, según su propia palabra en la cruz: "Todo está consumado" (Jn 19, 30)? La Pasión y muerte de Jesús, cabeza de su cuerpo que es la Iglesia, debe prolongarse cada día en cada uno de sus miembros, sin lo cual tampoco podrían ellos vivir con vida de Cristo.

Así en la vida de un cristiano cada pena, cada disgusto, cada tribulación, cada contrariedad, cada desgracia, cada acontecimiento no deseado, en suma, cada dolor grande o pequeño (pero sobre todo los pequeños, por más frecuentes), es una llamada de la Providencia a identificarnos más con Cristo crucificado, para que su vida, la vida divina, su fuerza redentora, se haga vida de nuestra vida, alma de nuestra alma, carne de nuestra carne. Es solo esta dimensión sobrenatural del dolor, la del amor a Dios y al prójimo, la que permite padecerlo no ya solo con resignación, sino con verdadera paz y alegría.

Fuera del espacio cristiano, el dolor tiende a ser un absurdo que incita a la rebelión, o una desgracia ciega y sorda y muda. Es la gracia del crucificado, se ha dicho, la que dentro de nosotros convierte la cruz del mal ladrón en la del bueno, y hace del alegato vociferante del primero un camino directo del paraíso para el segundo. Es la llamada que Jesús había hecho y repetido antes: "El que quiera venir en pos de mí, niéguese a sí mismo, tome su cruz y sígame" (Mt 16, 24).

Por eso la vida cristiana no puede ajustar bien con un ideal centrado en el placer, en la comodidad, en la afirmación del propio yo, en la honra o el poder. Quienes así viven, se dolía san Pablo, andan "como enemigos de la cruz de Cristo", y "su dios es el vientre". "Pero nosotros somos ciudadanos del cielo, de donde esperamos también como salvador al Señor Jesucristo, que transformará nuestro cuerpo de bajeza en cuerpo glorioso como el suyo" (Flp 3, 18-21).

9. La Resurrección del Señor

A diferencia de la Pasión de Cristo, cuyo transcurso exterior es narrado por los Evangelios, su Resurrección no puede ser narrada, ni tampoco imaginada, porque este hecho misteriosísimo y estrictamente sobrenatural no tiene duración, sino que ocurre en un solo instante. Es como una irrupción fulminante de Dios en el cosmos y en la historia, que ni siquiera puede tener testigos en el mundo: ¿qué vería un supuesto espectador situado ante el sepulcro de Jesús? Quizá vería apenas un estallido deslumbrante de luz, pero quizá no vería nada: no lo sabemos.

Ante la necesidad humana de una imagen, todo lo que nuestra fantasía puede discurrir es algo así: el alma de Cristo desciende como un rayo del cielo, atraviesa la piedra del sepulcro, vivifica el cuerpo muerto de Jesús con vida inmortal y divina, y ese cuerpo, ya en una dimensión superior de la realidad, salta del sepulcro e inicia entre algunos testigos cualificados (apóstoles y discípulos), durante cuarenta días, una serie de apariciones y desapariciones, dándose a conocer ante ellos solo cuando y como él quiere, y en la forma y figura que él quiere.

Pues la Resurrección es un hecho histórico (es la cumbre de la historia) no presenciado por nadie porque no era presenciable, pero dado a conocer por sucesivas apariciones, contadas, ellas sí, por los Evangelios. No es fácil ordenar y hacer calzar esos relatos entre sí, pero es lógico que así sea: cuando ocurre un suceso tremendo y desconcertante, sus testigos lo contarán en desorden, sin cronología. Es lo que ocurre con esas apariciones.

Los cuatro Evangelios, sí, son contestes de la prioridad de la aparición a María Magdalena, seguida por esas otras compañeras suyas que, al amanecer del primer día de la semana (nuestro domingo), habían ido al sepulcro del Señor a rendir, con aromas y ungüentos, los últimos honores fúnebres a su cadáver. Magdalena encontró removida la pesada piedra del sepulcro, y lo vio vacío. Deambuló entonces por el huerto en busca del cuerpo del Señor; le conversaron dos ángeles, a los que hizo poco caso, de tan ensimismada que iba en su amor, un amor sin esperanza.

De pronto le habló Jesús, en figura de hortelano, y ella solo lo vino a reconocer cuando él la llamó por su nombre: ¡María! En la ceguera de su amor, ella quiso arrojarse a sus pies, como si se tratara del Jesús de siempre, como si no hubiera habido de por medio una muerte y una resurrección. Jesús detuvo ese ademán y le encargó que avisara a los apóstoles, quienes no le creyeron (Jn 20, 11-18), como tampoco a las otras mujeres, que habían recibido de dos ángeles el mismo encargo (Lc 24, 1-11). Es que la Resurrección era para ellos impensable, como ya lo había sido ante los anuncios anticipados de Jesús (Mc 8, 31; 9, 31; 10 32-34).

El mismo día de la Resurrección se apareció Jesús a los once apóstoles, encerrados en el Cenáculo por miedo a los judíos. Ellos, sobresaltados, creían ver un espíritu. Para demostrar a esos hombres incrédulos su condición corporal, Jesús debió recurrir a extremos: "Palpadme y ved que un espíritu no tiene carne y huesos, como veis que yo tengo". Y más aún: después de mostrarles sus heridas pidió algo de comer, y comió delante de ellos un poco de pez asado (Lc 24, 36-43). Lentamente esos hombres se fueron rindiendo a la evidencia, y con ella, al gozo, ese tipo de gozo que suele expresarse así ante lo maravilloso: ¡no creo lo que mis ojos ven!

Se comprende bien la dificultad de los apóstoles: ellos habían visto a Jesús golpeado, herido, ensangrentado, horriblemente desfigurado en el madero de la cruz, y ahora se les presentaba de súbito íntegro y hermoso. El impacto de esa presencia fue indescriptible. De allí las extremas concesiones físicas de Jesús resucitado: exhibición de llagas y consumo de alimentos. Porque él quiere no solo ser creído, sino también grabar a fuego en la conciencia de sus apóstoles esta identidad, que luego será el centro de su predicación: que Cristo resucitado es Cristo crucificado, que el mismo crucificado es el que resucitó.

Así lo expresó él a san Juan en la visión del Apocalipsis: "Yo estuve muerto, pero, ya ves, ahora vivo por los siglos de los siglos" (1, 18). La posterior reflexión de la Iglesia expresará así las dos caras de nuestra redención: "Por su muerte Jesús nos libra del pecado, por su Resurrección nos da acceso a una nueva vida" (CEC, 654). Las tinieblas espantables del viernes santo hacen, pues, perfecta unidad con la aurora deslumbrante del domingo pascual.

La Resurrección no es un simple retorno a la vida, como ocurre con Lázaro: eso sería una mera reanimación del cadáver. Cristo resucitado tiene un cuerpo físico auténtico; pero es ya un cuerpo glorioso, inmortal, que existe en otra dimensión de la realidad y que no está circunscrito al tiempo y al espacio. De allí sus apariciones y desapariciones (Mt 28, 16-17; Lc 24, 15-16; Jn 20, 14-16). En su corporeidad gloriosa, Jesús está ahora bajo el dominio exclusivo del Padre del cielo.

Todavía se les apareció a dos discípulos que volvían a Emaús, su aldea, tristes y desencantados por la muerte del maestro. Con una especie de divina pillería, él se les hizo el encontradizo, bajo la figura de un forastero que nada sabe de lo ocurrido en Jerusalén, y que pregunta a los caminantes qué pasó allí. Se hace contar, pues, su propia Pasión desde el punto de vista del pesimismo y del escepticismo. "Nosotros esperábamos que salvaría a Israel, pero ya han pasado tres días…" (Hch 24, 21). Jesús les reprocha su ceguera y su ignorancia o incomprensión de las Escrituras, que adelantaban su Pasión y su gloria final.

Y ya en las cercanías de Emaús, prosigue su ardid como si fuera a pasar de largo; se hace de rogar cuando lo invitan a cenar, y solo en la fracción del pan se hace reconocer por ellos, desapareciendo de inmediato. Ellos, llenos de estupor y también de un gozo indecible, se dicen el uno al otro: "¿No es verdad que nuestro corazón ardía dentro de nosotros, mientras nos hablaba en el camino y nos explicaba las Escrituras?". Y retornan en el acto a Jerusalén, a contar lo sucedido a los apóstoles, que mientras tanto ya habían visto a Jesús resucitado (Lc 24, 13-35).

10. PARA SABERNOS SALVADOS

Este hermoso episodio nos permite completar la idea, que antes esbozábamos, sobre el vínculo entre Pasión y Resurrección, pero esta vez con respecto a nosotros y a nuestro conocimiento del misterio pascual. Sin el conocimiento de la Resurrección, ¿acaso nosotros (y la cristiandad y la humanidad entera) no habríamos quedado en el negro pesimismo de aquellos caminantes?

¿Acaso podríamos ser cristianos, acaso sabríamos que estábamos redimidos, si solo supiéramos que a Cristo se lo tragó la tierra, y que allí se terminó esta historia? ¿Acaso, en recuerdo de un muerto ilustre, se habrían escrito los Evangelios, los Hechos de los apóstoles, sus Cartas? Solo le quedaría a la humanidad el recuerdo, entre histórico y legendario, de un profeta judío santo pero fracasado: "Nosotros esperábamos que sería él quien salvaría a Israel, pero…" (Lc 24, 21).

Luego la Resurrección fue necesaria también para saber que estábamos salvados, y desde luego, para tener esperanza en la vida futura. Algunos fieles de Corinto, influidos quizá por la idea griega de la mera inmortalidad del alma, dudaron de que existiera resurrección corporal. San Pablo reacciona con energía, casi diríamos con pasión: "Si no hay resurrección de los muertos, ¡tampoco Cristo resucitó! Y si Cristo no resucitó, vana es nuestra predicación, y vana también nuestra fe (…) Aún estáis en vuestros pecados" (1 Cor 15, 14-17).

Conclusión: "Si solo para esta vida tenemos puesta la esperanza en Cristo, somos los más miserables de todos los hombres" (1 Cor 15, 19). Y más adelante: "Si por solos motivos humanos luché en Éfeso contra las fieras, ¿de qué me sirvió? Si los muertos no resucitan, comamos y bebamos, que mañana moriremos" (1 Cor 15, 32). Esta máxima final es la que Isaías pone en boca de los incrédulos (22, 13).

Antes de subir a los cielos, Jesús se presentó varias veces más a sus apóstoles "durante cuarenta días, hablándoles de lo referente al reino de Dios" (Hch 1, 3), es decir, reafirmando los fundamentos de su futura Iglesia. Les prometió también la inminente venida del Espíritu

Santo después de su partida. Con la fuerza del Paráclito "seréis mis testigos (…) hasta los confines de la tierra" (Hch 1, 8). En el Credo confesamos que Cristo "subió a los cielos, y está sentado a la derecha de Dios Padre Todopoderoso. Desde allí ha de venir a juzgar a los vivos y a los muertos".

La Resurrección del Señor es el punto central de la predicación de los apóstoles y la primera verdad que entregan a sus oyentes. La predicación inicial de Pedro consiste en presentar simplemente el hecho. Así en la mañana misma de Pentecostés: "al que suspendisteis en la cruz por manos de los impíos, Dios lo ha resucitado" (Hch 2, 23-24). Y en el hogar del centurión Cornelio: "Dios lo resucitó al tercer día y le hizo manifestarse (…) a nosotros, que comimos y bebimos con él después de su Resurrección" (Hch 10, 40-41). Lo mismo ocurre con los demás apóstoles: "Con gran poder daban testimonio de la Resurrección del Señor Jesús" (Hch 4, 33).

La Ascensión del Señor a los cielos (Hch 1, 9-11) es su glorificación plena, no con la gloria velada con que se mostró a los apóstoles y discípulos durante aquellos cuarenta días, porque "el género humano / no puede resistir demasiada realidad" (T. S. Eliot, *Burnt Norton, I*), sino con la gloria infinita que tuvo desde la eternidad como Hijo de Dios.

Se completa así ante nuestros ojos la identidad del Verbo encarnado: el mismo que fue crucificado y resucitado es ahora el glorificado, porque con ese mismo ser corporal que sufrió su Pasión y muerte de cruz tenía que recibir la plenitud de la gloria divina. ¡Es el mismo!: "El que descendió es el mismo que subió por encima de todos los cielos, para llevarlo todo a su plenitud" (Ef 4, 10). Y es un motivo de alegría para nosotros saber que uno de la Trinidad, el Hijo, ya nunca más abandonará o dejará caer de su gloria celestial esa humanidad, que un día asumió en el seno de María de Nazaret: esa humanidad suya es eterna. "Jesucristo es el mismo ayer y hoy, y lo será por los siglos sin fin" (Hebr 13, 8).

Está de más recordar que, sin la Resurrección de Cristo, la virtud teologal de la esperanza perdería su dimensión más profunda y su objeto más alto. Podemos esperar nuestra resurrección corporal solo porque Cristo resucitó. Lo dice san Pedro: Dios, "por su gran misericordia nos ha regenerado para una esperanza viva, mediante la Resurrección de Jesucristo de entre los muertos" (1 1, 3).

11. LA MADRE DE JESÚS

El ángel Gabriel anunció a María su concepción virginal, por la sola acción divina: "El Espíritu Santo descenderá sobre ti, y el poder del Altísimo te cubrirá con su sombra; por eso el que nacerá de ti será llamado santo, Hijo de Dios" (Lc 1, 35). Y unos días después de haber concebido María, su pariente Isabel, en cuanto la vio, "llena del Espíritu Santo (…) exclamó con voz fuerte y dijo: 'Bendita tú entre las mujeres, y bendito el fruto de tu vientre'" (Lc 1, 42). Son las palabras que la Iglesia nos hace repetir sin cesar en el rezo del Avemaría.

Y en seguida le dice Isabel: "Bienaventurada tú que has creído, porque se cumplirán las cosas que te fueron dichas de parte del Señor" (Lc 1, 45). Del mismo cielo procede esta bendición de María por su gran fe: las palabras del ángel habían estado llenas de misterio y anunciaban hechos inauditos, relativos a un Hijo de Dios que nacería de ella, y al reino de Dios que con él vendría, y la Virgen creyó al instante, y se entregó por entero a ese designio con estas maravillosas palabras: "He aquí a la esclava del Señor, hágase en mí según tu palabra" (Lc 1, 38).

En cierto sentido, la Encarnación fue mayor misterio de fe para María que para nosotros, pues ella creyó que era el Hijo de Dios esa criaturilla que ella amamantaba, que decía *agú* o algo parecido, que ella mudaba de pañales, vestía, enseñaba a caminar y a hablar… Además, y a diferencia de nosotros, que creemos con perspectiva de siglos, ella creyó antes, muchos años antes de la Resurrección y Ascensión de su hijo a los cielos, cuando Jesús no se manifestaba aún al mundo.

Ella creyó en un plan divino redentor que parecía no cuadrar con la persecución de Herodes, un reyezuelo, ni cuadrar con la necesidad de huir a Egipto, es decir, con una desprotección total de la Sagrada Familia. Más tarde, ella no vaciló cuando su hijo era atacado y parecía fracasar. Y sobre todo, ella creyó y esperó al pie de la cruz, cuando estaba delante del desmentido más rotundo de las promesas de la Anunciación (san Juan Pablo II, Enc. *Redemptoris mater*, 18): el Mesías derrotado, vencido y agonizante en el patíbulo parecía exactamente lo contrario de un rey en el trono de David, cuyo reino eterno no tendría fin (Lc 1, 32-33).

Durante su visita a Isabel, María entonó el hermoso canto que llamamos *Magnificat*, y que con humilde audacia dice: "Desde ahora me llamarán bienaventurada todas las generaciones" (Lc 1, 48). Es lo que gozosamente viene haciendo la Iglesia a través de los siglos. "Lo que la fe católica cree acerca de María se funda en lo que cree acerca de Cristo, pero lo que enseña sobre María ilumina a su vez la fe en Cristo" (CEC, 487).

Los relatos de san Mateo y san Lucas presentan la concepción virginal de Cristo "como una obra que sobrepasa toda comprensión y toda posibilidad humanas: 'Lo concebido en ella viene del Espíritu Santo', dice el ángel a José a propósito de María, su desposada (Mt 1, 20). La Iglesia ve en ello el cumplimiento de la promesa divina hecha por el profeta Isaías: 'He aquí que la virgen concebirá y dará a luz un hijo' (Is 7, 14)" (CEC, 497). El aprecio cristiano por la virginidad de María (y la de Cristo) se refleja en el nombre con que muchos idiomas la llaman: simplemente "la" Virgen: virgen antes del parto, en el parto y después del parto, como profesa la Iglesia.

Cuando san Lucas nos cuenta que "el ángel Gabriel fue enviado de parte de Dios (…) a una virgen (…) llamada María" (Lc 26-27), se nos da a entender que ese encuentro del cielo y la tierra no fue casual: que la Virgen, a quien se dirigía personalmente ese envío, estaba predestinada a ser la Madre del Hijo eterno; y que, por tanto, Dios le había concedido ya gracias del todo singulares, a la altura de esa misión única en la historia de la salvación. Y que de hecho se las concedió, lo dicen las mismas palabras iniciales del ángel: "Alégrate, llena de gracia" (Lc 1, 18), palabras tales, que María en su humildad "se turbó al oírlas, y se preguntaba qué podía significar ese saludo" (1, 29).

La expresión con que el ángel se dirige a ella no es su nombre propio, María, ni tampoco, como podía parecer, un adjetivo o una descripción, sino un sobrenombre personal y novísimo: Llena-de-gracia, lo que se percibe mejor en el original griego de san Lucas: *kejaritomene*. ¿Qué misteriosa identidad puede significar un nombre así? Que a la plenitud de gracia de María no se le asigna de parte del cielo ningún límite de tiempo o circunstancia: que ella es toda santa, siempre santa, y de allí su extrañeza y su turbación al oírse llamar así. Se recordará el alcance operativo que un sobrenombre posee en la palabra de Dios, como en el caso de Simón, que tendrá realmente la misión de Pedro-Roca de la Iglesia.

La gradual conciencia que la Iglesia tomó de la santidad incomparable de María, y del contenido de la expresión "llena de gracia", culminó en la declaración dogmática de la Inmaculada Concepción: "La bienaventurada Virgen María fue preservada inmune de toda mancha de pecado original en el primer instante de su concepción, por singular gracia y privilegio de Dios omnipotente, en atención a los méritos de Jesucristo salvador del género humano" (Bula *Inefabilis Deus*, 1854).

Inmaculada significa literalmente "sin mancha". Inmaculada Concepción significa que María, la Madre de Dios, no heredó el pecado original, ni las rupturas e inclinaciones desordenadas que le siguen; que ella jamás pecó; que su alma no fue nunca rozada por la más ligera sombra de una falta.

Ella es, pues, la "toda santa", "Panagia", como suelen llamarla los Padres de Oriente; la "tota pulchra", la toda hermosa a quien la Iglesia le canta: "Eres toda hermosa, María, y en ti no hay mancha de pecado original", o también: "Dios te salve, María, concebida sin mancha de pecado original desde el primer instante de tu ser virginal, amén". Hay una lógica divina en el privilegio de quien la Iglesia llama con amor filial: Hija de Dios Padre, Madre de Dios Hijo, Esposa de Dios Espíritu Santo, como gustaba a san Juan Pablo II repetir.

La declaración dogmática de este privilegio fue precedida, en los siglos anteriores, por una reflexión teológica que se centró en las razones de conveniencia para un don tan extraordinario. Pues convenía, en efecto, que el Hijo todopoderoso, capaz de dotar a quien estaba predestinada a ser su madre con las cualidades que él quisiera, como buen hijo no le escatimara esta, y que le otorgase desde el comienzo mismo de su ser el alejamiento pleno del pecado que él venía a redimir.

Y si parece una dificultad que este don sea treinta y tantos años anterior a los méritos de Cristo crucificado, para Dios que es eterno y está por encima del tiempo esta anterioridad no es un problema. Por supuesto que la santidad singularísima de María concebida sin mancha le viene entera y absolutamente de Cristo: ella también es redimida por él, solo que de un modo mucho más perfecto que cualquier otra creatura humana: desde su primer instante.

Pensar que un don semejante hace la vida fácil, o exime de luchar, es no saber nada de María. Ella luchó más heroicamente que nadie en este mundo después de su propio hijo (que carecía aún más de toda posible mancha de origen). María fue una hija de Eva, hecha del barro de la tierra, y fue duramente probada en su fe, en su humildad, en su esperanza, con enormes sufrimientos. Como repitió san Juan Pablo II, su vida fue un continuo "peregrinar en la obediencia de la fe" (RM, 18 y 28). Y ella no cesó de crecer en gracia de Dios a lo largo de toda su vida.

12. Los grandes amores

El privilegio supremo de María es su maternidad divina: "*Theotókos*", *Deípara*, Madre de Dios, apelativo popular corroborado ya en el temprano Concilio de Éfeso. Extremando el sentido de los términos, podemos decir que María de Nazaret encarnó a Dios, lo dio a luz, crió a Dios. Este privilegio está en la raíz de los otros dos: que comenzó su existencia sin mancha de pecado (la Inmaculada Concepción), y que la terminó, tras su muerte, sin retornar al polvo de la tierra, es decir, siendo subida de inmediato (Asunción) en cuerpo y alma a la gloria celestial.

Si Eva nunca habría retornado al polvo en caso de no haber pecado (Gn 3, 19), bien pudo Dios librar de la corrupción del cadáver a la nueva Eva, que jamás pecó. Este último privilegio de María recibió su proclamación dogmática en 1950, en la Constitución apostólica *Munificentissimus Deus*. La Madre de Dios no debía esperar, hasta el fin de los tiempos, el día de la resurrección final: su hijo tuvo a bien anticipárselo al instante de morir. Para ella la muerte, la resurrección y la asunción a los cielos ocurrieron todas en el mismo instante.

Nadie estuvo nunca tan unido a Cristo como lo estuvo la Virgen María, desde la concepción y la cuna hasta la cruz y la gloria. Por eso la Iglesia la considera mediadora de todas las gracias, sin perjuicio del único Mediador que es su propio Hijo; al revés, como el camino más corto para llegar a Jesús. ¿No tiene lógica, una encantadora lógica humana (bien conocida de la piedad popular), que para llegar al Gran Personaje se dirija uno a la recomendación de su madre? Eso significa que todas las peticiones y ofrendas, dirigidas por los hombres a Dios, pasan de alguna manera por el corazón de María, y con los dones que el cielo nos concede ocurre otro tanto.

El ángel Gabriel fue enviado por Dios "a una virgen desposada con un varón llamado José, de la casa de David" (Lc 1, 27). Se nos hace difícil pensar que ese compromiso esponsal, seguido más tarde por la boda, haya sido tan azaroso como pueda serlo el de un varón y una mujer cualesquiera. Más bien pensamos que José, dada la gran misión que le tocaría desempeñar en la vida de María y de Jesús, fue elegido por Dios y llevado por la Providencia a ese desposorio; que compartía a su manera la predestinación de María, y que también él había sido preparado por gracias muy especiales del cielo.

Lo singular de su caso es que no conoció su vocación divinísima desde el comienzo, sino más tarde, cuando "antes de que conviviesen, se encontró que ella había concebido"; y pensando él en dejarla, "se le apareció un ángel del Señor y le dijo: José, hijo de David, no temas recibir a María tu esposa, pues lo concebido en ella es obra del Espíritu Santo. Dará a luz un hijo, y le pondrás por nombre Jesús, porque él salvará a su pueblo de sus pecados" (Mt 1, 18-21).

A partir de ese instante, José de Nazaret ya no se perteneció más a sí mismo, sino que se entregó por completo a su misión como esposo y protector de María, y como padre nutricio y guardián del niño Jesús, que es como decir: Dios puso en sus manos los primeros pasos de la redención del mundo. Sus breves apariciones en el Evangelio nos lo presentan como un varón humilde y fuerte, como un hombre noble y obediente, identificado con su misión (Mt 1, 24-25; 2, 13-15; 19-23; Lc 2, 4-6; 41-51). De allí la gran devoción de la Iglesia por el patriarca, inseparable ya de la Virgen, y la invocación conjunta de los tres nombres santos: Jesús, María y José, como los amores supremos del cristiano.

La devoción a María Virgen y Madre toca una raíz muy sensible del corazón creyente, y es a menudo la parte más afectiva de la piedad católica. Y es tal su hondura, que puede permanecer incluso en quienes pierden la práctica religiosa, y aún la fe. Por extraño que parezca, casos ha habido de quienes confiesan haber perdido la fe en Dios, pero no en María. Por ejemplo, así lo da a entender en su *Diario* don Miguel de Unamuno poco antes de morir, glosando la parábola del hijo pródigo:

"He llegado hasta el ateísmo espiritual, hasta imaginar un mundo sin Dios. Pero ahora veo que siempre conservé una fe oculta en la Virgen María… En momentos de apuro se me escapaba maquinalmente la exclamación: Madre de Misericordia, protégeme. Llegué a imaginar un hijo pródigo que abandona la religión materna. Al dejar este hogar del espíritu, sale hasta el umbral la Virgen, y allí le despide llorosa, dándole instrucciones para el camino."

"De cuando en cuando vuelve el pródigo su vista, y allá, en el largo y polvoriento camino que por un lado se pierde en el horizonte, ve a la Virgen, de pie en el umbral, viendo marchar al hijo. Y cuando al cabo viene cansado y deshecho, encuentra que ella le está esperando en el umbral del viejo hogar, y le abre los brazos para entrarle en él y presentarle al Padre… María es, de todos los misterios, el más dulce…".

IX

LA IGLESIA

El término "iglesia" significa, en sentido general, una asamblea de carácter religioso. En el Antiguo Testamento designó a Israel, el pueblo escogido de Dios. Y en el Nuevo, designa a la comunidad de los discípulos de Cristo, "la Iglesia que es su Cuerpo" (Ef 1, 22-23), o "el Pueblo que Dios reúne en el mundo entero" CEC, 752).

1. La Iglesia, Pueblo de Dios

Este Pueblo es distinto de todo otro pueblo, nación, raza, cultura, comunidad o agrupación religiosa que haya existido, porque no ha nacido de la voluntad o del concierto de los hombres. Su origen es divino, y puede y debe componerse de hombres de todos los pueblos de la tierra. La Iglesia fue preparada por la elección de Israel como pueblo escogido; fue fundada por Cristo cuando llegó la plenitud de los tiempos; es vivificada por el Espíritu Santo desde el día de Pentecostés, y "llegará a su perfección en la gloria del cielo" (LG, 48).

Fue Jesús mismo quien dio a la Iglesia su estructura esencial, que no procede de las circunstancias históricas, si bien las formas precisas de los oficios eclesiásticos se plasmaron en el cristianismo primitivo bajo la guía de la Providencia. Todo su desarrollo histórico, aún en sus modalidades más diversas, ocurre según su ley fundamental, como la pequeña semilla del reino de Dios que llega a ser un árbol frondoso (Mc 4, 30).

De hecho, la Iglesia es "un gran misterio" (Ef 5, 32), y no puede ser de otro modo, dada su íntima relación con el misterio de Cristo, Dios y hombre verdadero. También ella posee a la vez un elemento humano y otro divino, y como en Jesús mismo, estas dos realidades son una sola: "la sociedad provista de sus órganos jerárquicos y el Cuerpo místico de Cristo, la asamblea visible y la comunidad espiritual, la Iglesia terrestre y la Iglesia enriquecida con los bienes celestiales, no deben ser consideradas como dos cosas distintas" (LG, 8): más bien constituyen una sola realidad compleja.

De hecho, puede decirse que la Iglesia es Cristo mismo, según la bella expresión de Bossuet: "es Cristo difundido y comunicado en la historia". Y en sentido inverso, lo que más oscurece esta identidad divina son los pecados y deficiencias de los hombres que la componen. "La Iglesia avanza en su peregrinación a través de las persecuciones del mundo y de las consolaciones de Dios", escribe san Agustín (*Civ.* 18, 51).

Como realidad sobrenatural, la Iglesia es el reino de Dios "presente ya en misterio" (LG, 3). Es también el Cuerpo místico de Cristo, pues él "es la cabeza del Cuerpo que es la Iglesia" (Col 1, 18). Y a ella la llamamos también "esposa de Cristo": con frecuencia se designa él a sí mismo como "el Esposo" (Mc 2, 19; Mt 25, 1). Y todavía, la Iglesia es llamada "templo del Dios vivo" (2 Cor 6, 16). Sus miembros no ingresan a ella sino por obra "del agua y del Espíritu" (Jn 3, 5): en virtud del bautismo. Y en ella todos son uno con Cristo: "No hay judío ni griego, no hay esclavo ni libre, no hay varón ni mujer, ya que todos sois uno en Cristo Jesús" (Gal 3, 28).

Cuando en el camino de Damasco se apareció Jesús a Pablo que perseguía a los cristianos, y este le preguntó: "¿Quién eres tú, Señor?", él respondió: "Yo soy Jesús, a quien tú persigues" (Hch 9, 5). Pero Pablo no creía estar persiguiendo a Jesús, muerto hacía unos tres años, sino a sus discípulos actuales. Esta revelación de Jesucristo como haciendo uno solo con los cristianos se grabó profundamente en el corazón del apóstol.

En sus Cartas desarrolló él la doctrina de la Iglesia como el Cuerpo de Cristo: "Pues, así como el cuerpo es uno, aunque tiene muchos miembros, y todos los miembros del cuerpo, a pesar de ser muchos, forman un solo cuerpo, así también Cristo. Porque todos nosotros hemos sido bautizados en un mismo Espíritu (…) para formar un solo cuerpo" (1 Cor 12, 13). "Vosotros sois cuerpo de Cristo, y cada uno de vosotros un miembro de él" (12, 17). "Él es la cabeza del cuerpo de la Iglesia" (1 Col, 18). Esta realidad recibirá más tarde el nombre de Cuerpo místico, el Cristo total, cabeza y miembros, realidad invisible que hace unidad con la Iglesia visible.

Como Pueblo de Dios sobre la tierra, la Iglesia es una sociedad visible fundada por Cristo sobre la roca de Pedro, constituida por todos los bautizados que profesan la misma fe, se santifican por los mismos sacramentos, y obedecen a la misma autoridad apostólica que sucede a Pedro.

San Pedro nos entrega esta magnífica descripción de la Iglesia que él preside: "Vosotros sois linaje escogido, sacerdocio real, nación santa, pueblo de su propiedad, para que proclaméis las maravillas de Aquel que os ha llamado desde las tinieblas a su luz admirable" (1 Pedr 2, 9). En el mismo sentido, decimos que, siguiendo la huella de Jesucristo "Sacerdote, Profeta y Rey" (CEC, 783), la Iglesia participa de esta triple función, y es un pueblo sacerdotal, profético y real.

2. Fundada por Cristo

La fundación de la Iglesia por parte de Cristo no se dio en un momento único. Fue un proceso que abarca su vida entera, y que incluye todo cuanto él hizo y dijo, desde su primera predicación hasta su Ascensión a los cielos. Pero en este proceso fundacional podemos distinguir tres momentos de especial significado: la vocación y misión de los doce apóstoles, la edificación de la Iglesia sobre la roca de Pedro, y la llamada "gran misión" final después de la Resurrección.

El primer paso fundacional de la Iglesia fue la llamada y misión de los doce apóstoles. Antes de recibir su vocación institucional, ellos ya habían correspondido en forma personal al "ven y sígueme" del maestro, y habían decidido seguirle de manera incondicional (Mt 4, 18-22 y 9, 9; Mc 1, 16-20 y 2, 13-14; Jn 1, 35-49).

Es de admirar la fuerza de la gracia vocacional y la generosidad de estos hombres que, fascinados por la persona de Jesús, le siguen "al instante" (Mt 4, 20. 22; Mc 2, 14), y emprenden una aventura cuya naturaleza venidera no pueden todavía conocer sino en forma muy general. La Iglesia ve siempre en esta pronta correspondencia a la gracia el modelo de todas las vocaciones futuras, cualquiera que sea su índole: el sacerdocio, la vida religiosa, el celibato apostólico, la vocación laical…

La elección de los doce como tales doce apóstoles ocurre algo más tarde, en un momento de especial solemnidad: "Aconteció por aquellos días que Jesús subió a la montaña para orar, y pasó la noche orando a Dios. Cuando llegó el día llamó a sí a los discípulos y escogió a doce de ellos, a quienes dio el nombre de apóstoles" (Lc 6, 12-13). "Subió al monte y llamó a los que él quiso, y vinieron junto a él. Instituyó a doce para que estuvieran siempre con él y para enviarlos a predicar, con poder de expulsar los demonios" (Mc 3, 13-15).

La decisión de llamar a estos doce fue, pues, precedida por una larga deliberación nocturna de Jesús en el monte: por una larga vela de oración en diálogo con su Padre y con el Espíritu Santo. Y los doce fueron "los que él quiso", aquellos a quienes le dio la gana llamar, diríamos. Nos queda sumamente clara la soberana libertad divina de estas elecciones, así como su carácter estrictamente sobrenatural.

"Los nombres de los doce apóstoles son estos: el primero, Simón, llamado Pedro, y Andrés, su hermano; Santiago el de Zebedeo, y Juan, su hermano; Felipe y Bartolomé, Tomás y Mateo, el publicano; Santiago el de Alfeo, y Tadeo; Simón el celador, y Judas Iscariote, el que le traicionó" (Mt 10, 1-4).

El término "apóstol", que no figura en el Antiguo Testamento, adquiere solo a partir de los Evangelios el sentido de "enviado",

"enviado de Dios", y parece ser una creación verbal de Jesús mismo. Más tarde serán llamados "apóstoles" otros enviados fuera de los doce, como Pablo y Bernabé (Hch 14, 4. 14). Y hoy el nombre corresponde a todo fiel cristiano, llamado como está a acercar almas a Cristo.

El número doce no indica simplemente cuántos eran aquellos llamados de la primera hora, sino la calidad especial de "los doce" como un grupo determinado y fijo: Jesús "estableció que fueran doce" (Mc 3, 14). "Los doce" será una expresión frecuente en los Evangelios, *v. gr.* Mt 10, 5; Mc 6, 7; Lc 9, 1; Jn 6, 70, etc. Otro tanto ocurre en los Hechos, sobre todo cuando se narra la elección de Matías para sustituir a Judas y completar el necesario número de los doce (1, 26).

El sentido de este número preciso es fuertemente simbólico y tiene una dignidad especial para el pueblo judío, por ser doce las tribus de Israel. Jesús mismo relaciona en forma expresa ambas docenas: "Cuando el Hijo del hombre se siente en el trono de su gloria, os sentaréis también vosotros para juzgar a las doce tribus de Israel" (Mt 19, 28).

A estos doce elegidos les encarga Jesús una misión especial: proclamar el reino de Dios, curar enfermos y expulsar demonios: "Llamando a sí a los doce, comenzó a enviarlos de dos en dos, dándoles poder sobre los espíritus impuros (...) Y ellos, partiendo, predicaron la conversión, y expulsaban a muchos demonios, y ungían con óleo a muchos enfermos y los curaban (Mc 6, 7-13), señales todas estas de la llegada del reino en la persona de Jesús.

A su vez, el Señor promete en forma solemne a los doce apóstoles ciertos poderes muy especiales para el futuro, como pastores de su respectiva grey en la Iglesia: "En verdad os digo, todo lo que atéis en la tierra quedará atado en el cielo, y todo lo que desatéis en la tierra quedará desatado en el cielo" (Mt 18, 18). Como antes ha entregado Jesús estos poderes a Simón Pedro personalmente, explicaremos su significado al hablar del primado de Pedro como cabeza del colegio de los doce.

3. La gran misión

Pasemos ahora a la última etapa fundacional de la Iglesia, que, por contraste con la anterior, solemos llamar "la gran misión". Ella tiene lugar después de la Resurrección de Cristo, y se contiene en las últimas palabras suyas antes de subir a los cielos. Estaban los once en el monte que Jesús les había indicado para la ocasión. "Y acercándose Jesús, les habló diciendo: 'Se me ha concedido todo poder en el cielo y en la tierra. Id, pues, y haced discípulos a todos los pueblos, bautizándolos en el nombre del Padre y del Hijo y del Espíritu Santo, y enseñándoles a guardar todo cuanto yo os he mandado. Y sabed que yo estoy con vosotros todos los días hasta el fin del mundo'" (Mt 28, 18-20).

La ocasión no puede ser más solemne. Antes de subir al cielo, Jesús está escudriñando el futuro íntegro de la humanidad sobre la tierra, y con su mandato final define la forma del dinamismo histórico de la Iglesia: una Iglesia evangelizadora, misionera, "apostólica" en este sentido particular, donde todos sus miembros están llamados a hacer otros tantos discípulos, es decir, están llamados a empeñarse en la salvación de las almas, a la manera y según el estilo que corresponda a su condición cultural, social, laboral, psicológica, idiosincrásica, etc. El Evangelio del reino de Dios debe ser anunciado e irradiado por todos los senderos posibles del tejido de la sociedad humana hasta el fin de los tiempos.

La primera misión procedía de Jesús en su ser natural, se dirigía a los doce apóstoles, y su alcance se limitaba a ciertos lugares del territorio de Israel. La gran misión es muy distinta: procede de Cristo resucitado, se dirige a los apóstoles allí presentes y a cuantos vendrían en el futuro, y se proyecta sobre el universo entero hasta la consumación de los tiempos. Y su contenido abarca los sacramentos y los medios de salvación, y la íntegra enseñanza del Señor hasta el último de sus mandamientos. Luego su relación con la Iglesia que vendrá de Pentecostés en adelante es fundacional y directa.

De hecho, los doce apóstoles no se guardaron para sí los tesoros del reino de Dios que habían recibido, sino que se repartieron por todo el mundo que los rodeaba, llegando a sellar su predicación con la propia sangre de su martirio. La figura de san Pablo, ese gigante de la evangelización, ese hombre ardiente que recorrió buena parte del imperio, fundando nuevas comunidades cristianas a costa de grandes penalidades, es un ejemplo perenne y grandioso de apóstol para todos los tiempos.

Antes de terminar el siglo segundo, Tertuliano podía escribir: "Nosotros somos de ayer (recién llegados) y lo llenamos todo: vuestras ciudades, islas, aldeas, municipios, consejos, milicias, tribus, decurias, el palacio, el Senado, el foro" (*Apologeticum*, 37). Eso significa que allí donde había un cristiano, fuera aldeano, magistrado, campesino, soldado, etc., no tardaba este en hacer discípulos de Cristo a otros tantos entre sus iguales. Y no se está exento de esta vocación apostólica por vivir en una época, cultura o medio difícil u hostil al Evangelio, porque ese medio nunca lo será tanto como el paganismo precristiano de los comienzos.

En el fondo, este afán de ganar almas para Cristo no es sino una forma privilegiada de participar de su propio corazón y sentimientos: "Fuego he venido a traer a la tierra, ¿y qué he de querer, sino que se encienda?" (Lc 12, 49). De allí las imágenes con que Jesús expresa la identidad y misión de los suyos: "Vosotros sois la sal de la tierra (...) Vosotros sois la luz del mundo" (Mt 5, 13-14). A fin de cuentas, la tarea misional de todo cristiano en su ambiente depende de su amor a Dios y al prójimo, así como la indiferencia por el estado moral y espiritual de quienes le rodean expresaría una deficiencia de esos dos amores supremos.

4. La roca de Pedro

Hay todavía en los Evangelios otro episodio fundacional de la Iglesia por parte de Cristo, que es doblemente importante, porque promete a la vez el primado de Pedro y la edificación de su Iglesia sobre ese fundamento. Se contiene en el famoso capítulo 16 de san Mateo. Está Jesús con sus discípulos en Cesarea de Filipo, y les pregunta (como en un sondeo de opinión) quién dicen las gentes que es él. Le contestan, en suma, que se lo considera un profeta. Entonces Jesús les pregunta quién dicen ellos mismos que es él. Se adelanta Simón y responde: "Tú eres el Mesías, el Hijo del Dios vivo" (Mt 16, 16).

Jesús, después de haberle señalado que tal respuesta no ha venido de las luces de Simón, sino que se la ha revelado el Padre de los cielos, agrega: "Y yo te digo que tú eres Pedro, y sobre esta piedra edificaré mi Iglesia, y las puertas del infierno no prevalecerán contra ella. Y yo te daré las llaves del reino de los cielos, y todo lo que ates sobre la tierra quedará atado en los cielos, y todo lo que desates sobre la tierra quedará desatado en los cielos" (Mt 16, 18-19).

Conviene detenerse sobre cada palabra de este texto, por lo demás lleno de hebraísmos que en nuestras lenguas no existen. En primer lugar, cuando Jesús oye el gran acto de fe de Simón, lo felicita con una solemnidad especial, como adelantando lo que seguirá: "Bienaventurado eres, Simón, hijo de Juan, porque no te ha revelado esto la carne ni la sangre..." (Mt 16, 17). Tanto la bienaventuranza como la filiación de Simón, inusuales en una conversación corriente, dan a entender la trascendencia de lo que seguirá.

Para entender lo que viene a continuación, debemos tener en cuenta tres cosas. Primera, que el nombre del apóstol es Simón a secas: nadie lo ha llamado nunca de otra manera. Segunda, que los cambios de nombre en el mundo bíblico, cuando vienen de Dios, significan para la persona una identidad nueva, una nueva misión, un oficio distinto (Abrán – Abraham: Gn 17, 5; Jacob – Israel: Gn 32, 29).

Y lo tercero: que el nombre conferido por Jesús a Simón no existió nunca antes como nombre de persona, sino de cosa: *Kepha* en arameo, luego en forma helenizada *Kephas*: roca (mejor que piedra), nombre del cual vendrá *Petros*, *Petrus*, Pedro). Este hecho lingüístico subraya aún más la radical originalidad que se contiene en el nuevo nombre de Simón.

Los Evangelios llamarán luego simplemente Pedro al apóstol (Mt 18, 21; Mc 11, 21; Lc 18, 28; Jn 6, 68). Es notable que un apelativo tan raro, Roca, terminara por imponerse del todo. Este nombre de cosa, que ahora lo es simplemente de persona, no puede tener sino un sentido, el mismo que le da Jesús: "y sobre esta roca edificaré mi Iglesia" (Mt 16, 18). La Iglesia de Cristo es la Iglesia fundada sobre la roca de Pedro; la Iglesia fundada sobre la roca de Pedro es la Iglesia fundada por Cristo.

Las "puertas del infierno" que no triunfarán sobre la Iglesia son los poderes del mal, también los poderes demoníacos que actúan contra Dios en el mundo, y que asaltarán una y otra vez las puertas de la Iglesia, pero que "no prevalecerán contra ella" (Mt 16, 19), por más que una y otra vez parezcan causarle un daño esencial. En su momento hablaremos de esta propiedad suya que se ha llamado "indefectible".

Las "llaves del reino" de los cielos (Mt 16, 19) son una imagen familiar en el mundo antiguo: significan el gobierno de una casa, ciudad o reino. En el Apocalipsis se nos presenta Cristo como teniendo en sus manos "las llaves de la muerte y del infierno" (1, 18), y detenta luego "la llave de David, el que abre y nadie cierra, el que cierra y nadie abre" (3, 7). Simón Pedro, representante del dueño de la casa, recibe de él la autoridad para permitir o prohibir la entrada en el reino mesiánico, y para decidir lo que dentro de él está permitido o prohibido.

Este poder se explica a continuación con otra imagen, la de atar o desatar en la tierra, de tal modo que aquello quede atado o desatado en el propio cielo (Mt 16, 19). Se recordará que este poder también es concedido más tarde a los doce apóstoles, se entiende que en comunión con su cabeza, Pedro. Atar y desatar, a semejanza del poder de las llaves, comprende el incluir o excluir de la comunidad, el obligar o permitir o prohibir algo, y suponemos que, de modo implícito, el enseñar, y también el perdonar o retener los pecados, cosa que quedará explícita después de la Resurrección del Señor (Jn 20, 23).

Ya en la "gran misión" Jesús incluye el bautismo y la facultad de enseñar; antes había otorgado el poder eucarístico y el de perdonar los pecados. Como se ve, en estos poderes está la base de la institución de la Jerarquía de la Iglesia, con sus tres poderes tradicionales: gobernar, enseñar y santificar, y también aquellas garantías que llamamos indefectibilidad e infalibilidad.

Ahora bien, según la letra de estos textos evangélicos, Jesús no explicita la duración de esos poderes, es decir, si ellos pertenecen solo a Pedro y los once mientras vivan, y dejarán de existir cuando ellos mueran, o si esas facultades y su correspondiente misión, en cambio, se transmitirán a sus sucesores venideros.

La Iglesia temprana y la posterior, los sucesores de Pedro y los apóstoles, y la Tradición apostólica ¿tuvieron alguna duda al respecto? Absolutamente ninguna. Ellos situaron estos poderes fundacionales en el contexto de la "gran misión" final: "Id y enseñad a todas las gentes…" (Mt 28, 19), a todas sin límite de espacio ni de tiempo; y también en el contexto de la promesa final: "Yo estaré con vosotros hasta el fin del mundo" (28, 20).

Las palabras de Cristo ponen, en efecto, los fundamentos esenciales de la Iglesia misma, no de unos privilegios personales de corta duración: ¿qué sentido tendrían esos poderes concedidos a unas pocas personas a título privado, durante unos pocos años, los que les quedaran de sobrevida, después de los cuales los discípulos tendrían que actuar sin poderes de lo alto, batiéndoselas con enormes dificultades, y haciendo por cuenta propia lo que buenamente pudieran?

Solo la sucesión y permanencia de esos poderes fundacionales podía asegurar a la Iglesia de Cristo y de los apóstoles su continuidad histórica, frente a la ley de la caducidad temporal, a la que están sometidas todas las comunidades humanas. Ese y no otro es el sentido de todas las imágenes empleadas por Cristo para expresar la misión de los apóstoles, con Pedro a la cabeza, de cara a los tiempos venideros. La Iglesia fue fundada para el tiempo que transcurre desde Pentecostés hasta la segunda venida del Señor: hasta el fin del mundo.

La Iglesia primitiva fue consciente del protagonismo único e irrepetible de los doce apóstoles presididos por Simón Pedro. Pero no fue menos consciente de que la misión y los poderes entregados a ellos debían transmitirse a quienes los sucedieran, es decir, al ministerio de los obispos y al primado petrino. Y de hecho, esa fue la praxis de los apóstoles en Jerusalén, en Antioquía y en Roma. De manera muy singular, después de residir y morir Pedro en Roma, su primado pasó a los sucesivos obispos de la capital del imperio.

5. Una Iglesia cambiante y permanente

La Iglesia está compuesta por hombres, vive entre los hombres y es para los hombres. Luego por fuerza está sujeta a lo cambiante de la vida y la cultura humana. La Iglesia de los doce apóstoles (y de las persecuciones y del martirio) no es igual a la Iglesia del imperio después del edicto de Milán y de la libertad religiosa. Tras la caída del imperio, la conversión e incorporación de germanos y eslavos volvió a cambiarle el rostro. En el esplendor medieval del siglo XIII presenta formas nuevas, que a su vez cambiarán con los inicios de la modernidad, con la Ilustración, con las grandes revoluciones y las dos guerras mundiales, etc., etc.

Y si el futuro de la humanidad estuviera un día en la colonización de los planetas, por decirlo con un toque de fantasía, allí encontraríamos a la Iglesia con un aspecto poco reconocible para nosotros en el día de hoy. Pero todas estas formas históricas suyas son fieles al núcleo invariante de la constitución que Cristo le dio y que los apóstoles recibieron de él.

La permanencia que Jesús prometió a su Iglesia (Mt 28, 20; Lc 22, 32) le asegura su estabilidad hasta el fin de los tiempos: ella no será destruida por fuerzas exteriores, ella no mutará desde dentro en su ser esencial, ella no será sustituida desde lo alto por una nueva "economía de la salvación". Se cuenta que, en una hora crítica del siglo XVIII, Voltaire anunció que veinte años más tarde la Iglesia desaparecería, y no es el único que ha hecho profecías de esa especie, todas igualmente frustradas.

La Iglesia conservará su identidad fundacional a lo largo de la historia, pero no lo hará a la manera de un monumento inerte, sino como corresponde a un ser vivo, siempre en desarrollo continuo y en adaptación al medio. Obviamente esta comparación con un organismo es imperfecta, porque no da idea de la libertad de un acontecer histórico sustentado por la gracia divina, pero sí de su carácter orgánico.

Aún estando sujeta a todas las miserias y errores humanos, la fuerza de cohesión interna de la Iglesia a lo largo de dos milenios es asombrosa, como también lo es su poder de regeneración espiritual después de las peores crisis. Todas las instituciones sociales a las que ha estado ligada han dejado de existir; ella las ha sobrevivido.

Ella subsistió tras la caída del imperio romano y su invasión por los pueblos bárbaros, que pareció una catástrofe para su integridad; ella atravesó los tiempos del régimen feudal, incluido su propio "siglo de hierro" del pontificado; dejó atrás las crisis de la naciente modernidad, sobre todo la crisis de su propia mundanización; soportó la escisión de la reforma protestante; sobrevivió la prueba de la Ilustración; revoluciones y totalitarismos de variado signo pasaron de largo en la historia sin alterar el núcleo de su identidad.

Con dificultad podríamos encontrar una explicación de orden natural a esta permanencia y a esta "invicta estabilidad", como a veces se la ha llamado. Cuando hablamos de su identidad a través de tantos cambios históricos, no nos referimos a todo cuanto en ella puede y debe cambiar, sino a sus elementos constitutivos, que forman parte de su esencia y que no pueden alterarse. En substancia, ellos son tres: la fe de los apóstoles, los medios de salvación y la autoridad jerárquica. Y bien podemos decir que ella ha permanecido la misma en su doctrina, sus sacramentos y su Jerarquía.

Partiendo por la fe de los tiempos apostólicos, la Iglesia exhibe un cuerpo de doctrina en continuo desarrollo sin alteración del llamado "depósito de la fe". Las que parecen doctrinas nuevas no son sino "éxplicits", explicitaciones de aquello que, en la revelación divina, existió en forma implícita o germinal. En su momento subrayamos ya el carácter viviente y no inerte de la Tradición.

Tal vez quien mejor formuló este carácter en el siglo XIX fue el card. Newman, quien, como ya dijimos, antes de su conversión al catolicismo creía detectar en él "añadiduras romanas" al Credo primitivo, pero el largo estudio de la patrística le hizo comprender que ninguna doctrina (trinitaria, cristológica, mariana o la que fuera) se presenta completa desde el principio, y que el paso de lo germinal a lo explícito es la vida misma de la Tradición (*Ensayo sobre el desarrollo de la doctrina cristiana*).

En cuanto a los medios de salvación, los sacramentos, sabemos que sus formas y ritos han cambiado y se han enriquecido de siglo en siglo, pero su forma esencial ha permanecido la misma. Muy ilustrativo del caso es el relato que hace san Justino de la Eucaristía tal como se celebraba a mediados del siglo II: allí reconocemos todos los elementos esenciales de la misa actual. A su vez, la estructura básica de la autoridad de la Iglesia es siempre la misma de los tiempos apostólicos: el colegio de los obispos presididos por el obispo de Roma.

Se entiende que esta maravillosa estabilidad suya se apoya en la infalibilidad de su Magisterio, que no puede errar cuando proclama por un acto definitivo la doctrina en cuestiones de fe y moral (CEC, 889-892).

Karl Adam explica en forma gráfica cómo la Iglesia conserva su identidad esencial de manera no mecánica, sino orgánica y libre. Nos recuerda que el catolicismo ha asimilado elementos de todas las épocas y culturas con las que ha convivido: judía, helénica, latina, germánica… y así hasta hoy. Y sugiere que dentro de algunos siglos (o milenios), en su dogma, liturgia, moral y derecho se mostrará incomparablemente más rico, frondoso y variado que hoy. Y que un historiador de las religiones de ese futuro lejano tal vez descubra en él, sin mayor esfuerzo, formas y estructuras de origen indio, chino, japonés… (*La esencia del catolicismo*, Introd.).

Obviamente se trata de una fantasía futurológica, pero de sustento muy real, encaminada a mostrar que la Iglesia está viva en su ser histórico: con el soplo vital fundacional, Cristo le dio todas las aptitudes germinales para asimilar cuanto elemento pudiera adaptarla y enriquecerla a lo largo de los siglos, sin perjuicio de seguir siendo ella misma en su identidad original. Así, cuanto más fuerte es esa identidad primera, más capacidad posee de cambiar, de nutrirse y crecer, y en suma de enriquecerse.

6. Una, santa, católica y apostólica

A veces se llaman atributos, a veces notas o propiedades de la Iglesia. Suelen enumerarse estas cuatro (LG, 8), inseparables entre sí (CEC, 812). Ellas expresan, por una parte, la manera como la Iglesia se entiende a sí misma, o su autocomprensión a la luz de la fe, pero al mismo tiempo sus manifestaciones históricas hablan a la razón, como señales por las que puede ser reconocida (CEC, 812).

La unidad y unicidad de la Iglesia se debe en primer lugar a su único fundador, Jesucristo, y a su alma o principio unificador, el Espíritu Santo. "Que todos sean uno, como Tú, Padre, en mí, y yo en ti, que también ellos sean uno en nosotros" (Jn 17, 31), reza Jesús en su oración sacerdotal. "Un solo cuerpo y un solo espíritu", dice san Pablo (Ef 4, 4). Y los Hechos de los apóstoles atestiguan: "La multitud de los creyentes tenía un solo corazón y una sola alma" (84, 32).

Esta unidad excluye que la Iglesia sea una multitud de comunidades varias fundadas por Cristo, así como también una especie de federación de múltiples iglesias "católicas", por ejemplo, nacionales o locales. En cambio, no excluye en absoluto la inmensa variedad de grupos, familias, instituciones que la integran, dotadas de sus objetivos y carismas propios, que más bien son parte de su riqueza, porque esta unidad no es nunca uniformidad. "Hay diversidad de dones, pero el Espíritu es el mismo; hay diversidad de ministerios, pero el Señor es el mismo; y hay diversidad de operaciones, pero es el mismo Dios el que obra todas las cosas en todos" (1 Cor 12, 4-6).

Algo muy distinto ocurre con esa división que tempranamente produjeron en la Iglesia ciertas escisiones, reprobadas ya por san Pablo (1 Cor 3, 4-5) y por san Juan (1 Jn 2, 18-19), y con aquellos otros desgarros de siglos posteriores, cuando grandes comunidades "se separaron de la comunión plena con la Iglesia Católica y, a veces, no sin culpas de los hombres de ambas partes" (CEC, 817). Se trata sobre todo de esas rupturas que llamamos el cisma de Oriente y la reforma protestante.

La fe católica profesa que la Iglesia de Cristo y de los apóstoles "subsiste en" la Iglesia Católica (LG, 8), que es en ella donde se encuentran la verdad revelada íntegra y la plenitud de los medios de salvación (*Unitatis redintegratio*, 3 y CEC 816). Esta fe inalterable en su propio origen, naturaleza y verdad no puede sino resultar ingrata a otras confesiones cristianas, a las demás religiones y, por supuesto, a la mentalidad relativista de nuestros días; pero se trata de un principio católico básico e inalterable (Decl. *Dominus Iesus*, 16).

Es comprensible que este principio parezca un dogmatismo intransigente a quienes no entienden desde dentro la unicidad intrínseca de la Iglesia. Se cuenta que, en los primeros siglos, algunos paganos "pluralistas" de buena voluntad ofrecieron incluir a Cristo entre los dioses del panteón imperial, por el bien de la paz, y que la rotunda negativa de los cristianos les produjo gran extrañeza. Intentos menos pintorescos que ese se han hecho en nuestro tiempo, sobre todo en el orden de la doctrina moral esencial; pero lo único que cabe a la Iglesia es explicar, con mucha humildad, lo que ella puede y lo que no puede hacer consigo misma, sin alterar su identidad fundacional.

Volvamos a las dos grandes y dolorosas escisiones: a todos aquellos que, separados del tronco romano, se incorporan a Cristo por el bautismo y se honran con el nombre de cristianos, la Iglesia "los abraza con respeto y amor fraterno" (CEC, 818), y reconoce "los elementos de santificación y de verdad" (LG, 8) que existan entre ellos. San Juan XXIII lo expresó alguna vez con la metáfora de una veta o filón aurífero: junto a él, y en distintos grados, la roca circundante también contiene elementos de oro.

Pero estas separaciones son siempre penosas, porque no dejan de desgarrar la túnica inconsútil del Salvador (Jn 19, 23). Ellas no responden a la voluntad de Cristo. De allí que el Espíritu Santo inspire hoy tantos esfuerzos ecuménicos en la Iglesia para alcanzar la plena unidad, y esto "con la oración, la palabra y la acción" (UR, 4): mediante la conversión del corazón, la plegaria común, el mejor conocimiento recíproco y los diálogos entre los cristianos de distintas comunidades (CEC, 821).

7. La Iglesia es santa

Segunda nota: la Iglesia es santa. Santo es lo que pertenece a Dios, lo divino en el hombre; la santidad es la plenitud ético-religiosa de la existencia humana.

La Iglesia se llama santa, en primer lugar, porque Cristo su fundador y su cabeza es santo por encima de toda ponderación. "Cristo amó a su Iglesia y se entregó a sí mismo por ella, purificándola en virtud del agua y la palabra, para presentarla resplandeciente ante sí mismo, sin mancha ni arruga o cosa parecida, sino para que sea santa e inmaculada" (Ef 5, 25-27). La santificación de la vida es el fin mismo de la Iglesia, que para conseguirlo dispone de la "total plenitud de los medios de salvación" (UR, 3).

En el Nuevo Testamento se llama con frecuencia santos a los fieles todos (Hch 9, 13; 1 Cor 6, 1). Y de hecho los fieles son santos en cuanto que todos, por vocación bautismal, están llamados a la santidad: no a un cierto grado de bondad o de virtud, sino a ser santos sin más. Hoy tenemos conciencia más clara de esta vocación universal, por mucho que haya sufrido ella en ciertas épocas recientes un relativo eclipse.

De hecho, nunca han faltado a la Iglesia innumerables hombres y mujeres santos, mucho más allá del reducido círculo de los canonizados. Incluso en las épocas más oscuras de su historia, y a veces precisamente en ellas, el Espíritu Santo ha multiplicado a esos fieles que llegaron a vivir todas las virtudes en su grado heroico, según la expresión habitual. ¿Quién pudiera decir la santidad de esas legiones de hombres y mujeres de toda especie, condición y estado, época y nación, sobre los cuales ha irradiado con brillos multicolores la santidad del propio Cristo mientras, en la tierra, se encaminaban a la visión beatífica del cielo?

Ahora bien, la Iglesia militante de la tierra está compuesta por hombres, que es tanto como decir: pecadores. "Si decimos que no tenemos pecado nos engañamos, y la verdad no está en nosotros" (1 Jn 1, 8). Hemos heredado el pecado de Adán, y si bien el bautismo nos regenera en Cristo, no suprime sus consiguientes lastres y desequilibrios. Por lo demás Jesús mismo, en la parábola del trigo y la cizaña, nos certifica que en el reino de Dios el bien y el mal están inextricablemente enlazados, y crecen misteriosamente juntos (Mt 13,24-30).

Sin embargo, dentro de la Iglesia el mal (el pecado de sus fieles) es una mancha singularmente penosa, y sobre todo lo son aquellos pecados que producen escándalo. Dice Jesús: "Es imposible que no vengan escándalos, pero ¡ay de aquel por quien vienen!" (Lc 17, 1). De todas las dualidades que presenta la Iglesia: divina y humana, visible e invisible, etc., esta es quizá la más llamativa: Iglesia santa, fieles pecadores. Pero no hace falta exagerarla: ¿acaso alguien esperaba que ella estuviera compuesta solo por santos, héroes, inocentes, dechados de virtud?

En definitiva, los cristianos no nos escandalizamos de los pecados propios o ajenos, como tampoco hacemos escándalo de las tres negaciones de Pedro, o de la huída de los apóstoles en el huerto, o de los muchos obispos herejes (arrianos) del siglo IV, o de la existencia de Papas indignos en el siglo X y en el XV y el XVI. Con un toque de ironía, Jacques Maritain titulaba así alguno de sus ensayos: *La Iglesia y su personal terreno*.

Y quien se escandaliza de este "personal", sea quien sea, debe comprender que la Iglesia vive dentro de las condiciones existenciales de la tierra, no del limbo. Y él también debe mirar hacia el interior de su propia conciencia, y no olvidar que es también un hombre pecador. Y si fuera un santo, sufriría por la Iglesia y haría penitencia y desagravio, pero sin escándalo. A fin de cuentas, los pecados de los hombres, fieles o no, hacen resplandecer todavía más, por contraste, la santidad que Cristo irradia sobre la Iglesia entera, y a veces incluso a través de sus deficiencias humanas.

Se cuenta, en este sentido, un pequeño relato acerca de un judío del siglo XVI, que se instruía sobre la Iglesia con el propósito de convertirse. Como debiera viajar por motivos profesionales a Roma, donde cierto Papa y su corte daban escándalo público, comunicó su viaje al sacerdote que lo preparaba, quien dio por perdida esa conversión, a la vista de lo que su alumno presenciaría. Este fue y volvió, y para sorpresa de su maestro, llegó más dispuesto que nunca a hacerse católico, por la siguiente razón: había pensado que una Iglesia cuya cabeza residía en tales sujetos, solo por ser divina podía haber durado tantos siglos sin derrumbarse.

Entre otros aspectos positivos del mal en la Iglesia, hay uno bien visible que el Papa Francisco ha expresado así: "Una Iglesia con llagas es capaz de comprender las llagas del mundo de hoy y hacerlas suyas, sufrirlas, acompañarlas y buscar sanarlas" (17-I-2018).

Pero aún delante de los peores pecados de sus miembros, la fe hace siempre posible elevar ese cántico a la santidad de la Iglesia, que debemos a Gertrud von le Fort, quien primero la presenta como la Esposa del Cantar de los cantares, para después proyectarla hacia la eternidad: "Yo tengo todavía en mi brazo flores silvestres, / y tengo en mis cabellos el rocío / de los valles terrenos al amanecer / (…) / Porque yo soy la madre de todos los hijos / de esta tierra. ¿Por qué me enrostras, mundo, / el ser tan grande como mi Padre celestial? / Mira, pueblos hace tiempo desaparecidos están en mí de rodillas, / y desde mi alma brillan hacia lo eterno muchos paganos / (…) / Sobre mí peregrinan los milenios hacia Dios" (*Himnos a la Iglesia*).

Y todavía, entre esas demostraciones vivas de la santidad de la Iglesia que son los santos canonizados por ella, con ser tan numerosos, ellos son proporcionalmente un número ínfimo en relación a tantísimas personas santas, que incluso mueren con fama de santidad, pero que no alcanzan este proceso por razones prácticas. Pues un proceso da canonización es largo y complejo: investiga hasta el último detalle de la vida de un siervo o sierva de Dios, porque debe llegar a la seguridad plena de que practicó todas las virtudes en un grado que se llama heroico. Y luego debe aprobarse un par de milagros obtenidos por su intercesión, también examinados hasta excluir toda duda posible sobre su carácter sobrenatural.

¿Por qué se emprenden estos procesos? Porque nos conviene tener en los altares a estas personas en quienes brilla manifiestamente la santidad de Cristo. A ellos les rendimos un culto de veneración, que redunda directamente en el culto de adoración a Cristo mismo. Por una parte, ellos nos ayudan como intercesores nuestros ante el poder de Dios. Por otra parte, los necesitamos como ejemplos vivos de vida cristiana plena, pues la figura singular de cada uno de ellos puede resultar, como estímulo en nuestro camino de santificación, más elocuente y eficaz que muchos libros sobre las virtudes en general, debido a su carácter personal concreto, que nos habla directamente a los ojos.

8. Católica y apostólica

Tercera nota de la Iglesia: es católica, es decir, universal. Lo es porque el mandato fundacional de Cristo la dirige "a todas las gentes" y "hasta el fin del mundo" (Mt 28, 19-20). Como hemos subrayado ya, ella no está ligada a nación, raza o cultura alguna en particular: ella tiene la misión y la capacidad de llegar a todos los pueblos y a todas las épocas, y esto no como un mero deseo utópico, sino como un poder de expansión y como una energía misionera intrínseca.

No se trata simplemente de magnitud numérica, que puede ser muy variable en la historia. Universal era ya esa Iglesia naciente dentro del cenáculo de Jerusalén, que no superaba el centenar y tanto de fieles (Hch 1, 15). Pero esto tampoco significa que el número le sea indiferente, pues su natural fuerza interior la proyecta hacia multitudes siempre mayores. Otro tanto ocurre en la dimensión temporal: ella no ha tenido ni tendrá "su tiempo", "su época", porque su proyecto fundacional las abarca todas.

La predicación de Jesús se limitó a Israel, el pueblo escogido: el pueblo de la adopción, de la Escritura, de las promesas y de los padres. Pero su palabra trasciende enteramente ese límite. "Yo os digo que del

Oriente y del Occidente vendrán y se sentarán a la mesa con Abraham, Isaac y Jacob en el reino" (Mt 8, 11). Y a la vista de la infidelidad de su pueblo: "Os será quitado el reino de Dios y será dado a un pueblo que rinda sus frutos" (Mt 21, 43). ¿Qué pueblo será este? Serán todos los pueblos que integrarán la Iglesia. Así ordena él a sus apóstoles, a punto de subir a los cielos: "Seréis mis testigos en Jerusalén, en toda la Judea y Samaría, y hasta los confines de la tierra" (Hch 1, 8).

Esto no significa en modo alguno que se anulen las promesas de la antigua Alianza a Israel, "pues los dones y la vocación de Dios son irrevocables" (Rom 11, 29), sino que esas promesas se cumplirán de otra manera, "católica" o universal, pues ya no hay diferencia entre judíos y gentiles (Rom 3, 22); los paganos son como injertados en el antiguo pueblo de Dios (Rom 11, 17-18).

La primera gran batalla de la catolicidad de la Iglesia naciente fue no ya solo el ingreso de los paganos en ella, sino su consiguiente emancipación de la ley mosaica. San Pedro inició este proceso (Hch 10, 1-33), pero fue san Pablo, el apóstol de los gentiles, quien debió luchar heroicamente contra los "judaizantes": esos judíos convertidos al cristianismo, que exigían a los convertidos del paganismo practicar los innumerables preceptos de esa ley, no ya los diez mandamientos que son perennes, sino todas las observancias judías sobre la circuncisión, los alimentos puros o impuros, el sábado, las festividades, etc.

El combate de san Pablo está contado y argumentado en amplios capítulos de los Hechos (15) y de sus Cartas (sobre todo Rom 3 a 7 y Gal 2 a 5). Se trataba de saber si la salvación viene de la práctica de esas observancias, o de la fe en Cristo crucificado, como ardientemente predica el apóstol a los fieles procedentes tanto del judaísmo como del helenismo. Debía evitarse a toda costa que el cristianismo fuera reducido a una secta interior al judaísmo, para que así la Iglesia se abriera a todos los pueblos, y lo hiciera sin más ley que la del Evangelio.

¿Qué significa la sentencia tradicional que reza así: no hay salvación fuera de la Iglesia? Significa, en primer lugar, que todo el que se salva lo hace por Cristo y en la Iglesia, incluso si nada sabe del

Salvador del mundo. Predicando a Cristo crucificado y resucitado, dice san Pedro: "En ningún otro hay salvación, pues ningún otro nombre hay bajo el cielo dado a los hombres por el que podamos salvarnos" (Hch 4, 12).

Desde que Dios envió a su Hijo al mundo para salvarnos, desde que Cristo derramó su sangre en la cruz para redimirnos, y desde que la Iglesia brotó de su costado abierto, no hay salvación para los hombres sino por ese medio: no hay caminos salvíficos paralelos o complementarios establecidos por Dios. Los caminos trazados por Jesús, "aún siendo limitados en cuanto realidades humanas (...), llevan en sí el carácter definitivo y pleno de las vías salvíficas de Dios" (DI, 6).

"Por eso no podrían salvarse los que, sabiendo que Dios fundó por medio de Jesucristo la Iglesia Católica como necesaria para la salvación, no hubiesen querido entrar o perseverar en ella" (CEC, 846). El que pudiendo creer y vivir según esa fe se niegue a hacerlo, ¿cómo podrá salvarse? Viene a cuento aquí la sentencia de san Agustín: "Dios, que te creó sin ti, no te salvará sin ti". Pero la afirmación del Catecismo "no se refiere a los que, sin culpa suya, no conocen a Cristo y a su Iglesia" (847).

Dos verdades complementarias se conjugan, pues, en esta materia. Por una parte, salvarse o condenarse es algo que no puede ser ajeno a la libertad humana. No es concebible la perdición de quien no tuvo posibilidad de conocer el camino de salvación en Cristo y en la Iglesia. Lo único que puede salvar o perder a un alma es su decisión por Cristo o contra Cristo. Cuando no existió esta disyuntiva, la salvación dependerá de la conducta ético-religiosa de la persona, de su sincera búsqueda de Dios, de la fidelidad a su conciencia recta, que moverá a la misericordia divina a salvarle por esos caminos que solo Él conoce (CEC, 848).

Por otra parte, no se puede hacer vana o superflua la cruz de Cristo como fuente de salvación, como si al margen de ella se pudiera alcanzar la visión de Dios y la resurrección gloriosa. Pues en ese caso ¿qué sentido tendrían la historia de la salvación, la Encarnación del

Hijo y su Pasión y Resurrección, y la fundación de su Iglesia? Por eso decimos que quien se salva, por caminos conocidos o desconocidos para nosotros, lo consigue objetivamente solo en virtud de la sangre de Cristo y de la Iglesia por él fundada, y no por ningún otro poder salvífico del cielo o de la tierra.

Por último, decimos que la Iglesia una, santa y católica es apostólica, es decir, es la que proviene de los doce apóstoles, y está "edificada sobre el fundamento de los apóstoles" (Ef 2, 20). Tiene en ellos su origen y transmite de siglo en siglo la misma verdad revelada que ellos profesaron. Todos los obispos de la Iglesia, unidos a su cabeza el obispo de Roma, han sido ordenados válidamente por otros obispos, que a su vez lo fueron por otros que… y así hasta llegar a los doce apóstoles. La sucesión que llamamos apostólica se remonta a ellos, tanto por los lazos sacramentales como por la continuidad de su Magisterio, como ya hemos indicado en capítulos anteriores.

9. La Jerarquía

El pueblo de Dios se compone de Jerarquía y laicos, en armónica unidad. Como en toda sociedad humana, los súbditos no son la razón de ser de la autoridad, sino que esta existe por ellos y para ellos: "los ministros que poseen la sagrada potestad están al servicio de sus hermanos" (LG, 18); "su eminente función consiste en apacentar a los fieles y reconocer sus servicios y carismas" (30). Los simples fieles vienen a ser, en cierto modo, el fin mismo de los ministerios jerárquicos.

A su vez, los laicos no serían en absoluto el santo pueblo de Dios sin el ministerio papal, el episcopal y el sacerdotal. Ministros y laicos, por lo demás, son todos "fieles". "Son fieles cristianos quienes, incorporados a Cristo por el bautismo (…), cada uno según su propia condición, son llamados a desempeñar la misión que Dios encomendó cumplir a la Iglesia en el mundo" (CEC, 871).

"Por su regeneración en Cristo, se da entre todos los fieles una verdadera igualdad en cuanto a la dignidad y acción, en virtud de la cual todos, según su propia condición y oficio, cooperan a la edificación del Cuerpo de Cristo" (872). Así como la Iglesia no debe pensarse de abajo hacia arriba, "democráticamente" por decirlo así, tampoco debe pensarse de arriba hacia abajo, para evitar toda sombra de clericalismo.

Los ministros sagrados reciben de Cristo la misión y el poder de actuar, según la fórmula clásica, *in persona Christi Capitis*, en y por la persona misma de Cristo Cabeza. Y lo hacen en la forma colegial que por institución divina les es propia. A su vez, quien hace cabeza en este colegio es el primado de Roma, como ya indicamos. Al borde de su Pasión y muerte, Jesús sabe que la fe de los apóstoles será duramente probada; por eso dice a Simón Pedro: "Mira que Satanás os busca para cribaros como el trigo. Pero yo he pedido por ti, para que tu fe no desfallezca. Y tú, una vez convertido, confirma a tus hermanos" (Lc 22, 31-32).

Estas palabras de Jesús no fundan el primado de Pedro, pero lo preparan para una misión singular, de carácter magisterial. Sí fundan ese primado, en cambio, las palabras de Cristo resucitado después de la segunda pesca milagrosa, cuando pregunta a Simón con un vocativo de solemnidad especial: "Simón, hijo de Juan, ¿me amas más que estos?" A su respuesta afirmativa sigue el mandato del Señor: "Apacienta mis corderos" (Jn 21, 15). La pregunta se repite dos veces más, y en seguida el mandato final: "Apacienta mis ovejas" (21, 17).

Solemos referir la triple repetición a las tres negaciones de Pedro. Como sea, Jesús, el Buen Pastor por excelencia, antes de subir al cielo transmite a Pedro el mandato ya anunciado antes (Mt 16, 18-19) como Roca y fundamento de la Iglesia. Es ahora cuando lo instituye formalmante vicario suyo en la tierra, haciendo uso de esta imagen que viene de lejos en el Antiguo Testamento: el pastor y su rebaño. Quien había dicho "Yo soy el buen pastor" (Jn 10, 11) confiere ahora a Pedro la plenitud del oficio pastoral, como pastor de todos sus fieles.

Leemos en la Constitución conciliar sobre la Iglesia: "El Romano Pontífice tiene sobre la Iglesia, en virtud de su cargo, es decir, como Vicario de Cristo y Pastor de toda la Iglesia, la potestad plena, suprema y universal" (LG, 22). Y en seguida: "El Romano Pontífice, como sucesor de Pedro, es el principio y fundamento perpetuo y visible de la unidad tanto de los obispos como de la multitud de los fieles" (23).

Ha habido y habrá Papas muy distintos, no ya solo por la época y el contexto histórico en que han vivido, sino también por su personalidad, temperamento, nacionalidad, estilo pastoral, etc. Pero siempre ha sido un rasgo moral y espiritual de los buenos hijos de Dios en su Iglesia, ministros y laicos, amar al Vice-Cristo más allá de todo distingo, sea quien sea, orar por él y por sus intenciones, obedecerle con delicadeza extrema, difundir su magisterio, y en suma, profesarle un afecto profundamente filial, como el Padre común de todos los fieles. Santa Catalina de Siena, que tan envuelta se vio en los graves conflictos papales de su época, llamaba al Romano Pontífice "el dulce Cristo en la tierra". ¿Se lo puede llamar mejor?

Recordemos todavía que el poder de atar y desatar fue conferido primero a Simón Pedro (Mt 16, 19), pero luego también a los doce apóstoles (Mt 18, 18). El colegio de los doce "pertenece a los cimientos de la Iglesia, y se continúa por los obispos bajo el primado del Papa" (CEC, 881). En un principio gobernaron la Iglesia naciente los doce, pero muy pronto el mismo crecimiento del pueblo cristiano hizo necesario que nombraran a quienes hicieran cabeza en las nuevas comunidades.

Estos son llamados al comienzo obispos y presbíteros, en forma no diferenciada. "A los presbíteros de la Iglesia de Éfeso" (Hch 20, 17) se dirige así san Pablo en su despedida: "Cuidad de vosotros y de todo el rebaño, en medio del cual el Espíritu Santo os ha puesto como obispos para apacentar la Iglesia de Dios" (20, 28). Obispo significa originalmente protector, cuidador, defensor; presbítero significa anciano, venerable. En forma progresiva se fueron diferenciando ambos ministerios, a los cuales ya antes se sumaba el de diácono, o servidor, ayudante de los obispos-presbíteros en diversos servicios pastorales (Hch 6, 1-6).

Es natural que esos tres ministerios estuvieran sujetos a una ley de maduración gradual, que asignó a los obispos, como sucesores de los apóstoles, esta misión específica: "Los obispos son, individualmente, el principio y fundamento visible de unidad en sus respectivas Iglesias particulares, formadas a imagen de la Iglesia universal" (LG, 23), al mismo tiempo que, como colegio, velan por el bien de la Iglesia entera.

Ya tempranamente, los obispos ("obispos monárquicos") ejercieron sus funciones con la colaboración de los presbíteros o sacerdotes, de quienes hablaremos al tratar de la Eucaristía y del Orden sacerdotal como sacramentos. Estos ministros de la Jerarquía "son pastores como maestros de doctrina, sacerdotes del culto sagrado, y ministros de gobierno" (LG, 20). Sus oficios son estos tres: enseñar, santificar y gobernar.

El oficio de enseñar o Magisterio se describe tempranamente así en los Hechos: los apóstoles "no cesaban de enseñar todos los días, en el templo y en las casas, anunciando a Cristo Jesús" (5, 42). El oficio de santificar asegura a los fieles el acceso a la gracia a través de los sacramentos, y sobre todo de la Eucaristía, pero más ampliamente desde el bautismo hasta la unción de los enfermos, por decirlo así. En cuanto al gobierno, "los obispos, como vicarios y legados de Cristo, gobiernan las Iglesias particulares que les han sido confiadas" (LG, 27), es decir, las que solemos llamar diócesis o patriarcados.

10. Los laicos

Se llaman laicos en la Iglesia aquellos fieles que viven en medio del mundo y de las realidades terrenas: trabajo y familia, cultura y política, vida social y ciudadana; y que por su vocación bautismal a la santidad y al apostolado, tienen la misión propia de vivificar esas realidades con el espíritu de Cristo, y de acercar a Cristo a quienes viven también en medio de ellas.

En aquellos períodos en que la realidad maravillosa de esa vocación bautismal se opacaba, la función de los laicos tendió a ser más pasiva: misa dominical, cumplimiento básico del decálogo, alguna obra de caridad, y poco más, mientras que los caminos de santidad parecían reservados a las personas consagradas. Pero hoy, felizmente, esa realidad tan viva en los primeros cristianos conoce un nuevo despertar. La enseñanza conciliar del Vaticano II es categórica: "Todos los fieles cristianos, de cualquier condición y estado (…), son llamados por el Señor, cada uno por su camino, a la perfección de aquella santidad con la que es perfecto el mismo Padre" (LG, 11).

Es digna de recordarse la famosa sentencia de León Bloy: "Hay una sola gran tristeza en este mundo: no ser santo". La raíz de la llamada universal a la santidad se encuentra en el propio bautismo y en el sacerdocio común de todos los fieles: "sois linaje escogido, sacerdocio real, nación santa" (2 Pe, 9). Los laicos buscan la santidad y realizan su apostolado "en el siglo", con plena secularidad, es decir, "en todos los deberes y ocupaciones del mundo y en las condiciones ordinarias de la vida familiar y social" (LG, 31).

"Dios os llama a servirle en y desde las tareas civiles, materiales, seculares de la vida humana: en un laboratorio, en el quirófano de un hospital, en el cuartel, en la cátedra universitaria, en la fábrica, en el taller, en el campo, en el hogar de familia y en todo el inmenso panorama del trabajo, Dios nos espera cada día. Sabedlo bien: hay un algo santo, divino, escondido en las situaciones más comunes, que toca a cada uno de vosotros descubrir" (San Josemaría, *Amar al mundo apasionadamente*, 114). "Para un cristiano no es posible pensar en la propia misión en la tierra sin concebirla como un camino de santidad" (Francisco, Exhort. apost. *Gaudete et exultate*, 19).

"A los laicos corresponde, por propia vocación, tratar de alcanzar el reino de Dios gestionando los asuntos temporales y ordenándolos según Dios" (LG, 31). Todo el mundo del trabajo y la cultura, de las realidades sociales, políticas y económicas, debe ser configurado por el espíritu cristiano a través de la acción de los laicos. Pío XII anota que "los fieles laicos se encuentran en la línea más avanzada de la Iglesia; por ellos la Iglesia es el principio vital de la sociedad" (22-II-1946).

Dos presupuestos importantes están en la base de esta misión de los laicos en la Iglesia y en el mundo. Para que sean capaces de cumplirla, lo primero es una profunda vida interior de oración y sacrificio, de piedad y penitencia, de sacramentos, de virtudes teologales y morales; en definitiva, de unión de amor con Cristo y de entrega al prójimo: vida cristiana integral. Sin ella, en vez de ser levadura (levadura del reino: Mt 13, 33) en la masa de la sociedad, quedarían en buena medida absorbidos dentro de esa masa.

"Las energías que han de renovar la faz de la tierra tienen que proceder del interior de las almas" (Pío XII, *Summi pontificatus*, 60). De allí que "la conversión personal es la primera exigencia" (Pablo VI, Enc. *Octogesima adveniens*, 47), y tiene prioridad causal sobre el cambio de las instituciones. El diseño de las mejores estructuras sociales no basta "si no hay una conversión de corazón y de mente por parte de quienes viven en esas estructuras y las rigen" (Pablo VI, Exhort. apost. *Evangelii nuntiandi*, 36).

Y el otro presupuesto: los fieles laicos actuarán, cada uno en su propia esfera, "con su competencia en los asuntos profanos" (LG, 36), cada uno con su propia competencia humana y profesional: la del obrero, la madre de familia, el profesor, el artista, el empresario, el técnico…

En ese orden de cosas, la ignorancia, la pereza o la improvisación harían infecunda la acción de un cristiano, si no se hiciera valer por su calidad laboral, por la madurez de sus criterios, por su preparación técnica, científica, sindical, política, la de cada uno en su medio.

Y entre uno y otro aspecto, vida sobrenatural y competencia secular, san Juan Pablo II urgía a los laicos a buscar una verdadera "unidad de vida" (Exhort. apost. *Christifideles laici*, 59): una sólida unidad entre su vida espiritual y su vida civil, entre su vida de oración y sacramentos y su vida laboral, familiar, social; pues toda disociación entre fe y vida pondría en peligro su eficacia apostólica en el orden temporal.

El apostolado es una parte esencial de la vocación bautismal de los laicos a la santidad. El mandato final de Jesús, "Id y haced discípulos a todos los pueblos" (Mt 28, 19) se dirige a todos los fieles, si bien el deber misional y apostólico de los laicos no es igual que la misión sacramental y evangelizadora de la Jerarquía de la Iglesia; pero, a su propia manera, no es menos intenso. "Los laicos, como miembros vivos (…), están llamados a contribuir con todas sus fuerzas al crecimiento de la Iglesia y a su continua santificación" (LG, 33).

Su iniciativa apostólica se dará normalmente al hilo de la vida diaria, "en diálogo sincero y paciente" (*Ad gentes*, 11) con amigos, parientes, colegas, etc., "en las diversas relaciones y ocupaciones de la vida humana" (11), tanto con quienes tienen poca o ninguna fe, como con quienes la tienen un tanto adormecida, para animarlos a tener más doctrina, más vida de sacramentos, más participación en la vida de la Iglesia.

El diálogo apostólico debe ir siempre precedido por la oración: "Rogad, pues, al dueño de la mies que envíe obreros a su mies" (Lc 10, 2). Esa oración, como siempre, debe unirse al espíritu de penitencia y al sacrificio que se ofrece por las almas. Y es esencial que vaya acompañado del buen ejemplo: "Brille así vuestra luz ante los hombres, para que viendo vuestras buenas obras alaben a vuestro Padre que está en los cielos" (Mt 5, 16).

A estos medios sobrenaturales se añade la palabra amable que ilustra, exhorta e interpela la libertad del prójimo para acercarlo a Dios. Pues "incumbe a todos los laicos la preclara empresa de colaborar para que el divino designio de salvación alcance más y más a todos los hombres de todos los tiempos en todas partes de la tierra" (LG, 33).

¡Quién podrá decir la maravilla de esa vida laical que, vivida santamente en la entraña del mundo y en pleno bullir de las vicisitudes y de los oficios seculares, renueva cada día la faz de la tierra con la fuerza del Espíritu Santo, por obra de esos cristos suyos de toda condición, raza y estado!

Finalmente, existe en la Iglesia el estado de vida consagrada propio de los institutos religiosos, que se comprometen de manera especial a practicar los consejos evangélicos: la pobreza, la castidad y la obediencia. "La historia da testimonio de los grandes méritos de las familias religiosas en la propagación de la fe y en la formación de las nuevas Iglesias: desde las antiguas instituciones monásticas y las órdenes medievales, hasta las congregaciones modernas" (san Juan Pablo II, Enc. *Redemptoris missio*, 69).

X

LA GRACIA Y LOS SACRAMENTOS

En latín y en todas las lenguas románicas, "gracia" significa un don gratuito, un regalo no debido ni merecido, una dádiva o presente sin más razón de ser que la generosidad o largueza de quien la otorga.

Cuando se habla de la gracia de Dios, esta se extiende a todo lo que somos y tenemos, pues no nos hemos dado a nosotros mismos la existencia ni la naturaleza humana, ni nuestras capacidades, ni el aire que respiramos. "¿Y qué tienes que no hayas recibido? Y si lo has recibido, ¿por qué te vanaglorías como si no lo hubieras recibido?" (1 Cor 4, 7). Estas palabras de san Pablo pueden hacerse extensivas a todo el orden natural, desde nuestro ser mismo en adelante, y están destinadas a moderar nuestras vanidades humanas.

1. La gracia de Dios

Pero cuando hablamos de la gracia divina a secas, nos referimos en sentido propio al orden sobrenatural, al cual hemos sido elevados por la Pasión, muerte y Resurrección de Cristo. "Todos los hombres han pecado y se han privado de la gloria de Dios. Y todos son justificados gratuitamente por su gracia, en virtud de la redención que está en Cristo Jesús" (Rom 3, 23-24).

La gracia sobrenatural nos da, pues, la capacidad de realizar esos actos que están por encima de nuestra naturaleza, actos deiformes o cristiformes, que nos hacen vivir vida divina: "Dios es quien obra en vosotros el querer y el obrar conforme a su beneplácito" (Flp 2, 13).

Tenemos necesidad absoluta de la gracia de Dios para agradarle y realizar actos salvíficos o sobrenaturales. "Habéis sido salvados por la gracia mediante la fe, y esto no por vosotros, sino que es don de Dios" (Ef 2, 8). Pero, al mismo tiempo, la gracia pide la respuesta o correspondencia libre de la creatura, pues no nos fuerza, ni tampoco está destinada a sustituir el esfuerzo o la parte nuestra en la vida sobrenatural.

Llamamos gracia santificante al "don gratuito que Dios nos hace de su vida infundida por el Espíritu Santo en nuestra alma para sanarla del pecado y santificarla"; es la gracia "divinizadora, recibida en el bautismo" (CEC, 1999). Por ella, dice san Pedro, "nos hacemos partícipes de la naturaleza divina" (2 1, 4), lo que nos parece, de tan grandioso, casi inconcebible: que podamos compartir la vida trinitaria, ser introducidos en esa vida infinita, recibir la plena amistad de Dios y la vida de la Trinidad en nuestras almas.

En virtud de esta gracia habitual o estado de gracia, somos capaces de vivir "en Cristo" (expresión que san Pablo utiliza un centenar y medio de veces en sus Cartas). El apóstol dice de sí mismo lo que todos deberíamos decir con verdad: "Vivo yo, pero ya no vivo yo, sino que es Cristo quien vive en mí" (Gal 2, 20). A su vez, por la gracia el Espíritu Santo toma posesión de nosotros: "Sois templos de Dios, y el Espíritu de Dios habita en vosotros" (1 Cor 3, 16). La gracia produce en nosotros este misterio de amor que llamamos la inhabitación de las tres Personas divinas en el alma, en el fondo y en el centro de nuestras almas.

Es la gracia divina la que obra en nosotros el perdón de nuestros pecados. "Donde abundó el pecado, sobreabundó la gracia" (Rom 5, 20). En seguida, por la gracia recibimos la adopción como hijos de Dios, el precioso don de la filiación divina: "les dio la capacidad de hacerse hijos de Dios" (Jn 1, 12); "nos predestinó a la adopción de hijos suyos por Jesucristo" (Ef 1, 5). Y por tanto, "si eres hijo, también eres heredero por voluntad de Dios" (Gal 4, 7).

Por la gracia no solo se nos encamina al cielo, sino que también se nos da un cierto anticipo de la vida eterna. Se entiende bien la sentencia tan sencilla como profunda de un autor espiritual: "Nada hay mejor en el mundo que estar en gracia de Dios" (San Josemaría, *Camino*, 286).

Hemos hablado hasta ahora de ese "estar en gracia", del estado de gracia santificante como un don habitual y permanente, que solo puede perderse por el pecado mortal. Pero existen también esas gracias que llamamos actuales, "intervenciones divinas que están en el origen de la conversión, o en el curso de la obra de la santificación" (CEC, 2000).

Esas gracias actuales están en íntima relación con las inspiraciones del Espíritu Santo, con sus toques, sus luces, sus mociones. Cuando se las corresponde, y el alma entra en este como juego de solicitudes divinas y respuestas humanas, el Espíritu multiplica esos estímulos; cuando el alma no es generosa y fina, puede que Él se retraiga. De allí la exhortación de san Pablo: "No contristéis al Espíritu Santo de Dios" (Ef 4, 30). "Hoy, si oyérais su voz, no queráis endurecer vuestros corazones" (Hb 3, 7). En todo caso, esas gracias forman parte integrante de la vida de oración del cristiano.

Hay fieles que se preguntan cómo saber si esas luces o mociones son gracias divinas o meras ocurrencias humanas. Pero, salvo el caso de alguna evidencia especial, no hay manera segura de distinguirlas, ni el hacerlo tiene tampoco mayor importancia, porque el Espíritu Santo actúa en forma discreta y silenciosa, valiéndose de los dinamismos naturales de nuestras facultades superiores, es decir, en forma "natural". Y si el contenido de esos pensamientos es bueno, se hará bien en secundarlos sin mayor curiosidad por su origen.

Por lo demás, tampoco el estado habitual de gracia santificante es objeto de nuestra experiencia directa: nadie puede tener certeza plena de encontrarse en estado de gracia. Pero si no hay conciencia clara de pecado grave, ni otra señal en contra, puede suponerse que se lo está sin mayor inquietud.

2. LA LITURGIA Y LOS SACRAMENTOS

Las fuentes primordiales de la gracia divina son los sacramentos de la Iglesia, cuya celebración es el centro de lo que llamamos liturgia. ¿Qué significa este término, que imprime un sello profundo a la existencia cristiana: sentido litúrgico de la vida, piedad litúrgica, oración litúrgica, tiempos y fiestas litúrgicas?

En la historia de las religiones se llama culto al homenaje de adoración que se tributa a Dios o a lo sagrado. En la Iglesia, la liturgia es el culto que el Cristo total, cabeza y miembros, rinde a la Majestad divina; culto por el cual se realiza la obra de nuestra redención en Cristo Jesús (SC, 33), mediante el sacrificio de la Eucaristía y los demás sacramentos. "La liturgia es la cumbre a la cual tiende toda la actividad de la Iglesia y, al mismo tiempo, la fuente de donde mana toda su fuerza" (10).

Cristo Sumo Sacerdote de la nueva Alianza, "sentado a la derecha del Padre, derrama el Espíritu Santo sobre su cuerpo que es la Iglesia (…) por medio de los sacramentos" (CEC, 1084), para prolongar así su obra salvífica en el mundo. Los siete sacramentos son "las obras maestras de Dios" (CEC, 1091): el Bautismo, la Confirmación, la Eucaristía, la Penitencia, la Unción de los enfermos, el Orden sacerdotal y el Matrimonio.

Todos ellos han sido instituidos por Cristo. Es esta institución la que los hace existir como sacramentos: ni sus materiales, palabras, ritos, ni sus ministros ni quienes los reciben, podrían nada de por sí, si el propio Autor de la gracia no diera a esas materias, a esas palabras y a esas personas el poder de producir o de recibir la gracia de Dios.

Algunos sacramentos, además, junto con la gracia confieren lo que llamamos "carácter", un sello indeleble, que consiste en una determinada participación del Sumo Sacerdocio de Jesucristo, y que concede cierta capacidad o habilita para cierto oficio sagrado. Ellos son el Bautismo, la Confirmación y el Orden sacerdotal; una vez recibidos, puesto que imprimen carácter, ya no se reiteran.

¿Qué es un sacramento? Es un signo sensible que produce la gracia que significa. Así el signo del Bautismo es una ablución o lavado, y produce la gracia de la limpieza o regeneración del alma, significada por ese lavado. Así la Eucaristía se da a modo de cena con el pan y el vino, y produce la alimentación sobrenatural del alma, significada por esa comida y bebida. Y en forma análoga todos los demás. De allí que se hable del sentido sacramental de la materia, del cuerpo, del cosmos, como de un rasgo propio del cristianismo, en consonancia con los misterios de la Encarnación y de la Resurrección de Cristo.

Los sacramentos son auténticas formas de actuar de Cristo sobre la humanidad después de su Ascensión a los cielos. Ellos brotan del costado abierto de Cristo crucificado, como solemos decir; ellos son como las siete huellas visibles de la Encarnación en el mundo. Cristo depositó la fuerza de su salvación en esas materias por la condición misma del ser humano, que es cuerpo y alma. También el alma del sacramento, por llamarla así, se expresa en su cuerpo: su gracia se expresa en su signo corporal. En la pequeñez de su materia (un poco de agua, de pan, de aceite), se nos entrega la gracia que corresponde al signo sensible, es decir, material y perceptible por nuestros sentidos.

El poder salvífico de cada sacramento no depende del grado de virtud de quien lo administra o de quien lo recibe. Dios no quiso que estuviéramos en la incertidumbre de sus efectos, como lo estaríamos si esos efectos dependieran de la calidad moral de sus ministros o de sus receptores, que solo Dios conoce. El sacramento opera entonces "por el hecho mismo de que la acción es realizada" (CEC, 1128), lo que técnicamente se llama *ex opere operato*: por el solo hecho de que el ministro adecuado realice el signo adecuado para quien está en condiciones de recibirlo.

Puede ocurrir así que el sacerdote sea un miserable, y que convierta realmente el pan y el vino en el cuerpo y en la sangre de Cristo; o que quienes se casan contraigan realmente el matrimonio, aunque sean unos malvados, si reúnen las condiciones objetivas que se requieren para la validez del sacramento. Lo que es tanto como decir:

los sacramentos "son eficaces porque en ellos actúa Cristo mismo: es él quien bautiza" (CEC, 1127) cuando alguien bautiza, él quien consagra pan y vino a través del ministro, él quien unge con óleo, etc.

En la novela de Graham Greene, *El poder y la gloria*, un presbítero pecador y dado al alcohol (y que no tiene con quién confesarse) administra los sacramentos a los campesinos que realmente los necesitan, durante una persecución religiosa que los ha dejado sin ningún otro ministro, y lo hace válidamente (consagra, perdona los pecados, etc), lo que lejos de disminuir la grandeza del sacerdocio y de la Iglesia, la hace brillar por encima de las virtudes o defectos del ministro.

Sin embargo, las disposiciones espirituales de quien recibe un sacramento influyen, y mucho, en la gracia que con él se recibe: hay comuniones fervorosas y hay comuniones tibias, hay contriciones profundas y hay arrepentimientos débiles, y en esos casos, aunque el sacramento sea el mismo, su fruto no lo será. De allí el esfuerzo del alma cristiana por mejorar siempre más sus disposiciones interiores para recibirlos.

Los sacramentos pueden clasificarse con distintos criterios. El Catecismo los ordena así: "Mediante los sacramentos de la iniciación cristiana, el Bautismo, la Confirmación y la Eucaristía, se ponen los fundamentos de toda vida cristiana" (1212), según cierta analogía con el origen, el crecimiento y el sustento de la vida natural. Los sacramentos de curación (1421) tienen que ver con nuestra debilidad humana, necesitada de sanación, y son la Penitencia y la Unción de los enfermos. Y todavía, hay dos sacramentos que están formalmente al servicio de la comunidad (1533): el Orden y el Matrimonio, que otorgan consagraciones o estados particulares.

Llamamos sacramentales a los "signos sagrados creados según el modelo de los sacramentos, que expresan efectos de carácter espiritual, obtenidos por intercesión de la Iglesia" (SC, 60). Es ella misma (y no Cristo) quien los ha instituido. Consisten casi siempre en ritos y bendiciones, y en el uso de objetos bendecidos, como el agua bendita o el escapulario del Carmen.

3. EL BAUTISMO, NUESTRA REGENERACIÓN

El Bautismo es la puerta de entrada en el mundo sobrenatural: es nuestra regeneración en Cristo. Dice él a Nicodemo, hablando de volver a nacer: "Quien no nace del agua y del Espíritu, no puede entrar en el reino de Dios" (Jn 3, 5). Por este renacer sacramental, la Iglesia nos rescata de nuestra humanidad caída y heredera del pecado de Adán, y nos hace nacer a la vida nueva en Cristo Jesús.

El Bautismo nos sepulta en el abismo insondable de la Pasión del Señor, "porque cuantos hemos sido bautizados en Cristo Jesús, en su muerte hemos sido bautizados" (Rom 6, 3), y nos levanta a la nueva vida de su Resurrección: "para que como Cristo fue resucitado de entre los muertos por la gloria del Padre, así también nosotros emprendamos una vida nueva" (6, 4).

La Iglesia hace como una madre que toma a su pequeño hijo sucio y maltrecho, y lo sumerge en unas aguas increíbles, brotadas del costado abierto de Cristo, es decir, del propio manantial de la eterna juventud, para levantarlo después purificado y sano, e instalarlo en el sitial de honor de la casa paterna, como heredero de su reino.

"Pues sabemos que nuestro hombre viejo ha sido crucificado con Cristo, para que fuera destruido este cuerpo de pecado", porque así "con una muerte semejante a la suya, también con él resucitaremos" (Rom 6, 5-6). Es sobre todo san Pablo quien, después de hablar del pecado original, desarrolla el contenido del signo bautismal (inmersión, muerte, sepultura) y la gracia que confiere (levantamiento, vida, resurrección), es decir, regeneración en Cristo.

Este renacer a la vida divina puede tener lugar en una pobre capilla de tierras adentro, o en la pila bautismal de una gran basílica, o quizá en la maternidad de un hospital: es todo lo mismo. Y cuando, pasados los años, uno vuelve tal vez a andar por ese lugar, bien puede mirar con santo orgullo esa pila bautismal que fue su cuna real, porque allí nació uno a la vida divina, y toda la vida sobrenatural ulterior es el desarrollo del germen bautismal, y de la primera semilla teologal de la fe, la esperanza y el amor.

Ese desarrollo pleno del nacer bautismal se llama santidad de vida. Recordaremos de nuevo que el bautismo como vocación divina, la vocación bautismal, es la llamada universal a la santidad y al apostolado. Es triste pensar que, para un bautizado, el sacramento pueda ser poco más que el recuerdo anecdótico de un hecho antiguo, que carece de vitalidad, y que por eso mismo no es motivo de un continuo agradecimiento.

El Bautismo es la regeneración por el agua y la palabra. Era natural que el sacramento básico se hiciera con un elemento básico y siempre abundante en la tierra, por una parte; por otra, el agua es uno de los símbolos más universales de la imaginación humana, como la fuente de toda vida y de toda fecundidad en la naturaleza. Y en la Escritura, ya el Génesis nos habla de esas aguas primordiales, y del Espíritu de Dios que se cernía sobre ellas (1, 2). Luego, en el arca de Noé (6, 14. 19), la Iglesia ha visto una figura de la salvación por el Bautismo, y tanto el paso del mar Rojo como del río Jordán, camino de la tierra prometida, lo prefiguran.

Más aún, Jesús comienza su vida pública recibiendo en el Jordán el bautismo de Juan, mientras el Espíritu desciende sobre él, y la voz del Padre lo llama "Hijo amado" (Mt 3, 16-17). En esta manifestación sensible de la Trinidad, nos gusta pensar que fueron más bien las aguas de este mundo las que, en contacto con el cuerpo de Jesús, recibieron en forma de anuncio el futuro poder de limpiar el alma.

Una vez resucitado, Cristo ordena a sus apóstoles: "Id y haced discípulos de todos los pueblos, bautizándolos en el nombre del Padre y del Hijo y del Espíritu Santo" (Mt 28, 19). De estas palabras del Señor, que son la institución del sacramento, procede su forma verbal, que es siempre una ligera variante de ellas, pronunciadas en forma simultánea con el contacto del agua en quien lo recibe, ya por inmersión, ya por efusión o aspersión.

Puede recibir el Bautismo todo ser humano no bautizado aún, y solo él, ya que este sacramento se recibe una sola vez. Si se tiene edad suficiente, se requiere la fe, precedida por la suficiente instrucción, aunque sea una fe incipiente. En la Iglesia primitiva, esta instrucción de los "catecúmenos" o "catecumenado" poseía una gran importancia. Al catecúmeno se le pregunta: "¿Qué pides a la Iglesia de Dios?", y él (o su padrino, o su padre) responde: "¡La fe!".

También los niños pequeños pueden ser bautizados. Tanto san Pedro como san Pablo bautizaron hogares completos, el del centurión Cornelio (Hch 10, 47-48) y el de Lidia de Tiatira (16, 15), donde era muy difícil que no hubiera niños. Algo parecido debió ocurrir en esos bautismos multitudinarios que siguen a Pentecostés (2, 4). Y desde temprano fue una praxis corriente en la Iglesia.

"La pura gratuidad de la gracia de la salvación se manifiesta particularmente en el Bautismo de niños. Por tanto, la Iglesia y los padres privarían al niño de la gracia inestimable de ser hijo de Dios, si no le administraran el Bautismo poco después de su nacimiento" (CEC, 1250). Los demás sacramentos requieren una voluntad expresa, que en el caso de los niños es imposible, siguiendo por lo demás la analogía con la vida natural: nadie puede pedir su propio nacimiento.

Los padres católicos que descuidan o postergan este deber sin grave razón hacen mal. Y aquellos que esperan la madurez del hijo, para que él decida cuando mayor si ser cristiano o no, muestran escasa fe en el sacramento. Porque sin él, y sin educación en la fe, se entrega al hijo a períodos críticos de la vida sin la gracia santificante, con serios peligros para su alma: a esas alturas solo circunstancias muy favorables, acompañadas de una gracia muy especial, harán que el joven pueda pedir el Bautismo.

A su vez la Iglesia, consciente de la necesidad del Bautismo para la salvación (Mc 16, 16), debe dar a los padres las mayores facilidades, dentro de las normas establecidas, con el cuidado de evitar la "burocracia" de los sacramentos, para evitar esa postergación.

4. MINISTRO Y EFECTOS DEL BAUTISMO

Pueden administrar el Bautismo como ministros ordinarios el obispo, el presbítero y el diácono. Pero en casos de urgencia (enfermedad, accidente) cualquier persona puede hacerlo: parientes, personal sanitario, un transeúnte… Incluso un no bautizado y no creyente puede bautizar si, aun sin fe, tiene la intención de hacer lo que hace la Iglesia al bautizar, y emplea el agua y la fórmula bautismal. Esta extensión inusual del ministro de un sacramento se debe a la voluntad salvífica universal de Dios, y a la necesidad del bautismo para la salvación.

Casos hermosos se han dado, sobre todo en tierras no cristianas, cuando una madre solitaria, cercana al parto y en peligro de muerte, ha rogado a un no creyente de buena voluntad, quizá una vecina o una amiga, tras darle las instrucciones oportunas, que bautice de inmediato al hijo en cuanto nazca, previendo que ella misma pueda no estar en condiciones físicas de hacerlo. Un caso semejante de anticipación, dentro de tal apremio corporal, denota una fe profunda en la necesidad y en el poder salvador del sacramento.

Además del Bautismo de agua, existen el de sangre y el de deseo. El de sangre, hoy inusual, es el de quien muere por la fe en Cristo, con muerte de martirio pero sin el sacramento de agua, lo que evoca más bien la figura de las grandes persecuciones antiguas contra los cristianos (no del todo extinguidas, por desgracia). Bautismo de deseo es el de los catecúmenos que mueren antes de recibir el de agua. Esta última figura podría extenderse al deseo implícito, es decir, el de quienes "habrían deseado explícitamente el Bautismo si hubiesen conocido su necesidad" (CEC, 1260).

"La gran misericordia de Dios, que quiere que todos los hombres se salven (…) nos permite confiar en que haya un camino de salvación para los niños que mueren sin Bautismo" (CEC, 1261). En manos de esa misericordia los pone la Iglesia en el rito de las exequias infantiles. Pero esto hace imperioso el deber de los padres creyentes de no postergar el sacramento.

El primer efecto del Bautismo es el perdón del pecado original y de todos los pecados posteriores. Se queda, pues, cualquiera sea la edad que se tenga, "como niños recién nacidos" (1 Pe 2, 2), como una "nueva creatura" (Gal 6, 15), con toda la belleza de la vida divina en el alma. Permenecen, no obstante, las consecuencias temporales del pecado: muerte, dolor, tendencias que inclinan al pecado o concupiscencias (1 Jn 2, 16).

La razón de esta permanencia o lastre es el carácter de lucha o combate inherente a la vida cristiana: "Has de luchar el buen combate de la fe" (1 Tim 6, 12). Y en la propia palabra del Señor: "El reino de los cielos padece violencia, y los esforzados lo arrebatan" (Mt 11, 12). Pero el Bautismo confiere el principio de fuerza espiritual que, renovada en la Eucaristía, permite vencer en esta diaria lucha por la santificación.

A la vez, el Bautismo nos confiere la adopción de hijos de Dios (Gal 4, 5), "y si hijos, también herederos" de su reino (4, 7), "partícipes de la naturaleza divina" (2 Pe 1, 4) y verdaderos templos del Espíritu Santo (1 Cor 6, 19). Con el Bautismo se infunden también, en forma potencial, los principios de las virtudes teologales y morales, y de los dones del Espíritu Santo (CEC, 1266). Al mismo tiempo, el Bautismo nos incorpora a la Iglesia como cuerpo de Cristo, "porque todos hemos sido bautizados en un solo Espíritu (…) para formar un solo cuerpo" (1 Cor 12, 13).

Adquirimos así el sacerdocio llamado común (no ministerial) de todos los fieles: "Vosotros, como piedras vivas, sois edificados en templo espiritual, para un sacerdocio santo, para ofrecer sacrificios espirituales gratos a Dios por medio de Jesucristo" (1 Pe 2, 5). Pues el carácter que imprime el Bautismo es un sello que nos hace participar de la liturgia de la Iglesia, y "ejercer su sacerdocio bautismal" (CEC, 127).

Después de los magníficos efectos del Bautismo, ¿para qué la Confirmación? Porque este nuevo sacramento aumenta la gracia bautismal, une más al confirmado con la Iglesia, produce una efusión del Espíritu Santo en el alma y otorga una mayor capacidad para difundir la fe.

Antes de dejar este mundo, Jesús prometió a los apóstoles que vendría sobre ellos "el poder de lo alto" (Lc 24, 49), cosa que ocurrió en la mañana de Pentecostés (Hch 2, 1-4), con enormes efectos en los doce. Después, ellos mismos empezaron a imponer las manos sobre los nuevos fieles para que descendiera también sobre ellos el Espíritu Santo (Hch 8, 15-17 y 19, 5-6): de allí arranca el sacramento de la Confirmación, a cuyo rito se agregó la unción con óleo crismal o crisma. Con ambas acciones se realiza el sacramento en el rito latino.

Puede ser confirmado todo bautizado que no lo haya sido. Se suele esperar, para un mayor fruto, el uso de razón. El ministro propio es el obispo, quien por razones de peso puede delegar su facultad a un presbítero. Pero en peligro de muerte, cualquier presbítero está facultado para confirmar.

5. LA SAGRADA EUCARISTÍA

Si el Bautismo está en la base de la vida cristiana, la Eucaristía es su "fuente y cima" (LG, 11): es la cumbre de toda la vida de la Iglesia, y el fin supremo de todos los ministerios y apostolados. En ella "se contiene todo el bien espiritual de la Iglesia", y es ella "la fuente y la culminación de toda su predicación" (*Presbyterorum ordinis*, 5).

Para tomar el peso a estas expresiones superlativas, pensemos en la Iglesia extendida por el mundo, en sus millones de fieles, en sus ministros y ministerios, en sus incontables instituciones, en sus múltiples actividades pastorales, formativas y evangelizadoras: esa abigarrada multitud posee un solo centro, una sola raíz y una sola cumbre, cual es la santísima Eucaristía, a la que tiende como a su meta, y de la que brota toda su energía salvífica.

¿Qué es este sacramento, para ocupar ese sitial culminante? "Nuestro Salvador, en la última Cena, la noche en que fue entregado, instituyó el sacrificio eucarístico de su cuerpo y su sangre, para perpetuar por los siglos, hasta su vuelta, el sacrificio de la cruz (...), sacramento de piedad, signo de unidad, vínculo de amor, banquete pascual en que se recibe a Cristo, el alma se llena de gracia, y se nos da una prenda de la gloria futura" (SC, 47).

En cuanto a sus varios nombres, Eucaristía significa acción de gracias. Fracción del pan es la acción de Cristo en la última Cena, y con ese nombre comenzó a designarse entre los primeros cristianos después de Pentecostés (Hch 2, 42). Se llama también Sacrificio del altar, porque renueva el de Cristo en la cruz. Santísimo a secas (Santísimo sacramento) designa a Cristo presente bajo las especies consagradas, en el sagrario o tabernáculo. Comunión es el acto de recibirlo o comerlo. Y Misa es la liturgia o celebración que realiza el misterio.

Ya en el llamado discurso eucarístico del capítulo 6 de san Juan (6-66), Jesús anunció en forma expresa, para escándalo de muchos de sus oyentes: "Yo soy el pan que ha bajado del cielo. Si alguno come de este pan vivirá eternamente (…) El que come mi carne y bebe mi sangre tiene vida eterna, y yo le resucitaré en el último día. Porque mi carne es verdadera comida, y mi sangre es verdadera bebida" (6, 51. 54-55). Esta promesa de la Eucaristía será comprendida por los apóstoles solo cuando llegue la última Cena, y de modo más pleno en Pentecostés.

San Juan introduce la Cena con este preámbulo de gran solemnidad: "La víspera de la fiesta de la Pascua, sabiendo Jesús que había llegado su hora de pasar de este mundo al Padre, habiendo amado a los suyos que estaban en el mundo, los amó hasta el extremo" (13, 1). Y san Lucas: "Con un gran deseo he deseado comer esta Pascua con vosotros antes de padecer" (22, 14-15).

Y luego: "Y tomando el pan, dio gracias y se lo dio diciendo: 'Esto es mi cuerpo, que será entregado por vosotros. Haced esto en memoria mía'. Y del mismo modo el cáliz, después de haber cenado, diciendo: 'Este cáliz es la nueva alianza en mi sangre, que será derramada por vosotros'" (22, 19-20). San Mateo, allí presente, agrega acerca del pan: "Tomad y comed", y del cáliz: "Bebed todos de él" (26, 26-27). El mismo relato encontramos en san Marcos (14, 22-25) y en san Pablo, que después del "Haced esto en memoria mía" agrega: "Pues cuantas veces comáis este pan y bebáis este cáliz, anunciáis la muerte del Señor, hasta que venga" (1 Cor 23-26). Así quedó instituido el sacramento.

¿Qué movió a Jesús a "quedarse", como decimos: a dar presencia permanente entre nosotros al misterio de la Cena-cruz en forma sacramental? Él debe irse de este mundo y sentarse a la derecha del

Padre; pero como amante "hasta el fin, hasta el extremo, extremadamente" (Jn 13, 1), él quiere a toda costa seguir estando físicamente entre nosotros.

¿Qué puede impedir el cumplimiento de este deseo? Nada: su poder divino es capaz de producir este irse-quedarse, bajo la extrañísima y humildísima forma de su cuerpo y su sangre bajo las especies sacramentales. Por supuesto que esta es solo una metáfora tomada de las separaciones y despedidas humanas; pero ¿tenemos otras formas de aproximarnos a este misterio que no sean imágenes de la fantasía y del corazón?

Los relatos evangélicos nos dan a conocer el signo sensible de este sacramento: el comer y el beber, la alimentación. Su materia es el pan y el vino; sus palabras poderosas son las mismas de Jesús en la Cena. Ellas concluyen con el mandato de hacer lo mismo que él hizo "en memoria mía", y la Iglesia lo cumple en sus innumerables altares, día tras día hasta la consumación de los tiempos. Así comenzaron los apóstoles a hacerlo después de Pentecostés: "Perseveraban asiduamente en la doctrina (…) y en la fracción del pan y en las oraciones" (Hch 2, 42).

¿Cómo eran aquellas primeras Misas? El testimonio más antiguo que tenemos se remonta, como ya indicamos, a san Justino, que las describe hacia el año 155, con una estructura idéntica en lo esencial a la misa de hoy, parte por parte: las lecturas bíblicas de los dos Testamentos, las oraciones de los fieles, la presentación de las ofrendas del pan y del vino, la oración que nosotros llamamos plegaria eucarística, que incluye la consagración, y el reparto de la comunión a los fieles (*Apología*, 1).

La Eucaristía es un memorial de la Pascua del Señor, pero no solo en el sentido de un recuerdo, sino de una verdadera presencia, la de aquel sacrificio que Cristo Sacerdote realizó "de una vez para siempre al ofrecerse a sí mismo" (Hebr 7, 27). ¿Cómo es posible, entonces, que se repita? El sacrificio del altar no es una repetición de aquel, sino un modo de "hacérsenos presente" una y otra vez, de una manera real y efectiva pero misteriosísima, con toda su eficacia redentora.

¿Representación? No en el sentido habitual de esta palabra (representación conceptual, imaginativa, dramática), sino en el sentido único e incomparable de una *re-presentación*, un "volver a hacerse presente", un nuevo y real "presentizarse", de tal modo que el sacrificio del altar no es otro que el sacrificio de la cruz: en ambos, el sacerdote es el mismo, Cristo, y la víctima es la misma, Cristo. Lo que Cristo hizo de una vez para siempre en el Calvario con derramamiento de su sangre, sin este último se vuelve a hacer presente en diversos puntos del tiempo y del espacio en forma sacramental, es decir, en forma significada y también realizada: "solo difiere el modo de ser ofrecido" (Conc. de Trento, D 940).

Estas precisiones preservan el sacramento de ser reducido a la entidad moral de un mero recuerdo y conservan su sentido físico fundacional de la Cena. Con ellas, la Iglesia no pretende explicar un misterio sumo, que supera toda explicación humana posible, porque solo en el cielo sabremos qué era una misa; pero sí pretende ser fiel a la institución del sacramento, que sería fácilmente explicable, pero al mismo tiempo desvirtuado, en términos de un mero símbolo, bien opuesto al sólido realismo del capítulo 6 de san Juan y de los relatos de la Cena: "esto es mi cuerpo", "mi carne es verdadera comida", etc.

Quien acude a oír Misa divisa al sacerdote junto al altar, y oye su voz y la de los fieles. Pero, llegado el momento, está ante una presencia más real que el altar, que las voces, y que todo cuanto ve y oye con sus sentidos: está ante la Pasión y muerte y Resurrección de Cristo, como si hubiera caído una barrera de veinte siglos, y él hiciera contacto con la redención del mundo, que ocurre en forma invisible tras los signos sacramentales: pan, vino, la voz que dice "... porque esto es mi cuerpo..., es mi sangre..., haced esto en conmemoración...". Y a ese que oyó misa con fe y amor, le ha ocurrido lo más grande que podía ocurrirle sobre la tierra.

El presbiteriano Scott Hahn, antes de convertirse al catolicismo, asistió a una Misa que, como profundo conocedor de las Escrituras que era, lo dejó impresionado por las numerosas resonancias bíblicas que en ella encontró, también del Antiguo Testamento. Lo cuenta así: "Comprendí que este era el lugar de la Biblia (…) Habría querido interrumpir cada parte y gritar: ¡Eh! ¿Queréis que os explique lo que está pasando desde el punto de vista de las Escrituras? ¡Esto es fantástico!".

"Oh, sí, debo controlarme. Aún soy presbiteriano, ¿no? (…) Pero al día siguiente, allí estaba yo otra vez, y así día tras día. En menos de dos semanas ya estaba atrapado. No sé cómo decirlo, pero me había enamorado, de pies a cabeza, de Nuestro Señor en la Eucaristía (…). Este era el sentido de la Encarnación. Este era el Evangelio en su plenitud" (*Roma, dulce hogar*, 8).

En cuanto al lugar y a la circunstancia, toda Misa produce de suyo el mismo efecto salvífico, sea que el celebrante esté solo con su ayudante al lado, sea que esté rodeado de miles de personas en una catedral. Porque en cualquier caso es la Iglesia entera la que está allí presente, y lo están los bienaventurados de la gloria, y en especial Santa María, y los ángeles del tabernáculo. La conciencia de esta compañía ayuda al sacerdote y a los fieles a medir mejor la grandeza de su acción sacramental.

6. LA PRESENCIA REAL

El modo de estar Cristo presente bajo las especies eucarísticas se llama Presencia real. Nuestro acto de fe por excelencia, siguiendo la hermosa fórmula del Concilio de Trento, dice así: Creemos, creo que "en el sacramento están contenidos verdadera, real y substancialmente el cuerpo y la sangre junto con el alma y la divinidad de nuestro Señor Jesucristo, y por consiguiente, Cristo entero". Carne y sangre, es decir, cuerpo; cuerpo y alma, es decir, humanidad; e inseparable de ella, su divinidad.

Donde vemos y gustamos y palpamos pan y vino, es decir, el color y el sabor y la consistencia de las especies o apariencias eucarísticas, allí están la substancia del cuerpo y la sangre de Cristo. Creemos que, por la fuerza divina de las palabras de la consagración, que pronuncia el sacerdote sobre el pan y el vino, se opera un cambio inaudito: toda la substancia del pan se convierte en la substancia del cuerpo de Cristo, y toda la substancia del vino en su sangre. Usando la terminología técnica (substancia, accidentes), se ha llamado "transubstanciación" a esta prodigiosa conversión.

Por supuesto que no puede existir en todo el universo una mutación semejante, del todo sobrenatural. Pero quien creó el universo de la nada, bien puede hacer una cosa así, argumenta san Ambrosio. La Eucaristía es una obra de la omnipotencia y de la misericordia divina, obra del poder y del amor de Cristo, una operación amorosa del Espíritu santificador.

Cristo entero, con todo su ser, está presente en cada partícula visible de las especies; cuando es tan pequeña que el ojo humano ya no puede verla, deja de estar Cristo, porque ya no está el signo sensible del sacramento. Cristo está presente por tanto tiempo como subsistan esas especies; después no, por la misma razón: ya no está el signo. Es admirable que Jesús en toda su gloria se haya sujetado humildemente a las condiciones materiales (de espacio y tiempo) de las especies que lo contienen, al mismo tiempo que lo ocultan.

Porque ahí está de veras el "Deus absconditus", el Dios escondido. El célebre *Adoro te devote* lo repite con asombro una y otra vez: "Te adoro con fervor, Dios escondido, / que bajo estas figuras te ocultaste (…) En la cruz se ocultaba la deidad, / y aquí la humanidad también se esconde (…) Jesús, a quien contemplo hoy entre velos, / te ruego que se cumpla lo que tanto yo ansío: / que mirándote a cara descubierta / la visión de tu gloria sea mi gozo".

Ahora bien, Cristo no está presente en el sacramento con su modo de ser natural e histórico, el que tuvo desde su concepción hasta su muerte. Está allí en su modo de ser sacramental, que es real pero distinto. Cristo en el sacramento es el mismo que nació en Belén, pero no está como estuvo en Belén; es el mismo que conocieron los apóstoles, pero no está según el ser que le conocieron los apóstoles; es el mismo que murió en la cruz, pero no está en el modo de existencia de la cruz; y, sin embargo, ¡está! Debemos renunciar a pensar su ser real sacramental según nuestras formas de experiencia terrenas.

En virtud de su Presencia real, rendimos al Señor sacramentado un culto de adoración, no solo cuando está sobre el altar durante la misa, o cuando lo hemos recibido en la comunión, sino también cuando las formas consagradas se han "reservado" en nuestros sagrarios, o cuando la hostia se ha sacado del tabernáculo y se exhibe en la "custodia" para la adoración, o cuando se la lleva en procesión.

Desde los comienzos de la Iglesia, el Santísimo se guardaba con respeto y veneración en las casas después de la Misa, para llevar la comunión a los enfermos, pero sin adoración pública. Sin embargo, con el paso de los siglos se adquirió, bajo el influjo del Espíritu Santo, conciencia de la posibilidad y de la necesidad de presentarlo a los fieles, para ser adorado en los tabernáculos de las iglesias.

Cuando este proceso culminó en el siglo XII y se instituyó la fiesta del Corpus (del Cuerpo y de la Sangre de Cristo), se multiplicaron las formas del culto eucarístico, entre las que destacan hoy la exposición y bendición con el Santísimo, y la procesión por excelencia, la del Corpus. Al mismo tiempo se deja a ratos o por horas, o a veces incluso en forma permanente, el Santísimo expuesto y visible sobre el altar para su adoración, porque el contacto visual ayuda a la devoción.

La Iglesia recomienda vivamente a los fieles estos ratos de adoración. Cuando se tiene a mano una iglesia o una capilla con el Santísimo, visitarlo, aunque sea brevemente, y hacer ante el sagrario actos de fe y de adoración, es una costumbre de gran provecho para el alma.

La presencia de Cristo sacramentado en el sagrario, día y noche, día tras día, acompañado o muchas veces solitario, en pequeñas capillas o en grandes templos, siempre disponible para muchos o para pocos, o quizá para un solo visitante de paso, tiene algo especialmente conmovedor: es él, es el mismo siempre. Por decirlo así, tenemos guardada en el tabernáculo, toda para nosotros, toda la inmensidad y la belleza divina, toda la omnipotencia y la misericordia de Dios.

Y para continuar con esa imagen, Jesús sacramentado está allí casi como mendigando una visita nuestra, un rato de nuestra compañía. Se ha hecho una especie de limosnero de amor a las puertas del alma. Esta inversión de las jerarquías ontológicas, el Todo como mendigo del casi nada que somos, está bien dicha en el verso de Lope de Vega: "¿Qué tengo yo que mi amistad procuras, / qué interés se te sigue, Jesús mío, / que a mi puerta, cubierto de rocío, / pasas las noches del invierno oscuras?".

Se entiende bien que a quienes se encargan de la materialidad de los objetos sagrados, de su dignidad y limpieza, desde el sagrario y el altar hasta el más pequeño objeto del culto eucarístico, se les pida un cuidado extremo y una suma delicadeza, que en cierto modo se pide también a todos los fieles: la finura que tendrían si en sus casas u hogares alojaran a un "rey de reyes y señor de señores" (1 Tim 6, 15; Apoc 19, 16). Para la dignidad del culto eucarístico, todo esfuerzo y (si es el caso) todo gasto será poco. Porque la belleza del arte sacro, por humilde que sea, ayuda poderosamente a la adoración.

"Tomad y comed…". La Misa, como banquete eucarístico, es una invitación a participar de él en la forma más plena que pueda darse: comulgando. La comunión necesita preparación anticipada. La preparación inmediata es el seguimiento fervoroso de la misma misa, parte por parte. Pero hay una preparación anterior, que consiste en verificar si se está en las debidas condiciones para recibir a Cristo.

San Pablo se expresa así: "Quien coma el pan o beba el cáliz indignamente, será reo del cuerpo y de la sangre del Señor. Examínese, pues, el hombre a sí mismo, y entonces coma del pan y beba del cáliz. Porque quien come y bebe sin discernir el cuerpo, come y bebe su propia condenación" (1 Cor 11, 27-28). Terribles palabras, que la Iglesia ha entendido siempre así: "Quien tiene conciencia de estar en pecado grave debe recibir el sacramento de la Reconciliación antes de acercarse a comulgar" (CEC, 1385).

La comunión puede borrar pecados veniales, pero para los mortales el sacramento necesario es la Penitencia. En otro orden de cosas, y como preparación corporal, la Iglesia ha establecido un tiempo de ayuno previo, así como otras señales de respeto por el sacramento, como el porte externo y la ropa adecuada. La frecuencia obligatoria mínima de la Eucaristía es la asistencia a misa los domingos y otras fiestas mayores, y la comunión anual por Pascua de Resurrección.

Pero más allá del mínimo, la Iglesia recomienda comulgar en cada Misa que se oye, y todavía más, oír Misa y comulgar "con más frecuencia aún, incluso todos los días" (CEC, 1389), dada la inmensa riqueza de gracia que se contiene potencialmente en el sacramento. Solo por ignorancia se puede considerar excesiva esa asiduidad, a la vista de sus grandes frutos sobrenaturales. Y quienes llevan largo tiempo frecuentando la Eucaristía y no sienten progreso perceptible, bien pueden pensar: ¿y dónde estaría yo sin ella?

Si la vida cristiana es, a fin de cuentas, unión de amor con Cristo, es difícil imaginar un impulso mayor de crecimiento que la comunión sacramental. Pero a la inversa, ya que no se trata de magia ni de mecánica, el desafío está en mejorar siempre más la disposición de fe y amor con que se la recibe. Entre tantos otros bienes de su recepción frecuente, mencionemos estos: ella aplaca el ardor de las concupiscencias, a la vez que nos aleja del pecado, y "nos preserva de futuros pecados mortales" (CEC, 1395).

Si las especies eucarísticas duran solo unos minutos en nuestro interior, el aumento de gracia santificante que recibimos en cada comunión no es pasajero, sino permanente en nosotros, mientras no lo perdamos por el pecado. Y la dirección del sacramento apunta a la vida eterna, de la cual es ya un anticipo: semilla de la gloria, "prenda de la vida futura", según reza una antigua oración. A su vez, como solían decir algunos Padres, la Iglesia hace a la Eucaristía y la Eucaristía hace a la Iglesia.

7. La Penitencia o confesión

Bien sabía Jesús que el hombre ya regenerado por el Bautismo era frágil y conservaba su inclinación al mal: era capaz de recaer en el pecado. Esa debilidad es parte de nuestra condición humana y por eso nos llamamos pecadores con toda verdad: "Santa María, madre de Dios, ruega por nosotros pecadores…". Escribe san Juan: "Si decimos que no tenemos pecado, nos engañamos" (1 1, 8). Y san Pablo, dramáticamente: "Me complazco en la ley de Dios según el hombre interior, pero advierto otra ley en mis miembros, que lucha contra la ley de mi espíritu, y me somete a la ley del pecado que está en mis miembros" (Rom 7, 22-23).

Jesús adelantó esta condición nuestra, y también proporcionó el remedio sacramental: la Penitencia. De todas sus parábolas que hablan del pecado y el perdón, y por tanto sugieren el sacramento, quizá ninguna más completa y más conmovedora que la del hijo pródigo, ese muchacho que se aburría en la casa paterna y soñaba con otras tierras donde tendría fiestas, mujeres, música. Pidió, pues, su herencia anticipada, se fue y vivió en forma pecaminosa.

Pero cuando se le acabó el dinero pasó hambres y humillaciones, hasta que decidió volver al hogar, donde su padre no le guardaba despecho alguno, sino que lo esperaba ardientemente. En cuanto vio venir al hijo a la distancia, todo desharrapado y casi irreconocible, corrió a abrazarlo y besarlo, lo hizo vestir y calzar, y ordenó un banquete de fiesta para celebrar su regreso (Lc 15, 11-24). Pues bien, cada vez que uno acude a la confesión, es uno el hijo pródigo a quien el Padre del cielo abraza con misericordia y perdón. Tal es el sacramento de la Reconciliación.

El solo hecho de arrepentirnos por haber pecado, y de manifestárselo al Señor con nuestro pensamiento (lo que la gente llama a veces "confesarse con Dios directamente"), no puede darnos la seguridad del perdón, envuelto como está ese acto en la incertidumbre de nuestra subjetividad, y que fácilmente se confunde con el perdonarse a sí mismo. Necesitamos la seguridad objetiva del perdón de Dios, que Él mismo ha querido darnos con el sacramento.

Cuando preguntaron a Chesterton por qué se había convertido al catolicismo, respondió: "Para librarme de mis pecados, ya que no existe ninguna otra religión que realmente pueda librar a la persona de sus pecados" (*Por qué soy católico*, Introd.). Y aún más, describe así la experiencia de la confesión sacramental: "Cuando un católico se confiesa, vuelve a entrar de nuevo en ese amanecer de su propio principio (…) Él cree que en ese oscuro rincón y en ese breve ritual, Dios ha vuelto a crearlo a su propia imagen y semejanza".

Y continúa: "Él se ha convertido en un nuevo experimento de su Creador, tanto como lo era cuando tenía solo cinco años (…) Se levanta en la blanca luz del principio de su vida. La acumulación de años ya no puede atemorizarle. Podrá estar canoso y achacoso (…), pero solo tiene cinco minutos de edad". Este pasaje guarda una obvia relación con la palabra de Jesús, que tomando a un niño lo puso en medio y dijo: "Si no os convertís y os hacéis como niños, no entraréis en el reino de los cielos. Quien se haga pequeño como este niño, ese es el mayor en el reino de los cielos" (Mt 18, 3-4).

Ese modo imaginativo de expresarse lo dice todo sobre la maravilla de una confesión bien hecha. En cuanto a los nombres, el sacramento se llama confesión porque el penitente manifiesta sus pecados con sinceridad. Se llama Penitencia porque esa confesión se hace con dolor de los pecados, propósito de enmienda y esperanza cierta del perdón. Y se llama Reconciliación porque en ella se alcanza esta nueva relación con Cristo y con la Iglesia.

En toda confesión hay una nueva conversión a Cristo: "El reino de Dios está cerca: convertíos" (Mc 1, 15). En realidad, la vida cristiana está hecha de continuas conversiones, pero las que alcanzan calidad sacramental tienen una eficacia nueva, superior a nuestras fuerzas propias.

Jesús perdonaba pecados con frecuencia; así, por ejemplo, al paralítico (Mc 2, 5) o a la prostituta (Lc 7, 48). Pero a los doce apóstoles también les dio este poder; primero, en forma genérica, dentro del poder de atar y desatar (Mt 18, 18), y luego en forma singularísima, con las primeras palabras que pronunció una vez resucitado, después de saludarlos: "Recibid el Espíritu Santo. A quienes perdonéis los pecados, les quedarán perdonados, y a quienes se los retuviéreis les quedarán retenidos" (Jn 20, 22-23).

El sacramento comprende dos partes. En la primera están los tres actos del penitente: la contrición, la confesión o acusación, y la satisfacción o cumplimiento de la penitencia, posterior al perdón. La otra parte es la absolución de los pecados, acción divina que el sacerdote realiza por medio de la Iglesia. La fórmula actual de la absolución apela primero a la misericordia divina, al misterio pascual de Cristo y al Espíritu Santo, para perdonar luego al penitente por el ministerio de la Iglesia: "Y yo te absuelvo de tus pecados en el nombre del Padre y del Hijo y del Espíritu Santo".

Es cosa admirable que Dios haya dado a los hombres, a algunos hombres, estos poderes que se contienen en las palabras más tremendas que una creatura pueda pronunciar, haciendo con ellas lo que ellas dicen: "Porque esto es mi cuerpo…", "Yo te absuelvo de tus pecados…".

La actitud esencial del que confiesa sus faltas es la contrición, término que significa literalmente aflicción de espíritu, y que comprende el arrepentimiento o dolor de las faltas, la detestación del pecado, y el propósito de no volver a caer. El salmo penitencial por excelencia, el 51, que expresa el profundo arrepentimiento del rey David después de un pecado grave, lo dice bien: "Ten misericordia de mí, Dios mío; según tu inmensa compasión borra mi delito (…). Contra Ti, contra Ti solo he pecado (…) El sacrificio grato a Dios es un espíritu contrito: un corazón contrito y humillado, Dios mío, Tú no lo despreciarás" (3. 5. 19).

Conviene, sin embargo, no confundir la naturaleza espiritual de la contrición con su posible efecto anímico o emocional: no se trata de "sentir" pena de las faltas, tal como se experimenta una sensación o un estado de ánimo, cosa que puede ocurrir o no, según los temperamentos. Hay penitentes que, al no sentir nada, temen no estar arrepentidos, pero deben despreocuparse, porque un acto libre del espíritu no se confunde con sus variables repercusiones anímicas o casi corporales.

Algo parecido puede ocurrir con el deseo de enmienda, que no es una seguridad de no pecar nunca más, cosa que está más allá de las fuerzas humanas, sino un honesto propósito, una intención de la voluntad. Es deseable que el confesor tenga un buen discernimiento de los matices psicológicos de los actos del penitente, para ayudarle a no complicarse en sus disposiciones de arrepentimiento y de enmienda.

En el dominio espiritual, hay contriciones más perfectas o más imperfectas, según sea su origen. La que procede del amor a Dios sobre todas las cosas se llama contrición perfecta, que tiene el poder de perdonar los pecados veniales, e incluso el pecado mortal si incluye la voluntad de confesarse cuanto antes. En ese caso se estaría ya en gracia de Dios, aunque no en condiciones de recibir la Eucaristía, que requiere el perdón sacramental ya recibido.

Contrición imperfecta es la que procede de motivos menos puros, como la vergüenza o el temor al castigo; se llama atrición, y es cosa buena en sí, y suficiente para recibir la absolución sacramental. En cualquier caso, es muy conveniente hacer un buen examen de conciencia antes de la confesión, tanto para fomentar un mejor arrepentimiento como para incluir la integridad de los pecados.

La integridad de la confesión comprende todos los pecados mortales cometidos después de la última confesión, y expresados en forma no genérica sino específica, es decir, por su nombre propio. No bastaría decir, por ejemplo, que se ha faltado a la caridad o a la justicia, por la vaguedad o extensión de esos términos: habría que decir de qué forma, aún sin dar detalles innecesarios.

Confesarse es un acto profundamente sano: a menudo, aclara la conciencia y la responsabilidad, y libera de aquello que los psicólogos llaman sentimiento de culpabilidad, cosa distinta de la clara conciencia de pecado. Y cuando el penitente padece en alguna medida de ese sentimiento, es decir, es culposo o escrupuloso, debe ayudársele a enfrentar, no a un juez castigador, sino al Padre misericordioso que es Dios. A la inversa, cuando por ignorancia o por liviandad quien se confiesa no tiene bastante conciencia de su pecado, se lo debe encaminar con delicadeza a que busque la información, pero sobre todo la formación moral necesaria.

Una vez que el penitente es absuelto, debe completar la reparación por sus pecados, expiar o "satisfacer", cosa que realiza cumpliendo la "penitencia" que le haya sido impuesta en proporción a la gravedad de las faltas: rezar determinadas oraciones, realizar ciertos actos de misericordia… Una vieja tradición sacerdotal lleva al ministro a completar él mismo lo que pueda faltar a la satisfacción, cuando se la preve difícil o engorrosa para el penitente.

8. Ministro y efectos de la Penitencia

El ministro de este sacramento es el obispo, o el sacerdote que tenga del obispo, o de otro superior competente, las licencias adecuadas. Dos potestades debe reunir este ministro: la de orden (o capacidad sacramental, que le otorga su ordenación), y la de jurisdicción, que le otorga el obispo o prelado correspondiente. Pero en caso de necesidad, como el peligro de muerte, todo sacerdote puede absolver de todo pecado.

Con el fin de facilitar a los fieles el bien tan incomparable del perdón divino, los sacerdotes deben buscar la mayor disponibilidad posible para atender a los penitentes. Teniendo este poder tan extraordinario, es lógico que sean generosos en materia de lugar y tiempo para administrarlo. Pocas ocupaciones de su ministerio pueden ser tan gratas a Dios y tan útiles a la Iglesia como esta.

A la vez, deben esforzarse por mejorar siempre las cualidades que hacen a un buen confesor: doctrina teológica y fidelidad al magisterio moral de la Iglesia; experiencia de los asuntos humanos que conciernen a sus penitentes, y de las situaciones en que se encuentran; don de la acogida amable, y suma delicadeza para no preguntar nunca con indiscreción o curiosidad.

Un buen confesor se da cuenta de que quien se está confesando no lo hace por gusto, o ni siquiera con gusto, porque decidirse a confesarse, y hacerlo, es con la mayor frecuencia una decisión y una tarea ardua. Hay que amortiguar lo más posible su dificultad mediante una acogida amable, y desde luego jamás reñir ni mostrar aspereza. En suma, el ministro debe ser Cristo que oye, aconseja y absuelve.

Los confesores tienen la gravísima obligación de guardar secreto absoluto sobre los pecados que hayan oído (el "sigilo" sacramental), y sobre cualquier otra información que el sacramento les proporcione sobre la vida de los penitentes. Con todo derecho piden ellos este silencio, y no se confesarían sin tener sobre él la más plena seguridad. Faltar a este secreto lleva consigo penas eclesiásticas muy severas. En sentido contrario, la Iglesia exhibe un largo historial de confesores que, por guardarlo a toda costa, han sufrido grandes penalidades, incluso la muerte.

El efecto propio de este sacramento es el perdón de los pecados y, si es el caso, la restitución del estado de gracia y la reconciliación con la Iglesia. También es de notar, como una especie de secuela secundaria, la profunda paz interior que con frecuencia se experimenta después de confesarse: un alivio espiritual, una como ligereza de alma, que el Señor concede por añadidura. Decimos también que quien se confiesa anticipa, en cierto modo, el juicio de Dios que vendrá tras la muerte, con una sentencia que solo es de absolución y perdón.

El mandamiento de la Iglesia en materia de Penitencia es de verdad mínimo: confesar los pecados mortales al menos una vez al año, y en peligro de muerte. Pero la viva recomendación de la Iglesia en esta materia alcanza cotas muy superiores: confesarse con frecuencia, aunque solo sea de faltas veniales, y comulgar con frecuencia, como ya dijimos. La confesión frecuente no solo produce cada vez un aumento de gracia santificante; también hace más fina la conciencia, mejora la contrición, y fortalece al alma en el cumplimiento de los propósitos de su lucha ascética.

Penitencia y Eucaristía son los dos sacramentos que, a diferencia de los demás, suelen permitir una recepción asidua. Sin confundir las categorías morales objetivas de pecado mortal y venial, se puede sentir por faltas leves un sincero dolor de amor, como ocurre entre quienes se quieren mucho cuando ha habido una muy pequeña ofensa, descuido u omisión, y se dicen: ¡lo siento, lo siento mucho, perdóname! Así con el amor a Dios, que lleva a la confesión frecuente, tan recomendada por la Iglesia, y con ella, a la misa y comunión frecuente.

Por último, la enfermedad, y más si es dolorosa, es una dura prueba que Dios permite para purificar el alma, y más cuando lleva un peligro de muerte. Es el apóstol Santiago el que nos certifica del sacramento destinado a aliviar la pena de la enfermedad, a llevarla con fe y fortaleza y, en su caso, a perdonar los pecados: "¿Está alguno de vosotros enfermo? Llame a los presbíteros de la Iglesia para que oren por él, ungiéndole con aceite en el nombre del Señor. Y la oración de la fe salvará al enfermo, y el Señor le hará levantarse, y si hubiera cometido pecados, le serán perdonados" (5, 14-15).

La Unción de los enfermos "no es solo para quienes se encuentran en los últimos momentos de su vida. Por tanto, el tiempo oportuno para recibirlo comienza cuando el cristiano ya empieza a estar en peligro de muerte por enfermedad o por vejez" (SC, 73). Ministros de este sacramento son los sacerdotes, a quienes es bueno llamar superando ciertos posibles prejuicios, ya del enfermo ya de su familia, en el sentido de un mal augurio o señal de muerte cercana, que puedan provocar miedo. La experiencia muestra que, vencido el prejuicio, se lleva paz al enfermo y alivio a su alma.

Con frecuencia la enfermedad restringe el campo de la conciencia, apaga el espíritu y tiende a encerrarlo en sí mismo, cuando más necesidad tiene de estar abierto al Señor y al misterio de su cruz. Se necesita entonces más que nunca el auxilio de la gracia, que Dios ha dispuesto mediante el sacramento de la Unción, que permite al enfermo sufrir el dolor y acercarse a la muerte con más plena unión a Cristo crucificado.

Si puede ser, primero viene la confesión, después la Unción, y por último la Eucaristía, que en este caso se suele llamar "viático", porque prepara al enfermo para el último viaje. La Unción comprende la imposición de las manos, y luego la unción misma con óleo bendecido. La gracia propia que confiere este sacramento es la unión con la Pasión de Cristo, y de allí el buen ánimo para afrontar la enfermedad y vencer las tentaciones del desaliento, sobre todo de la última hora. El bien morir es una gracia muy especial del Espíritu Santo, y la Unción es toda una ayuda para obtenerla.

9. El Orden sacerdotal

Los dos sacramentos restantes, el Orden y el matrimonio, se refieren al servicio de la comunidad, por parte de determinadas personas llamadas a realizarlo: los sacerdotes y los fieles que se casan.

En general, "orden" es un cuerpo de personas constituidas en cierta dignidad o función particular. En la Iglesia, el Orden es el sacramento que constituye a ciertas personas como depositarias de la misión específica que Cristo confió a los apóstoles, y comprende tres grados: episcopado, presbiterado y diaconado.

"Cristo, por medio de los apóstoles, hizo partícipes de su propia consagración y misión a los sucesores de estos, que son los obispos, cuyo cargo ministerial se encomendó en grado subordinado a los presbíteros" (PO, 2). Su misión es la predicación del Evangelio (Mt 16, 15), el perdón de los pecados (Jn 20, 22-23), la memoria sacramental de la última Cena (Lc 21, 19), y el gobierno de la grey a ellos encomendada (1 Pe 5, 2). Si por el Bautismo todos los fieles están llamados a la santidad, el Orden compromete a los ministros "de manera especial a alcanzar esa perfección" (PO, 12).

La "ordenación" es un acto sacramental de la Iglesia "que va más allá de una simple elección, designación, delegación o institución por parte de la comunidad" (CEC, 1538), pues "nadie se atribuye este honor, sino el que es llamado por Dios" (Hb 5, 4). La misión o potestad sagrada se origina en el sacramento, que se realiza por la imposición de manos del obispo. Así, por ejemplo, san Pablo pide a Timoteo "que reavives la gracia de Dios que está en ti por la imposición de mis manos" (2 1, 6).

El término "sacerdote" designa a los ministros que participan del sacerdocio de Cristo: obispos y presbíteros, no a los diáconos, que se ordenan para prestar al pueblo de Dios valiosos servicios, ayudando a los sacerdotes en la administración de algunos sacramentos, proclamando el Evangelio, y ejercitando diversas tareas de caridad (LG, 29). Los Hechos narran la elección y ordenación de los siete primeros diáconos por parte de los apóstoles (6, 1-6).

La plenitud del sacramento del Orden reside en el episcopado. Los obispos enseñan, santifican y gobiernan la porción del pueblo de Dios encomendada a cada uno de ellos (Hch 20, 28), por lo general una diócesis. Al mismo tiempo, como colegio episcopal, ellos cuidan solidariamente de la Iglesia entera en unión con su cabeza, el sucesor de Pedro y obispo de Roma, llamado también Romano Pontífice (LG, 22).

El primer ministerio de los presbíteros es la Eucaristía y de ella "saca su fuerza todo su ministerio sacerdotal" (CEC, 1566). Luego está, como ya dijimos, su poder y su misión de perdonar los pecados en el sacramento de la Penitencia. Y todavía, ellos predican el Evangelio en el mundo entero (CEC, 1564-1565). "La predicación sacerdotal, que en las circunstancias actuales resulta a menudo sumamente difícil, para mover a las almas no debe exponer la palabra de Dios solo de modo general y abstracto, sino aplicar a las situaciones concretas de la vida la verdad perenne del Evangelio" (PO, 4).

Además de su vida de oración personal, tan recomendable para cumplir su misión, compete a los presbíteros una forma de oración pública de la Iglesia (aunque la recen en forma privada): la oración cualificada que continúa diariamente las alabanzas eucarísticas "en el rezo del Oficio divino, en el que oran a Dios, en nombre de la Iglesia, por todo el pueblo que les ha sido confiado, y también por el mundo entero" (PO, 5).

El ministro de la ordenación de obispos, presbíteros y diáconos es siempre un obispo, que realiza lo esencial de estos sacramentos por la imposición de manos sobre la cabeza de los ordenandos, seguida de la oración consecratoria que pide la efusión del Espíritu Santo sobre ellos. Solo puede recibir la ordenación sacerdotal el varón bautizado que no la haya recibido, y que haya sido llamado por el obispo a recibirla.

Solo el varón, porque Jesús eligió doce varones para ese ministerio. Además, los presbíteros participan del Sumo Sacerdocio de Cristo varón. Que las mujeres no puedan ser ordenadas no proviene de un supuesto condicionamiento cultural de la antigüedad, ni significa en absoluto un menor aprecio por la mujer. La Virgen María es superior a todos los ministros de la Iglesia sin comparación posible, y ella no recibió ordenación alguna.

Los presbíteros son elegidos entre hombres célibes que se comprometen a vivir el celibato "por el reino de los cielos" (Mt 19, 12), estado que Cristo recomendó en general para quien sea capaz de entenderlo (19, 11-12) y reciba de Dios esta vocación. En la Iglesia latina, la frecuente práctica del celibato sacerdotal cristalizó en ley, ya en los primeros siglos, por su "múltiple armonía con el sacerdocio" (PO, 16), como participación más plena en la persona de Cristo Sacerdote virgen y célibe.

"Por la virginidad o celibato guardado por amor del reino de los cielos, se consagran los presbíteros de nueva y excelente manera a Cristo, se unen más fácilmente a Él con corazón indiviso, se entregan más libremente, en Él y por Él, al servicio de Dios y de los hombres, sirven más expeditamente a su reino y a la obra de regeneración sobrenatural, y se hacen más aptos para recibir una más dilatada paternidad en Cristo" (PO, 16).

Por último, la ordenación sacerdotal confiere un carácter indeleble, que dura eternamente: "Tú eres sacerdote para siempre según el orden de Melquisedec" (Hb 5, 6). El sacerdocio es uno de los dones más grandes que el Creador puede conceder a una creatura. Y es un don tan necesario al pueblo de Dios, que su número suficiente es una preocupación básica de los pastores, y de los fieles todos, y una intención constante de sus oraciones y sacrificios.

Resulta penoso que en ciertas regiones del mundo queden sin atención sacerdotal suficiente poblaciones enteras, mientras que en ellas proliferan sectas varias, porque el ansia espiritual es una constante del ser humano. Es una gran meta apostólica proveer de suficientes servicios sacerdotales, y en primer lugar sacramentales, a cuantas almas sea posible en cada nación o comarca. Esto significa, para los ministros que ya existen, la prioridad de su ministerio propio sobre otras tareas posibles y loables, pero menos necesarias para su pueblo.

10. El Matrimonio

El hecho de estar un sacramento al servicio de la comunidad es singularmente visible en el caso del Matrimonio, origen de la familia, por ser esta la célula básica de la sociedad humana y el sustento de su cohesión, unidad y fortaleza. La Escritura, desde el Génesis hasta las Cartas de san Pablo pasando por el Evangelio, hace continua referencia a la unión institucional de hombre y mujer, a su carácter sagrado, a los peligros que la amenazan y, por fin, a su inclusión en el orden sacramental.

Como institución natural, el matrimonio es la alianza de hombre y mujer, que establece entre ellos un consorcio de por vida, ordenado al bien de los cónyuges y a la procreación y educación de los hijos (GS, 48). Esta alianza ha sido elevada a la dignidad de sacramento de la nueva Alianza. Esta doble mención a una alianza afecta en lo más íntimo al signo sacramental del matrimonio: su significado es nada menos que la unión entre Dios y su pueblo, entre Cristo y su Iglesia.

De hecho, el amor de hombre y mujer ha sido, a lo largo de toda la Escritura, la imagen más recurrente de la relación entre Dios y el hombre. Por ejemplo, todo el capítulo 2 del profeta Oseas, y todo el capítulo 16 del profeta Ezequiel, presentan la idolatría e infidelidad de Israel en términos de adulterio y prostitución, a la vez que presentan la misericordia de Dios como el perdón del esposo, que devuelve a su cónyuge su antigua condición esponsal: "Te desposaré conmigo para siempre, te desposaré conmigo en amor y misericordia" (Os 2, 21).

Cristo retoma esta imagen y se llama a sí mismo el esposo, por ejemplo, a propósito del ayuno de sus discípulos: "Días vendrán en que les será arrebatado el esposo, y entonces ayunarán" (Mt 9, 15). Y en la parábola de las doncellas necias o prudentes, él mismo es el esposo que viene a la hora final, cuando unas entran a las bodas y otras no (Mt 25,1-13).

San Pablo establece la relación directa entre el amor de esposo y esposa, y el amor de Cristo y su Iglesia, configurando así el propio signo del matrimonio como sacramento: "Maridos, amad a vuestras esposas como Cristo amó a su Iglesia y se entregó a sí mismo por ella" (Ef 5, 25). Y en seguida, siempre hablando del matrimonio: "Gran misterio es este, pero yo lo digo en relación a Cristo y a la Iglesia" (5, 32).

El lazo sacramental de hombre y mujer sienta una realidad histórica novísima, al ser puesto en su relación directa con el amor divino, frente a ese mundo helénico que padecía un oscurecimiento y desafecto no pequeños por el matrimonio, como también se da a veces en nuestros días. Esa unión, que puede parecer tan problemática, es vivificada por un ideal inaudito, que al mismo tiempo constituye un gran desafío para quienes contraen la alianza sacramental: ser el uno para el otro lo que Cristo es para su Iglesia, y la Iglesia para Cristo. Obviamente, ese ideal no puede hacerse efectivo sin la gracia del propio sacramento.

Ayer y hoy la dignidad del matrimonio se ha visto amenazada por las deformaciones institucionales de la poligamia, el divorcio y el amor libre, y por las rupturas internas del egoísmo, la dominación y la infidelidad, así como por los atentados contra la procreación y educación de los hijos: un conjunto de desórdenes que "no se origina en la naturaleza del hombre y de la mujer, ni en la naturaleza de sus relaciones, sino en el pecado" (CEC, 1607), y que por eso mismo difícilmente puede remediarse sin la gracia de Dios.

Sin embargo, tanto en las religiones primitivas y en las culturas antiguas como en las actuales, la dignidad primera del matrimonio y un destello de su sacralidad se siguen trasluciendo, a pesar de todo, en el lenguaje y en los usos y costumbres, y su vocación original subsiste. Y en el caso del Matrimonio sacramental, es Cristo mismo quien viene a sanar y elevar su condición, al asumir el lazo conyugal en el amor divino, y al fortalecer su finalidad generativa, para que sean realmente una participación de la generosidad del Creador y, por eso, un verdadero camino de santificación para los cónyuges. No en vano ha podido decirse que no existe un ideal de matrimonio más grandioso, y aún más romántico, que el contenido en el Nuevo Testamento.

En la Iglesia latina los ministros del Matrimonio se consideran los propios contrayentes, que se lo administran el uno al otro en el acto del consentimiento. Lo que origina y constituye al matrimonio es el consentimiento mutuo, expresado en palabras como "yo te recibo por esposo/esposa" u otras similares según los ritos. Este acto debe ser libre; si no lo fuera, el matrimonio sería inválido. El sacerdote o el diácono son testigos cualificados que asisten al sacramento, para recibirlo en la Iglesia y dar su bendición.

Es importante la preparación al Matrimonio, que tanto recomienda la Iglesia. En realidad, esa preparación comienza ya en la infancia, pero toma una forma muy especial en las cercanías de la boda, tal como lo detallan dos exhortaciones apostólicas: la de san Juan Pablo II, *Familiaris consortio*, 66, y la de Francisco, *Amoris laetitia*, 205-216. Ambas enfatizan que, con el paso del tiempo, el hechizo del amor inicial, que tiende a disminuir, debe transformarse en un compromiso más hondo del espíritu, y convertirse en una conducta moral hecha de entrega, de olvido de sí mismo, de sacrificio generoso.

La gracia sacramental que los contrayentes reciben los acompañará día tras día, año tras año, hasta que la muerte los separe, haciéndolos capaces de superar las naturales dificultades de la vida y de corresponder fielmente a la vocación específica del matrimonio, que es una auténtica vocación divina a la santificación de los esposos en la vida conyugal y familiar.

XI

LA VIDA EN CRISTO: FUNDAMENTOS

Hay una vida buena que se hace conforme a la naturaleza humana; hay una vida santa que se hace conforme al corazón de Cristo. Esta vida santa, o vida en Cristo, supone a la vida buena, la asume y la eleva inmensamente por encima de sí misma, haciendo las dos una sola vida enraizada en el Bautismo, alimentada por la Eucaristía, y encaminada a la gloria de la resurrección.

En forma análoga, existe una ética natural, que el hombre puede conocer con la luz de su razón, y que en su forma reflexiva es parte del saber filosófico; y existe una moral cristiana, que asume íntegramente la ética natural, pero que la supera con mucho y la proyecta al orden de la gracia, para regular así el camino del cristiano en este mundo: la vida en Cristo, cuya forma plena expresó san Pablo del siguiente modo: "Vivo yo, pero ya no vivo yo, sino que Cristo vive en mí" (Gal 2, 20). Esta moral centrada en Cristo posee una nueva ley, que es una ley del amor, de la libertad, de la gracia y de la fe.

1. LAS BIENAVENTURANZAS Y EL BIEN SUPREMO

Las grandes líneas morales y espirituales del Evangelio están contenidas en todas sus páginas, pero de manera especial en el Sermón de la montaña. Las bienaventuranzas (o felicidades o dichas) marcan de manera abrupta la originalidad de la vida en Cristo, porque enumeran los bienes supremos que llevan al gozo del cielo, y por eso mismo son ya los gozos de la tierra, pero parecen todo lo contrario de los bienes considerados como tales por la sabiduría de este mundo, y por eso extrañan tanto, no ya a los hedonistas o a los epicúreos, sino también a las gentes semimundanas o incluso a los cristianos tibios.

En efecto, la sabiduría mundana considera valiosos, en distintos grados, el éxito, las riquezas, la prosperidad, el placer, los honores, el poder, etc. No afirma Jesús que tales cosas sean malas, aunque a veces puedan serlo, sino que no son capaces en modo alguno de colmar las ansias infinitas del corazón humano, hecho como está para el amor a Dios y al prójimo. En cambio, Jesús enseñó a sus discípulos diciendo:

"Bienaventurados los pobres de espíritu, porque de ellos es el reino de los cielos. Bienaventurados los que lloran, porque ellos serán consolados. Bienaventurados los mansos, porque ellos heredarán la tierra. Bienaventurados los que tienen hambre y sed de justicia, porque ellos quedarán saciados. Bienaventurados los misericordiosos, porque ellos alcanzarán misericordia".

"Bienaventurados los puros de corazón, porque ellos verán a Dios. Bienaventurados los pacíficos, porque ellos serán llamados hijos de Dios. Bienaventurados los que padecen persecución por causa de la justicia, porque de ellos es el reino de los cielos. Bienaventurados cuando os injurien, os persigan y, mintiendo, digan contra vosotros todo tipo de mal por mi causa. Alegraos y regocijaos, porque vuestra recompensa será grande en el cielo" (Mt 5, 3-12).

¿Quiénes son estos bienaventurados? Pobres de espíritu son los que están desprendidos de los bienes de la tierra, y pasan por ellos con el corazón libre de amarras, de codicias o avaricias. Los que lloran son los que sufren, sobre todo por los sufrimientos ajenos y por las ofensas a Dios. Los mansos no son los hombres pasivos, sino los fuertes, capaces de dominar las pasiones de la ira, y de no abatirse sino mantenerse serenos ante las adversidades. Hambrientos de justicia (en su sentido bíblico, santidad) son los que buscan y realizan la santidad de Dios en sus propias vidas.

Misericordiosos son los que se compadecen del mal ajeno, y buscan socorrerlo en la medida de sus posibilidades. Puros de corazón son los que no se entregan a los impulsos de la carne, sino que los dominan, y los ordenan a sus fines superiores. Pacíficos son los que poseen paz interior, la irradian a su alrededor y la promueven en la sociedad. Perseguidos son los que sufren injurias, calumnias y discriminaciones por el hecho de ser fieles a Cristo, hasta dar su vida por él, como los mártires.

Estas cualidades, como se ve, no son simplemente un cierto grado de bondad o de moderación, sino más bien de santidad, y a veces bien alta, por mucho que los cristianos podamos olvidarnos de su magnitud. "Las bienaventuranzas son el centro de la predicación de Jesús (…) Ellas trazan el camino de la auténtica vida cristiana, revelando el fin último de sus actos: la bienaventuranza eterna (…) Ellas responden al innato deseo de felicidad que Dios ha puesto en el corazón del hombre, a fin de atraerlo hacia Él, el único que lo puede satisfacer" (Comp. CEC, 360-361).

Toda ética y toda moral dependen enteramente de lo que se considere el sentido último de la existencia humana, el bien o fin máximo, la meta superior de la vida: aquello para lo que el hombre está hecho, aquello a lo que su naturaleza lo destina. Bueno será entonces todo cuanto lo acerca a ese fin y realiza ese sentido, y malo cuanto lo aleja de él o lo contraría. Las propias bienaventuranzas, sin ser preceptos, indican los caminos para alcanzar el fin supremo, representado con distintas imágenes.

En sentido subjetivo, es obvio que la aspiración absoluta y universal del hombre es la felicidad: haga lo que haga, lo que busca siempre y necesariamente es ser feliz. Pero ¿dónde reside objetivamente ese bien, el bien máximo que procura la felicidad y la vida bienaventurada? Sabemos que hemos sido hechos por Dios, y que era imposible que Él nos diera como finalidad objetiva de nuestra vida algo distinto de Él mismo, el Bien infinito. Lo dice estupendamente san Agustín: "Nos hiciste para Ti, Señor, y nuestro corazón está inquieto mientras no descanse en Ti" (Confs., X, 20).

Nada en este mundo puede saciar nuestro corazón. Todos aquellos bienes que hemos indicado: riqueza, bienestar, poder, honor, éxito, placer, pueden ser en una medida variable partes integrantes de nuestro camino, pero no serán nunca las bienaventuranzas verdaderas, y de allí que estas puedan encontrarse en la dirección opuesta, y ser esos senderos estrechos y difíciles que nos permitan oír la palabra final de nuestro Creador: "entra en el gozo de tu Señor" (Mt 25, 21).

2. Libertad y moralidad

Condición fundamental para realizar el bien o el mal es la libertad humana. ¿Qué es un acto libre? Es un acto de nuestra voluntad (y de nuestro ser entero) cuyo origen y causa somos nosotros mismos, por más que intervengan en él otros factores. Libertad es la capacidad que la persona humana posee de disponer de sí misma, es decir, de autodeterminarse. "Cuando Dios creó al hombre, lo dejó en manos de su propio albedrío" (Sir 15, 14). "Hoy pongo ante ti la vida y el bien, o la muerte y el mal (…) Elige, pues, la vida" (Deut 30, 15. 19).

La Iglesia no pretende que todos nuestros actos sean enteramente libres. Ella es consciente de los muchos factores que nos condicionan y limitan: factores físicos, biológicos, psicológicos, culturales, externos… Pero allí donde hay un hilillo de libertad, allí hay también un hilillo de responsabilidad. En el otro extremo, hay actos en los cuales la libertad se crece y alcanza un cierto máximo, sobre todo en aquellos que deben vencer grandes dificultades por un gran amor. Así la conversión de san Agustín, así la vocación de santa Teresa de Ávila y tantas otras, así la paciencia de Nguyen Van Thuan en sus trece años de prisión, así la decisión de innumerables mártires que dieron la vida por su fe en Cristo.

El sentido de la libertad es elegir el bien pudiendo elegir el mal. De allí su tremendo riesgo. Se aprecia lo frívolo que es entender la libertad como el mero hacer lo que uno quiera, es decir, lo que a uno le dé la gana, y considerar libre a un hombre que va por el mundo sin ataduras, buscando su placer, lo que más bien lo acerca al animal y no a lo propiamente humano.

El hombre como ser libre encaminado al bien es el que responde de su decisión: es un ser responsable, llamado a dar cuenta de sus elecciones. Así Dios pide cuenta a Adán de su pecado (Gn 3, 13), a Caín del suyo (Gn 4, 10), a los israelitas tras llevarlos a la tierra prometida: "No habéis escuchado mi voz. ¿Qué habéis hecho?" (Jos 2, 2).

Libertad y responsabilidad son, pues, dos caras de la misma realidad: tanto abarca nuestra responsabilidad, cuanto abarca nuestra libertad. Quien dispone de sí mismo debe responder de sí mismo. Y eso porque la libertad (lo mismo que nuestro ser entero) es "para" algo, no para nada, lo que equivaldría al sinsentido de la vida. Y la libertad por la libertad misma, al margen de su contenido, se acerca también a la nada misma.

La primera responsabilidad es la capacidad de responder ante sí mismo, que posee todo ser libre. Por eso una experiencia típica que sigue al haber obrado mal es el remordimiento: una sensación íntima de desasosiego, un malestar, un reproche de conciencia, que quisiéramos no sentir (no nos "conviene"), pero contra el cual se estrellan nuestras excusas y argumentos, porque detrás de él está el imperativo "no deberías", el irreductible "haz" o "no hagas".

El fenómeno del remordimiento contiene dos experiencias correlativas: que existe en nosotros una conciencia moral, y por encima de nosotros una ley moral. No pocos contemporáneos, a quienes se llama relativistas, interpretan este conjunto de hechos innegables (remordimiento, deber, ley) como relativos a las circunstancias de cada época, sociedad, cultura, educación. Joseph Ratzinger hizo célebre la expresión "dictadura del relativismo" para designar este mal de nuestro tiempo, que niega la realidad de un orden moral objetivo, es decir, de actos buenos o malos de suyo, en sí mismos, al margen de su entorno o circunstancia cultural.

Nos preguntamos, entonces, cuándo y por qué un acto libre es de suyo bueno o malo. Por de pronto, para que sea bueno, debe serlo la intención con que se lo realiza, el fin que se pretende o la consecuencia que se preve. Es fácil entender que sin esta condición no hay acto que pueda ser bueno: una intención mala vicia cualquier acción.

Pero este es solo un requisito previo, pues la propia bondad o maldad de la intención debe ser, a su vez, medida por un criterio objetivo del bien y del mal. El fondo del asunto queda más allá: la propia naturaleza del acto (y de su intención) debe ser buena en sí. En otras palabras, hay actos buenos o malos de suyo, no susceptibles de ser relativizados, pues si la naturaleza humana y el fin supremo del hombre no son una libre decisión nuestra, sino que son nuestra propia hechura creada por Dios, entonces hay una bondad o maldad que está más allá de nuestra circunstancia y de nuestra mera intención, es decir, más allá de nosotros mismos.

Acto por naturaleza bueno es, pues, el que ajusta con el orden objetivo que Dios ha querido para nuestra existencia, y que solemos llamar ley moral. A su vez, ese elemento del acto humano se denomina objeto o contenido del acto; es el acto considerado objetivamente en sí, el que expresa su propia definición, como cuando decimos que el robo es la sustracción de la propiedad ajena contra la voluntad de su dueño, y que la honradez es el respeto por esa voluntad en materia de apropiación.

La moralidad objetiva de nuestros actos, o su condición de buenos o malos, no procede entonces de nuestra subjetividad individual o histórica, sino de su conformidad o disconformidad con un orden moral objetivo y superior, que se llama ley de Dios: la ley de nuestro ser creado, la ley interna de nuestra naturaleza racional, la norma moral, es decir, el orden de los bienes morales establecido por Dios en nuestra naturaleza, o revelado por Dios en la historia de la salvación. En el primer caso hablamos de la ley moral natural, y en el segundo, de la ley divina positiva, sin que pueda haber oposición entre ambos órdenes.

Haremos todavía un alcance a la intención del acto libre: dada la primacía de ese orden objetivo, una intención subjetivamente buena nunca puede justificar un acto que es malo de suyo o por su objeto. "No hagamos el mal para que venga el bien" (Rom 3, 8). La sabiduría popular dice que el fin no justifica los medios. Este es un principio esencial de la valoración de nuestros actos, y más aún porque suele haber una fuerte tendencia a considerar justificado un acto malo por su intención buena.

"Es erróneo juzgar de la moralidad de los actos humanos considerando solo la intención que los inspira, o las circunstancias (ambiente, presión social, necesidad de obrar, etc.) que son su marco. Hay actos que, por sí y en sí mismos (…), son siempre gravemente ilícitos por razón de su objeto; por ejemplo, la blasfemia y el perjurio, el homicidio y el adulterio. Nunca está permitido hacer el mal para que venga un bien" (CEC, 1756).

El principio de la moralidad objetiva ha sido cuestionado, todavía, por teorías que consideran bueno un acto cuando sus consecuencias son más buenas que malas, como si ese cálculo pudiera estar al alcance de un ser humano; pero, aunque lo estuviera, ese criterio reemplaza el valor moral por otros que no lo son, sustituyendo el bien y el mal por meras ventajas o desventajas. Más allá o más acá de sus consecuencias, un acto bueno es aquel "cuyo objeto es ordenable a Dios, fin último del hombre" (san Juan Pablo II, Enc. *Veritatis splendor*, 75).

3. LA LEY MORAL

Hemos llamado ley de Dios a ese orden moral superior que mide objetivamente el bien o el mal de nuestras acciones. "La ley moral es obra de la sabiduría divina (…) Prescribe al hombre los caminos, las normas de conducta que llevan a la bienaventuranza prometida; proscribe los caminos del mal que apartan de Dios y de su amor. Es a la vez firme en sus preceptos y amable en sus promesas" (CEC, 1950).

Hay una graduación de leyes. La ley eterna, que rige sobre todo lo creado, es la fuente de todas ellas. Ley moral natural es la que está inscrita en nuestra naturaleza racional, y rige la conducta moral de todo hombre. En el transcurso de la historia, la ley antigua es la que

Dios entregó al pueblo escogido: "Escribió Moisés sobre las tablas las palabras de la alianza, los diez mandamientos" (Ex 34, 28). La ley nueva o evangélica es la plenitud de toda ley: Cristo mismo es la ley del cristiano.

Escribe san Pablo: "Cuando los paganos, que no tienen ley, siguiendo la naturaleza cumplen los preceptos de la ley, ellos, sin tener ley, son ley para sí mismos. Con esto muestran que tienen grabado en sus corazones lo que la ley prescribe, como se lo atestigua su propia conciencia, y según los acusan o los excusan los razonamientos que se hacen unos a otros" (Rom 2, 14-15). Que los paganos no tengan ley se refiere a la de Moisés; que la tengan se refiere a la ley moral grabada en su naturaleza, o ley moral natural.

La exposición que hace C. S. Lewis sobre una "ley del comportamiento decente", que rige incluso entre niños pequeños sin mayor instrucción, sigue los pasos de esa frase final de san Pablo: cuando uno de esos niños recibió un juguete prestado y el otro le reprocha que no se lo devuelva, nunca dice "No me da la gana devolvértelo, voy a quedarme con él", aunque así piense hacerlo, porque eso "no se hace", no es "decente"; en cambio, razona una excusa o mentira cualquiera, porque entre ellos se sobrentiende cierta ley tácita de lo decente, de lo que "se hace" y lo que "no se hace" (*Mero cristianismo*, I).

La ley moral natural contiene las normas esenciales que rigen la vida moral del hombre; en cierto sentido, es la misma luz de la inteligencia por la que conocemos el bien y el mal. Ella es universal, es decir, rige para todos los hombres de todos los tiempos; es constante a través de los distintos lugares, épocas y culturas, si bien contiene normas de distinto grado, que van desde su núcleo esencial a sus derivaciones más contingentes, y su aplicación puede ser sumamente variable.

En todo caso la inteligencia humana, oscurecida por el pecado y la ignorancia, necesita la gracia de Dios para conocerla entera y sin error. El Magisterio moral de la Iglesia invoca con frecuencia esa ley en determinados ámbitos de la vida humana: por ejemplo, en asuntos sociales y políticos, y en lo relativo al matrimonio y la familia. El sentido fundamental de la ley moral natural es este: la humanidad del hombre debe ser realizada por sí misma y en forma incondicional. Es el sentido del viejo precepto: sé el que eres, realiza tu condición humana.

Cuando se cuestionan los fundamentos básicos del orden moral, se hace imposible percibir esta ley. Eso ocurre hoy con varias corrientes de pensamiento: el historicismo radical, el escepticismo, el agnosticismo, el relativismo, y por supuesto el ateísmo. Desde esas perspectivas se dibuja a veces una caricatura de la ley moral, como si estuviera escrita, por decirlo así, en la naturaleza del cosmos y poco menos que en la corteza de los árboles.

Si se niega a Dios, puede conservarse sin duda una conciencia moral, porque el ateo sigue siendo un hombre, y a veces ejemplar; pero se niega la fundamentación última de la ley moral, que queda como sin raíces. En una novela de Dostoievski, *Los hermanos Karamazov*, uno de ellos afirma: "Si Dios no existe, todo está permitido". En nuestro tiempo, es sobre todo la filosofía de J. P. Sartre la que resulta muy ilustrativa al respecto.

Para Sartre, el hombre es una libertad incondicionada, lo que solo es posible sin el límite de Dios y de la ley moral. Para él, existir es elegir libremente, no importa qué con tal de que se elija: robar o no robar, por ejemplo. Pero si lo elegido es indiferente, y tanto da ser ladrón u honesto, amar u odiar, ser un héroe o un delincuente, entonces todo da lo mismo, y se llega (y Sartre lo hace con notable coherencia lógica) a la necesaria conclusión del sinsentido de la vida. "El hombre es una pasión inútil", la última palabra es el absurdo, "estamos condenados a ser libres".

Se notará cierto paralelismo entre Sartre y Nietzsche, ambos admirables porque llegan hasta las últimas consecuencias del ateísmo; es decir, admirables por la rigurosa lógica de su consecuencia moral: la anulación del orden moral tras la negación de Dios. Al mismo tiempo, Sartre nos deja en la imposibilidad de hacer nuestro el virtual nihilismo de sus planteamientos sobre el absurdo y el sinsentido de la vida.

A la par con el sentido religioso, ley moral natural es perceptible como una serie de constantes que atraviesan las distintas civilizaciones y culturas, a pesar de todas sus variaciones. Por ejemplo, en ninguna sociedad se han considerado virtuosas la traición, o la mentira, o la calumnia. En toda sociedad ha regido alguna forma de veneración por lo sagrado (y cuando hoy no ocurre así, estamos ante un sensible deterioro humano). En toda sociedad ha existido un principio de respeto por los padres, y por lo intangible de la vida humana.

La unión de hombre y mujer ha reconocido siempre un cierto rango o estatuto público en la sociedad. Cumplir la palabra empeñada, respetar la propiedad ajena, decir la verdad, nunca se consideró como un asunto de convenirle a uno o no. La conciencia de estos deberes puede haber sido muy imperfecta, como también han sido innumerables las faltas contra estos valores esenciales, pero ellas no modifican el hecho de su vigencia en sí: el pecado no es un argumento contra la norma, tal como un error de cuentas no cuestiona las matemáticas.

Las objeciones más frecuentes en contra de la universalidad de la ley moral prueban poco y nada. Los casos que sus objetores presentan se refieren a la variación de la materia de la norma, más que a la norma misma. El canibalismo, por ejemplo, se basaba en una creencia que hoy sabemos mitológica: que al comer la carne del enemigo se adquiría su fuerza vital; fallaba el dato antropológico más que la norma moral. Además, los caníbales se limitaban a la carne del enemigo, no de los suyos, porque solo consideraban prójimo al de la propia familia, tribu o etnia. Es con Cristo que el concepto de prójimo alcanza su plena universalidad.

Otro argumento típico: la persecución de brujas, considerada un día como un acto bueno. Pero si un día se perseguía a las brujas, hoy no lo hacemos porque sabemos que no existen. Y si creyéramos hoy que existen seres malignos, diabólicos y peligrosos, también nosotros tomaríamos severas medidas contra ellos. El préstamo a interés, antes prohibido como usura, hoy no lo es, pero no porque haya cambiado la norma, sino su materia: el dinero, antes estático, hoy como "capital" es dinámico, y se sigue prohibiendo el monto de interés excesivo o "usurero". De ese tipo suelen ser las objeciones contra la ley moral universal.

4. LA LEY EVANGÉLICA

La llamada ley antigua, o ley de Moisés, es la primera etapa de la ley revelada por Dios en la historia. Si bien contenía muchos preceptos rituales y jurídicos que regían la vida de Israel, su núcleo esencial eran los diez mandamientos, que siguen vigentes en el cristianismo, según la palabra de Jesús: "No penséis que he venido a abolir la ley o los profetas; no he venido a abolirlos sino a darles su plenitud" (Mt 5, 17).

Además, "el decálogo contiene una expresión privilegiada de la ley natural" (CEC, 2070), e históricamente ha sido una base primordial de muy diversas civilizaciones. Sus preceptos son en principio accesibles a la razón, pero su conocimiento cierto y completo necesitaba de la revelación.

Más allá de ellos, la ley evangélica o nueva o ley de Cristo es la plenitud de toda la ley divina, que asume la ley natural y el decálogo, y los proyecta sobre los nuevos horizontes salvíficos de la Encarnación, la cruz y la Resurrección del Señor. Vivir conforme a esa ley es literalmente vivir la vida en Cristo: ella es "la ley del Espíritu que da la vida en Cristo Jesús" (Rom 8, 2).

Jesús lleva los diez mandamientos a una novísima plenitud. Por de pronto, simplifica y jerarquiza aquello que no siempre los judíos tuvieron claro de su propia ley. Introduce una nueva claridad en los diez preceptos, al anunciar que todos ellos se contienen en dos: el amor a Dios y el amor al prójimo (Mt 22, 40). La posible exterioridad con que se entendía el decálogo sufre un cambio profundo, al ser radicados sus mandamientos en el corazón del hombre y en su interioridad (Mt 6, 21; 12, 34; 15, 18; 18, 35).

Pero Jesús no solo eleva los diez mandamientos muy por encima de su alcance mosaico, sino a una altura que jamás sabio, profeta o filósofo había imaginado. En el mandamiento de no matar, incluye con términos severísimos "el que se encolerice contra su hermano" y "el que lo llame estúpido" (Mt 5, 22). La antigua prohibición del adulterio alcanza ahora una nueva extensión: "Todo el que mira a una mujer deseándola, ya cometió adulterio con ella en su corazón" (Mt 5, 28).

El divorcio mitigado, o libelo de repudio permitido por Moisés, se sustituye por la pura y simple indisolubilidad del matrimonio (Mt 5, 32). La prohibición de levantar falso testimonio contra el prójimo cede lugar al mandato de no jurar de ningún modo, y más aun: "Sea vuestro modo de hablar 'sí, sí', 'no, no'" (Mt 5, 37), es decir, la verdad rotunda. La antigua sentencia llamada "del talión" pedía un mínimo de equidad a la hora de la venganza ("ojo por ojo, diente por diente"), pero Jesús excluye toda venganza, y pide la caridad extrema de superar todo rencor hacia el que nos ofende, e incluso de no resistirle (Mt 5, 39-42).

La vieja norma de amar al prójimo pero permitirse odiar al enemigo se supera con esta otra: "Amad a vuestros enemigos y rezad por los que os persiguen, para que seáis hijos de vuestro Padre que está en los cielos, que hace salir el sol sobre buenos y malos, y hace llover sobre justos y pecadores" (Mt 5, 44-45). Y todavía: "Amad a vuestros enemigos, haced el bien a los que os odian, bendecid a los que os maldicen y orad por los que os calumnian" (Lc 6, 27-28).

Se explica que hombres buenos y sabios hayan considerado esta nueva ley del amor como imposible de cumplir, como una utopía o un sueño, o quizá como un mero punto de referencia orientador, pero imposible de alcanzar. Y algo de razón parecen tener a causa de la imperfección humana, pero el creyente no debe amortiguar la palabra de Cristo, ni menos llenarla de salvedades y excepciones, como tantas veces se ha hecho. Lo que Jesús dijo, lo dijo; y lo que es imposible para la condición humana caída, no lo es para Dios que, con su gracia, nos hace poder lo que Él pide (Mc 10, 27).

La altura de estas exigencias da la medida de la meta de la nueva ley: la santidad (Mt 5, 48). A esta ley de Cristo se la llama ley de amor, ley de gracia y ley de libertad (CEC, 1972). El "himno de la caridad" de san Pablo nos hace saber que sin amor de nada servirían "el hablar las lenguas de los ángeles" ni "la fe que mueve montañas" ni el "repartir todos los bienes" ni otras cosas semejantes (1 Cor 13, 1-3). No que estas obras maravillosas sean vanas, sino que valdrán tanto cuanto sea el amor que las anime, amor que por otra parte puede hacer valiosa aún la obra más pequeña (Mt 10, 42).

Ley de gracia significa que "la ley fue dada por Moisés; la gracia y la verdad vinieron por Jesucristo" (Jn 1, 17). Y la suya es "ley perfecta de la libertad" (Sant 1, 25) porque "donde está el Espíritu del Señor, allí está la libertad" (2 Cor 3, 17): la ley de Cristo no se cumple por el peso de la mera obligación moral, sino con la libertad del amor, según la famosa sentencia de san Agustín, "ama y haz lo que quieras" (*In Epist. Ioan*, VII, 8), cuyo sentido aclara esta otra versión suya: "Ama y lo que quieras, hazlo".

Hay quienes tienen un claro sentido del deber, pero viven como esclavos del deber mismo. La obligación los amarra de tal manera que les quita libertad. Lo que correspone es amar, porque un deber amado y cumplido por amor a Dios y al prójimo es como un deber sin deber: es una fuente de libertad y no de servidumbre, de alegría y no de escrúpulo. La palabra de san Agustín que hemos citado significa precisamente eso.

5. LA CONCIENCIA MORAL

La ley moral, en cualquiera de sus formas, no opera sobre la conducta del hombre sino a través de la percepción que se tiene de ella, es decir, de la conciencia moral. Llamamos así al acto de darse cuenta del bien o del mal de una acción que se está realizando aquí y ahora. Conciencia moral es el juicio del intelecto sobre la moralidad no general, sino singular de una acción a la hora de acometerla. "La conciencia es el núcleo más secreto y el santuario del hombre, donde está solo con Dios, cuya voz resuena en lo más íntimo de ella" (GS, 16).

"La conciencia es un vicario que procede de Cristo, un profeta en sus informaciones, un monarca en sus órdenes, un sacerdote en sus bendiciones y en sus condenas" (J. H. Newman, carta al duque de Norfolk, 5). El autor cuenta en esas líneas que no es amigo de los brindis, pero que, puesto a hacer uno, brindaría por la conciencia como el primer vicario de Cristo en la tierra.

Si la norma última y objetiva de moralidad es la propia ley de Dios, su norma próxima y subjetiva es la conciencia que dentro de nosotros percibe esa ley. Y como tal, ella en lo profundo del alma advierte, ordena, incita, reprueba, remuerde en términos de bien y de mal. Llamarla voz, "la voz de la conciencia", es algo más que una metáfora.

Siempre es obligación seguir el dictamen de la propia conciencia, al menos si esta es cierta y no dudosa. Obrar contra conciencia nunca puede ser bueno. Si ella es la luz, el faro, la brújula de nuestras acciones, no puede ser de otra manera: seguirla es una obligación moral previa a toda otra obligación. De aquí se deriva, en el orden social, el derecho de toda conciencia a no ser forzada o coaccionada contra sí misma. Y en el orden personal, se sigue el deber imperativo de formar cada uno su propia conciencia según la verdad moral.

Jesús expresa este deber con la imagen del ojo, de la luz y la oscuridad: "La lámpara del cuerpo es tu ojo. Si tu ojo está sano, todo tu cuerpo estará iluminado; pero si está enfermo, también tu cuerpo estará en tinieblas. Cuida, pues, que la luz que hay en ti no sea oscuridad" (Lc 11, 34-35). La conciencia es como nuestro ojo moral; su salud (su luz) ilumina todo nuestro actuar libre; su ceguera (su oscuridad) será como andar en tinieblas por la vida.

"Hay que formar la conciencia y esclarecer el juicio moral (...) La educación de la conciencia es indispensable a los seres humanos, sometidos a influencias negativas y tentados por el pecado a preferir su propio juicio" (CEC, 1783). La conciencia se educa en diversos órdenes: en la ley moral natural, para todos los hombres; en la ley evangélica, para todos los cristianos; y luego en el dominio de los propios deberes de estado: en la ley conyugal y familiar para los casados, en la moral profesional (ética médica, jurídica, de los negocios, etc.), según la profesión o el oficio de cada uno.

A veces se usa la expresión "decidir en conciencia" como si ella fuera ley para sí misma, o tuviera una función legisladora, es decir, como si existiera "una presunta autonomía de las propias decisiones" (VS, 61). Pero no hay tal: "La conciencia no es una fuente autónoma y exclusiva para decidir lo que es bueno o malo; al contrario, en ella está profundamente grabado un principio de obediencia a la norma objetiva" (VS, 60).

Pero la conciencia, como el intelecto mismo, es falible y puede fallar en relación a esa norma, ya sea por ignorancia o por error. Cuando el error moral no es responsabilidad de la persona, hablamos de conciencia invenciblemente errónea, y en ella no hay culpabilidad. Quien se ha criado, por ejemplo, en el lumpen del pillaje y de la promiscuidad, difícilmente podrá ser capaz de percibir el sentido de la castidad y de la propiedad ajena, es decir, el contenido del sexto y del séptimo mandamiento.

Los actos que se cometen siguiendo alguno de esos errores invencibles no son culpables: podrán ser objetivamente malos, pero no imputables. Muy distinto es el caso de la conciencia errónea que tiene una raíz voluntaria: hablamos entonces de conciencia venciblemente errónea, culpable ella misma, y culpables también los actos que se realicen según su dictamen.

Por su propia índole psicológica, la figura del error voluntario es compleja, como suelen serlo todas las modalidades del autoengaño, y puede revestir múltiples formas. Se estaba, por ejemplo, en la duda, pero no se quiso salir de ella, no fuera que la conducta en cuestión resultara ser mala y hubiera que abstenerse de ella, cosa que no se deseaba. O bien (es casi lo mismo) no se terminaba de ver que un acto fuera malo, y eso porque no se quería ver que lo era, ya que se quería perseverar en la impunidad.

A veces el poder de la autosugestión es grande, tanto que la fuerza de una pasión puede oscurecer una conciencia bien formada de manera culpable. La Escritura ofrece un caso elocuente, el del rey David: ofuscado por una pasión carnal hasta llegar al homicidio, repudió esa conducta cuando el profeta Natán se la presentó en forma figurada y como la de otra persona, y la repudió porque su conciencia era habitualmente recta, pero solo cayó en la cuenta de que se trataba de él mismo cuando el profeta se lo enrostró: "Tú eres ese hombre" (2 Sam 12, 7).

Estas figuras de conciencia culpablemente erróneas están sugeridas o implícitas en las palabras de san Juan, a propósito del Hijo Unigénito y de las tinieblas que lo recibieron, palabras que contienen al mismo tiempo una gran verdad sobre el oscurecimiento de la conciencia moral: "Vino la luz al mundo, pero los hombres amaron más las tinieblas que la luz, porque sus obras eran malas. Pues todo el que obra mal odia la luz y no viene a la luz, para que sus obras no le acusen. Pero el que obra según la verdad viene a la luz, para que sus obras se pongan de manifiesto, porque han sido hechas según Dios" (3, 19-21). El pecado, en suma, tiende a oscurecerse a sí mismo.

En el fondo, y por un imperativo de unidad entre pensamiento y vida, todos tratamos de vivir tan altamente como pensamos que se debe. Pero cuando no se lo consigue a causa del pecado, es fácil invertir la situación y terminar pensando tan bajamente como se vive, por una necesidad de autojustificación. También a la conciencia moral se aplica la sabia sentencia de Pío XII, ya citada: los hombres se convencen fácilmente de la falsedad o la incertidumbre de las cosas que no quieren que sean verdaderas (HG). El salmo 19 contiene esta petición dirigida al Señor: "¡De las faltas ocultas, líbrame!" (13).

Si hay una duda de conciencia, se debe salir de ella a toda costa, preguntar a quien sabe, e instruirse. La despreocupación por buscar claridad puede tener tristes consecuencias. "Cuando el hombre se despreocupa de buscar la verdad y el bien, poco a poco, por el hábito del pecado, la conciencia se va quedando a ciegas" (GS, 16). Pues el acostumbramiento al pecado tiene un efecto obnubilante sobre el juicio moral, y de estar en esa situación, hay que salir de ella con una vigorosa conversión.

6. El pecado

Una sentencia que se repite de Pontífice en Pontífice, desde Pío XII en adelante, afirma que el peor pecado de la edad moderna es haber perdido el sentido del pecado. Esta pérdida, frecuente en nuestros días, es una consecuencia directa de la pérdida del sentido de Dios. Opera como una minimización: en vez de pecado, se cree haber cometido simplemente un error, una mera equivocación, un desliz, una imprudencia, una mera tontería, que se repara con una disculpa, con una sanción económica o legal, si fuera el caso.

Se oculta así el horror del pecado como el único mal de la vida que puede llamarse así: el mal a secas, esa mancha en el universo. No puede ser un simple error ese mal que tantas mentes lúcidas, si no están huérfanas de algún sentido de Dios, perciben como adherido a la mala conciencia. Lo dice Victor Hugo de este modo: "Yo no sé cómo será la conciencia de un criminal, pero me asomé a la conciencia de un hombre honrado, y lo que vi allí no es un espectáculo grato de ver".

¿Qué es, pues, el pecado? Recordemos que cuando el Creador puso a Adán y Eva en el paraíso, les dio de comer el fruto de todos los árboles menos uno, el que comieron, en su afán por ser como dioses (Gn 2, 4 y 3, 5). Su pecado de soberbia, que está en la raíz de todo pecado nuestro, fue como lanzar al rostro de Dios un "¡Tú no, Yo sí!". Su consecuencia, que da la medida de su gravedad, fue el ingreso del dolor y de la muerte en la historia.

A la libertad humana, en cuanto creada, y por tanto no incondicionada, le convenía un límite, una condición: todo menos esto, esto no. En eso consiste la prueba de la existencia humana: la libre decisión nuestra no debe traspasar ese límite, eligiendo aquel objeto que llamamos malo por su disconformidad con el orden de la creación, es decir, con la ley del Creador. Esa elección va contra Dios, contra la razón, contra el hombre mismo.

Decimos que "el pecado es una ofensa a Dios" (CEC, 1850). Lo dice ya el salmo: "Contra Ti, contra Ti solo he pecado, y he hecho lo que es malo a tus ojos" (51, 6). Se entiende que, sin Dios en el horizonte, el pecado no pueda ser dimensionado. Lo mismo ocurre con otra definición clásica: el pecado es una conversión desordenada hacia las creaturas, con aversión al Creador. Él nos ha dado una cantidad de bienes de la creación para nuestro uso, disposición y goce. Cuando elegimos un bien al margen de esa donación o contra ella, damos la espalda al autor de ese orden y contrariamos esa donación.

Así como Adán comió la fruta prohibida, el hombre puede preferir una suma de dinero, un tanto de placer, una satisfacción del propio yo, una imposición sobre el prójimo, la seducción de la belleza o la fuerza corporal, un bien material ajeno, la propia honra o la fama, el poder del cargo, el esplendor de la inteligencia, el éxito mundano, y en fin, bienes que no están en orden, es decir, dentro del orden querido por Dios para la propiedad, el sexo, la relación humana, la relación consigo mismo, etc. No somos creadores, no fabricamos ese orden, no somos Dios.

En su hechura más honda, nuestro corazón está abierto al bien absoluto, al único que puede saciarlo. Un ser proyectado hacia el bien infinito, que se aferra a la basurilla de un bien indigno de él, comete una traición a su propia dignidad y a la Bondad infinita de Dios. Cuando elegimos en contra de Él un bien impropio de nuestra grandeza y del honor de Dios, nos hacemos el ídolo de un falso dios, de un espejismo.

Entramos entonces en la figura que tan bien describe el profeta Jeremías: "Palabra del Señor: dos cosas tengo contra mi pueblo: que me han abandonado a Mí, la fuente de las aguas vivas, y que se han cavado en el desierto cisternas rotas, que no pueden contener el agua" (2, 12-13). Abandonar al Dios vivo y echarse a beber del charco es todo uno en el pecado mortal.

Una medida de la magnitud del pecado nos la da el tormento indecible del Hijo de Dios encarnado, al llevarlo sobre sí en su Pasión y muerte, ese dolor insondable que fue el precio de nuestro rescate. Estábamos "vendidos como esclavos al pecado" (1 Cor 6, 20), y "habéis sido rescatados (...) con la sangre preciosa de Cristo" (1 Pe 2, 24).

El pecado mortal se llama así porque (en sentido figurado, pero también real) mata a Dios en el alma y, en el mismo sentido, mata al alma. Es un acto que deja al hombre en un estado de aversión a Dios, su Bien supremo. El pecado venial o leve, en cambio, es un cierto desorden que disminuye la adhesión a Dios y retarda el camino de la caridad, o en todo caso impide adelantar en él. Cuando es habitual y sin arrepentimiento, puede inclinar a faltas más graves. En ningún caso debe ser minimizado a causa de su venialidad, porque sigue siendo una ofensa a Dios; por eso se llama pecado.

Solo puede ser mortal un pecado cuando su objeto es esencialmente contrario a la ley de Dios, y no ordenable a Él, es decir, cuando versa sobre materia grave, y se lo comete con plena conciencia de su maldad, y con consentimiento pleno. En tal caso, un alma destinada a ser morada de luz y sagrario de la Trinidad se hace opaca y turbia, con distintos grados de oscuridad.

Pero hay quienes, por falta de formación moral, estiman que solo son pecados mortales los actos atroces o terribles, equívoco que no cuadra con una lectura atenta de la Escritura y de la Tradición. Desde luego, en cada mandamiento puede haber materia grave o leve, y debe buscarse claridad sobre estas categorías. El Magisterio moral de la Iglesia enfrenta hoy un desafío grande en este tema.

"El pecado mortal es una posibilidad radical de la libertad humana, como lo es también el amor. Entraña la pérdida de la caridad y la privación de la gracia santificante, es decir, del estado de gracia. Si no es rescatado por el arrepentimiento y el perdón de Dios, causa la exclusión del reino de Cristo y la muerte eterna del infierno. (…) Sin embargo, aunque podamos juzgar que un acto es en sí una falta grave, el juicio sobre las personas debemos confiarlo siempre a la justicia y la misericordia de Dios" (CEC, 1861). Ni siquiera de la suerte de Judas podemos tener certeza.

Un pecado de materia leve es de suyo venial. También puede serlo un acto de materia grave, pero realizado sin conciencia cierta de su gravedad, o sin consentimiento suficiente. Este último factor es a veces difícil de discernir, por los varios elementos psíquicos que pueden entrar en juego. No debe intranquilizarse a las almas, pero sí se las debe exhortar a una máxima sinceridad consigo mismas.

En cualquier caso, es deseable para todos darse cuenta de que la moral en general, pero sobre todo la vida en Cristo no está de manera alguna centrada en el pecado, sino en el amor a Dios y al prójimo: en afirmaciones, no en prohibiciones. Hay que evitar hasta la sombra de una "moral del pecado", que reduce la vida cristiana al simple hecho de no pecar: a no hacer nada malo, pero quizá poco y nada de bueno.

Los preceptos morales son, en su formulación verbal, positivos y negativos: no harás…, harás…; amarás a…, no mentirás… Pero en el fondo todos son positivos, porque "el 'no' que exigen incondicional- mente marca el límite infranqueable más allá del cual el hombre libre no puede pasar y, al mismo tiempo, indica el mínimo que debe respetar, y del que debe partir para pronunciar innumerables 'sí', capaces de abarcar progresivamente el horizonte completo del bien" (san Juan Pablo II, Enc. *Evangelium vitae*, 75).

Cristo nos traza metas altas de amor y entrega, de sacramentos y sacrificio, de formación y trabajo, de justicia y misericordia, porque él es el gran sí de la vida. "Jesucristo, el Hijo de Dios (…), no fue sí y no, sino que en él se ha hecho realidad el sí. Porque cuantas promesas hay de Dios, en él tienen su sí; por eso decimos por su mediación el sí a Dios para su gloria" (2 Cor 1, 19-29).

7. LAS VIRTUDES

Todavía una palabra sobre las virtudes. La vida humana no está hecha de actos puntiformes y discontinuos, sino de hábitos: disposiciones estables que nos inclinan a actuar de una determinada manera. Sin ellos, seríamos una especie de humanidad desnuda que se improvisa a sí misma en cada instante. Por eso son de enorme importancia los hábitos morales. En ese orden, los hábitos del bien son las virtudes, y llamamos vicios a los hábitos del mal.

La antigüedad grecolatina formuló la doctrina clásica de las cuatro virtudes morales, que por lo demás ya en el Antiguo Testamento se encuentran descritas como frutos de la sabiduría: "Ella es la maestra de la templanza y la prudencia, de la justicia y la fortaleza" (Sab 8,7). Se las llama virtudes cardinales por la función esencial que poseen en la vida moral. Pueden adquirirse mediante el esfuerzo, es decir, a través de la repetición de actos, pero también con la ayuda de Dios y la infusión de la gracia.

La prudencia es el hábito de saber actuar bien, y orienta en lo general al juicio de la conciencia en particular. Prudencia no es astucia ni apocamiento; es la sabiduría del orden práctico, a menudo acompañada de coraje. La justicia nos inclina de modo firme y constante a dar a cada uno lo suyo, lo debido, y a actuar con equidad. Por la fortaleza superamos los obstáculos en el camino del bien arduo, soportamos las dificultades de la vida y emprendemos tareas grandes sin temor. La templanza es el dominio de los placeres y agrados sensibles, el señorío de sí mismo y la moderación en el uso de los bienes terrenos.

Las virtudes teologales son las que tienen a Dios como objeto directo, como origen y motivo. Ellas nos permiten actuar a lo divino, por encima de nuestra naturaleza. Es Dios mismo quien infunde en el alma la fe, la esperanza y la caridad, pero debemos disponernos a recibirlas como dones divinos, y sobre todo pedir al Espíritu Santo que nos las conceda y nos haga crecer en ellas.

De la fe hemos hablado ya, de la caridad hablaremos al tratar el primer mandamiento. Por la esperanza anticipamos la gloria del cielo, y caminamos hacia ella sin desaliento. Por la esperanza confiamos en que Dios misericordioso nos dará todos los medios necesarios para llegar al cielo. Podemos así vivir en la tierra "alegres en la esperanza, pacientes en la tribulación, constantes en la oración" (Rom 12, 12).

La desesperación en su sentido propio, desesperar de la salvación, es un pecado horrible. La misericordia de Dios abarca hasta las peores miserias humanas, pero la desesperación se pone más allá de ella. Dios lo perdona todo, pero (si podemos hablar así) lo único que Dios no puede perdonar es el no esperar en su perdón. Por la desesperación el hombre se autoexcluye de él. Suponemos que ese fue el pecado final de Judas. En cambio, la desesperanza es un desfallecimiento menor del espíritu, con frecuencia ligado a estados anímicos. Así y todo, la virtud de la esperanza lleva a cultivar un temple animoso en la lucha ascética frente a las adversidades de la vida.

Esa como aureola de luz que vislumbramos al fondo del camino es la fuerza de los caminantes y peregrinos que somos en la tierra; a la hora del cansancio anticipamos ese final y recobramos nuestras energías. "Por la esperanza hemos sido salvados" (Rom 8, 24). Ella nos hace aspirar y suspirar por la felicidad eterna del cielo, casi como si estuviéramos llegando ya, y por ella, a pesar de nuestras miserias, confiamos en perseverar hasta el fin (Mt 10, 22).

XII

LA VIDA EN CRISTO: MANDAMIENTOS, I

Cuando se preguntó a Cristo cuál era el primero de los mandamientos, él se remontó al Deuteronomio, a la famosa Shemá de los israelitas (6, 4-5): "El primero es: Escucha, Israel: el Señor Dios nuestro es el único Señor. Amarás al Señor tu Dios con todo tu corazón, con toda tu alma, con toda tu mente y con todas tus energías. El segundo es este: Amarás a tu prójimo como a ti mismo" (Mc 12, 29-31). No siempre los israelitas tuvieron clara esta jerarquía, y de allí la pregunta.

En esas palabras de Jesús se contiene todo lo que tenemos que hacer en este mundo; todo lo demás son las circunstancias, las formas, las consecuencias de esos dos amores, que constituyen el único quehacer del hombre sobre la tierra.

1. ¿Qué es amar a Dios?

El primer paso y la condición previa de nuestro amor a Dios consiste en dejarse amar por Él, con la gratitud del que se sabe pecador, necesitado y gratuitamente amado por Él; solo entonces puede brotar de nuestro corazón la respuesta de amor que le debemos. Así nos lo hace saber san Juan: "En esto está el amor: no en que nosotros hayamos amado a Dios, sino en que Él nos amó a nosotros y nos envió a su Hijo" (1 4, 10).

Cuando se habla de amar a Dios con todo el corazón, debe precisarse una vez más el sentido bíblico de ese término, que no designa la sensibilidad o el sentimiento, sino el núcleo más íntimo de la persona y la totalidad de su ser. Necesitan esta explicación esos buenos creyentes que afirman no sentir ese amor, o creer que aman a sus seres queridos de la tierra más que a Dios mismo. Pues a ellos se los quiere con el "corazón" en el sentido habitual del término, que designa los estratos más sensitivos y emotivos del alma.

Pero a Dios se lo ama con la libre voluntad y la inteligencia, con lo más alto del espíritu. La sensibilidad y las emociones pueden participar o no de ese amor, o hacerlo en distintos grados, lo que es accidental y variable. Podrían confundir a los fieles incluso algunos santos, esos que expresan su amor a Dios con gran efusión de afectos sensibles. Para evitar equívocos, se dice que debemos amar a Dios con amor efectivo, no necesariamente afectivo.

Necesita la misma aclaración el amor a Dios "sobre todas las cosas". Se trata del amor que llamamos "apreciativamente sumo", y significa que, si Dios permitiera que nos quedáramos sin alguna de aquellas personas o bienes amados de la tierra, aceptaríamos su voluntad aunque fuera con grandes dificultades, como el justo Job: "El Señor me lo dio, el Señor me lo quitó. Bendito sea el nombre del Señor" (Job 1, 21). O bien, dicho en forma positiva: que estamos dispuestos a perder lo que fuera, antes que perder la amistad de Dios por un pecado grave.

El amor es una experiencia humana tan universal, que suele darse por supuesto su significado. La Iglesia, además, a su paso por los siglos ha dejado una estela tan luminosa, tan admirable de amor a Dios, que no necesita explicarse más. Tampoco le corresponde definir la naturaleza del amor a la manera de la filosofía o de la antropología. Pero hoy "amor" significa tantas cosas, a menudo tan confusas o incluso bajas, que para comprender bien el amor teologal no está de más una clarificación.

Una aproximación interesante es la de Josef Pieper, para quien amar es poder decir a alguien: ¡Qué bueno que tú existas!, ¡qué bueno que haya alguien como tú en el mundo!, ¡qué bueno que tú seas tú! Esta declaración de amor puede sonar extraña, por demasiado metafísica, pero dice algo muy profundo, porque alcanza al ser mismo de quien se ama: se lo reafirma en el ser, se expresa la alegría de que simplemente exista. El "vio Dios que era bueno" cada ser que había creado (Gn 1, 10. 25. 31) resuena en esta declaración, porque ella confirma en la persona amada el acto creador del amor divino.

En el amor teologal, esa declaración podría expresarse de esta hermosa manera: ¡qué bueno que Tú existas desde siempre y para siempre, que no puedas no existir, porque Tú eres el Ser mismo, el Ser infinito, el Existente absoluto: qué maravilloso, qué infinitamente bueno es que Tú seas Tú, el Yo Soy, el Bien de todos los bienes! ¿Qué dicen estas palabras acerca del Dios así amado? Dicen el gozo del Amor, la admiración del Amor, la alabanza del Amor, la gloria del Amor. Como en el verso del poeta: "Yo canto y bailo porque Dios existe". Y luego este amor se extiende casi creadoramente a la creación entera: porque se ama a Dios, se ama todo lo que Dios ama, todo lo que Él hizo por amor.

Otra aproximación útil es la de C. S. Lewis, quien al planear su obra sobre el amor (*Los cuatro amores*) pensó que lo esencial de amar era el don de sí, el amor como donación; pero a poco andar tomó conciencia del aspecto opuesto, el amor de necesidad, que es parte de todo amor humano. El problema no es nuevo: ya en el siglo XVII Fénelon postulaba el amor a Dios puro y del todo desinteresado, y se le enfrentó Bossuet, para quien ese amor no podía existir, por nuestra necesidad de Dios, y el consiguiente interés que hay siempre en ese amor.

Lewis viene a decir lo mismo: ante Dios somos seres incompletos, necesitados, limosneros, interesados. ¿Acaso podemos decirle: yo no soy un mendigo? Es Dios quien carece de necesidad al amarnos a nosotros; nosotros, al amarlo a Él, nos damos pero lo necesitamos absolutamente: nuestro amor es por fuerza interesado. Nuestro peligro consiste, no en el interés *de* y *por* Dios mismo, sino (sobre todo en nuestra oración de petición) en el interés por obtener a través de Él bienes que no son Él, usándolo como un instrumento.

Karl Adam recuerda cómo se desfiguraba así la idea de Dios en los tiempos antes de Cristo: "El hombre ofrece a Dios esfuerzos morales para que Dios le devuelva la mano con bienes de la tierra, cosechas, prosperidad. En substancia, Dios está para los hombres y sus necesidades terrenas, y no es el hombre el que está para Dios. La piedad, en la práctica, consistía en hacer un buen negocio. Los conceptos de premio o castigo se consideraban sobre todo en sentido terreno. El gran acto creador de Jesús es haber eliminado para siempre este concepto indigno de la divinidad. Él anuncia la gloria infinita de Dios. No es Dios quien está para mí, sino yo para Él".

Este peligro afecta a todos los creyentes, también a los cristianos. Es el momento de recordar, con santo Tomás, que no oramos para que Dios pliegue su voluntad a la nuestra, sino al revés, para disponernos mejor a cumplir o aceptar su voluntad. De allí la grandeza del mismo Tomás cuando el Señor le ofreció darle, en premio por sus escritos (Bien has escrito de mí, Tomás), lo que él quisiera, y él respondió: Nada sino Tú mismo, Señor. Luego, el amor a Dios es a la vez amor de donación y amor de necesidad.

Una descripción más empírica del amor a Dios es esta: amar a Dios es amar lo que Él ama, y primero amar su voluntad misma: amar lo que Él quiere para nosotros. ¿Qué quiere Él? Quiere dos cosas: quiere lo que nos manda hacer (en sus preceptos), y quiere lo que Él nos envía (en los acontecimientos de nuestra vida), también cuando incluyen nuestro pesar. En cuanto a los mandatos, amar a Dios es cumplir con amor sus mandamientos. Lo dice Jesús: "Si me amáis, observaréis mis mandamientos" (Jn 14, 15). "Y mis mandamientos no son costosos" (Jn 1 5, 3). Al pasar por los preceptos del decálogo, diremos lo que contiene en cada caso el amor a Dios.

El otro querer de Dios es lo que su Voluntad nos envía: amarlo es querer todo aquello que nos pasa sin nosotros, o incluso a pesar de nosotros. Es el querer divino que se expresa en los hechos de la vida, y esto sí que puede ser costoso: amar todo acontecimiento que nos produce disgusto, contrariedad, sufrimiento; aceptar como venida de la Providencia aquella parte de la cruz de Cristo que no hemos buscado en absoluto, pero que Dios ha buscado para nosotros, sea que nos venga de libertades ajenas (desamor, traición, calumnia, deshonra), sea que nos venga de la naturaleza o de otras causas: enfermedad, dolor físico en sus mil formas... Nos hemos referido ya a esto al hablar de la Pasión del Señor.

Hay abundantes oraciones que expresan este amor supremo, y primero la más general: el "hágase tu voluntad en la tierra como en el cielo" del Padrenuestro. Pero su forma más alta es la oración del huerto, porque nos identifica con Cristo en el sufrimiento: "Padre, si quieres, aparta de mí este cáliz, pero no se haga mi voluntad sino la tuya" (Lc 22, 42).

Dice una oración atribuída a Clemente XI: "Quiero lo que quieras, quiero porque quieres, quiero como quieras, quiero cuando quieras". Nunca se puede estar más seguro de amar a Dios como cuando, en el dolor, se pone toda la voluntad propia en esta identificación con la voluntad de Dios; se roza así la cumbre del amor a Dios.

2. La oración

En el contexto histórico de Israel, rodeado de pueblos politeístas y a menudo tentado de idolatría, se comprende que el énfasis del primer mandamiento esté puesto en la adoración al Dios único: "No habrá para ti otros dioses. No te harás escultura ni imagen alguna (...) No te postrarás ante ellas ni les darás culto" (Ex 20, 2-5). El mismo Jesús, tentado por Satanás, replica: "Escrito está: al Señor tu Dios adorarás, y solo a Él le rendirás culto" (Mt 4, 10). Adorar es someterse, rendirse, inclinarse con profunda reverencia ante la infinita Majestad y el Señorío universal de Dios.

Junto con la adoración, la oración es una forma excelente del amor a Dios, que ocupa un lugar indispensable en la vida cristiana. En sus mil modalidades posibles, orar es dirigirse al Señor, conversarle, hablarle (y ojalá oírle) con confianza de hijos. Tenemos la recomendación de Jesús: "Conviene orar siempre y no desfallecer" (Lc 18, 1), consejo que resuena así en san Pablo: "Orad sin cesar" (1 Tes 5, 17).

Es Dios mismo quien busca este diálogo de amor con nosotros en toda circunstancia. "El Dios vivo y verdadero llama incansablemente a cada persona al encuentro misterioso de la oración" (CEC, 2567). "Mira que estoy a la puerta y llamo. El que oye mi voz y abre la puerta, entraré a él y cenaré con él y él conmigo" (Apoc 3, 20).

Podríamos describir así la maravilla de la oración: sin mayor trámite ni espera, basta que uno cualquiera de nosotros, pobrecillos humanos, diga en su corazón "¡Dios mío!", y ¡ya está!: en el acto tiene a todo el cielo que lo escucha: tiene la inmensidad del espacio divino como caja de resonancia de ese suspiro suyo, y tiene el oído de Dios atento a su menor balbuceo, como si para Él no hubiera en toda la creación algo más digno de atención que ese murmullo de su pequeña creatura.

Ese "¡Dios mío!" basta para abrir el diálogo eterno, la locución y la audición entre Persona y persona, la comunicación inefable entre Creador y creatura. Y aún cuando la creatura se distraiga aquí y allá, es la Trinidad quien no se distrae jamás. Todo un Dios es para la creatura humana su interlocutor; Él oye nuestras palabras antes siquiera de que las pronunciemos. Y eso en cualquier instante, y mil veces al día si lo volvemos a llamar con alegría o con aflicción, o por el puro gusto de confidenciarle lo que nos pasa, por insignificante que sea. Porque todos podemos decir con Jesús al Padre: "Yo sé que siempre me oyes" (Jn 11, 42).

Los Evangelios nos transmiten múltiples oraciones de Jesús, pero además dejan constancia de que él se retiraba "muy de mañana, al amanecer, a un lugar solitario a orar" (Mc 1, 35), y otro tanto al atardecer, cuando parece que la naturaleza misma se recoge en silencio (Lc 5, 16). Como Jesús, nosotros podemos reservar ciertos momentos de nuestro tiempo para recogernos en oración. Pero también podemos orar en todo instante, a propósito de los mismos acontecimientos del día, por lo menos con esas brevísimas oraciones que llamamos jaculatorias ("flechazos").

Hay una oración de petición, como la del centurión por su criado enfermo (Lc 7, 3-4), o la del pobre leproso que quiere ser curado

(Mc 1, 40), u otras tantas. Hay una oración de acción de gracias (Lc 17, 15-16), y una oración de contrición (Lc 18, 13), y una oración de alabanza (Lc 10, 21). Y toda oración suele ir entretejida de actos de fe, de esperanza y de amor dirigidos a Quien es su objeto teologal.

La oración vocal, en la que participa la voz, suele hacerse con palabras preestablecidas, como los salmos o el Padrenuestro. El rezo del rosario, que pasa por los principales misterios de la vida del Señor y de la Virgen, es una devoción popular que ha alcanzado una inmensa difusión en los últimos siglos y que ha sido sumamente recomendada por la Iglesia.

Si hay quienes encuentran tediosa la repetición de las mismas palabras, san Juan Pablo II dice de ella que es "la expresión del amor que no se cansa de dirigirse a la persona amada", con palabras que "son siempre nuevas" (Carta *Rosarium Virginis Mariae*, 26). Históricamente, el rezo del rosario ha sido una gran arma de petición por las grandes necesidades de la Iglesia y de la humanidad, y hoy de modo especial por la paz del mundo y por la integridad de la familia (RVM, 40-42).

Existe también la meditación, que consiste en aplicar el pensamiento a esos misterios, a las verdades eternas, a algún pasaje de las Escrituras, a alguna virtud o aspecto de la vida cristiana que se quiera profundizar y, en fin, a cualquier episodio de la vida que se quiera clarificar con la luz de la fe, o al "gran libro de la creación y de la historia, la página del hoy de Dios" (CEC, 2705).

Ese tipo de oración, que requiere algún tiempo, no se practica "cuando se tiene tiempo, sino que se busca el tiempo de estar con el Señor, con la firme decisión de no dejarlo y de volver a tomarlo" (CEC 27, 10). Las dificultades propias de la meditación suelen ser las distracciones, la falta de ocurrencias y la sequedad del corazón. No hay que darles excesiva importancia, y aún se puede sacar partido de ellas para perseverar y orar con más humildad.

La cumbre de la meditación es la contemplación, que también puede darse fuera de ella, y consiste en esa simple mirada de amor y de asombro que se aquieta y se goza en el Señor. El cura de Ars observó un día a un campesino de su parroquia, que en la iglesia tenía la vista fija en el sagrario por rato y rato sin hacer ni decir nada, y le preguntó qué hacía. Su respuesta es todo un modelo de vida contemplativa: Yo lo miro y él me mira. Esa vida no es en modo alguno una exclusividad de religiosos que se retiran del mundo para orar así; todos los fieles, también y precisamente en el bullicio del mundo, pueden y deben ser contemplativos, cada uno según su estado y condición.

No habiendo un mandato preciso acerca de cuándo orar, tampoco puede hablarse de faltas precisas de omisión en esta materia; solo del daño que se sigue para el alma que ora poco y nada, y de sus consecuencias: lejanía de Dios, empobrecimiento de la conciencia moral, menor resistencia a las tentaciones, mayor inclinación al pecado.

3. La adoración

En cambio, son bastante precisos los pecados contra la adoración del Dios único. El politeísmo y la idolatría, al menos en la cultura occidental, son improbables en la actualidad. No así el pecado de considerar o invocar como divino lo que no lo es, dando fe y veneración religiosa a algo que no lo merece en absoluto. Su forma más obvia es esa desviación del sentimiento religioso que llamamos superstición. Ella suele provenir de la ignorancia, pero no es infrecuente en ambientes cultivados: el número trece, el gato negro, el espejo roto, la sal volcada, el golpear madera o metal, el no pasar bajo una escala, etc.

La falta reside en creer que traen mala suerte (o buena) hechos del todo indiferentes a nuestro destino, que está en las manos de Dios. Su Providencia, que no pasa por esos augurios, viene a ser como usurpada por aquellas banalidades. De allí que se las considere contrarias al primer mandamiento. Esas faltas de superstición, que son leves, y otras más graves que diremos en seguida, atentan también contra la inteligencia humana, al atribuir a ciertos agentes unas cualidades extravagantes e ilógicas, y al tomar lo que es nada como si fuera algo.

En su afán por desvelar el futuro, los hombres han discurrido diversas prácticas de adivinación, que se relacionan con la posición de los astros (horóscopos y astrologías), con el azar de los naipes, con las líneas de la mano (quiromancia) o con otros azares de la naturaleza o del acontecer humano. Mucho más grave, por supuesto, es la invocación a los muertos, o incluso el recurso explícito a los demonios. El espiritismo está expresamente proscrito, con un precedente de la Escritura: el castigo divino sobre el rey Saúl cuando intentó invocar al difunto Samuel (1 Sam 28, 16-19).

Esas prácticas adivinatorias, de muy distinta gravedad como pecados, contienen un afán de poder sobre el tiempo, sobre los acontecimientos o sobre el prójimo, y contrarían el designio divino sobre la condición humana y su temporalidad propia, que transcurre en el presente, mientras que por voluntad de Dios el futuro nos permanece velado: solo Él conoce lo que vendrá, y no es lícito arrogarse su presciencia. En todos esos casos, por descontado, existe el riesgo del engaño, de las decisiones equivocadas que se sigan y del negocio fraudulento, cuando tales servicios son remunerados. Otra cosa muy distinta de la adivinación son las previsiones de orden natural, que forman parte de la vida humana.

Siempre habrá quien pueda decir que en su caso una adivinación se cumplió. Pero se olvida que quien ejerce de adivino(a), al conversar con la persona interesada, ha sacado en limpio mucho más de cuanto esa persona piensa, dando material a aquella conjetura. Y sobre todo, los múltiples presagios no cumplidos se olvidan fácilmente, mientras que cuando uno de ellos se cumple, se lo recuerda con asombro retrospectivo, como si probara algo respecto de la adivinación misma.

La magia (magia negra, no prestidigitación) y la hechicería consisten en invocar fuerzas ocultas para actuar sobre el prójimo, generalmente con intención de dañarlo, aunque a veces para hacerle bien. En cualquier caso, esta invocación es siempre una ofensa a Dios, porque tales poderes (muy variados según el folclore local) simplemente no existen, y tales sortilegios son palabras vacías. Cuando son ofrecidos a otros, se saca provecho de la credulidad ajena.

Y si alguna vez esas fuerzas invocadas son reales, no son benignas: al invocarlas es posible estar abriendo una portezuela al demonio, lo que sería gravísimo, como lo es todo trato imaginario o real con Satanás. Sobre la magia negra y el demonismo se puede leer una ilustración de fantasía, pero con buenos fundamentos doctrinales, en la novela de Michael Burt *El caso de las trompetas celestiales*.

El primer mandamiento prohibió a los antiguos la idolatría, o adoración de dioses que no son nada. Hoy existen nuevas formas profanas de ese mal, que se dan cuando el hombre rinde cierta veneración o consideración máxima a creaturas de suyo buenas o indiferentes, pero casi divinizadas por el aprecio desordenado y sumo que se les tiene. Así la Iglesia habla hoy de la idolatría del dinero, de la raza, del Estado, del poder, del placer, de la belleza corporal, de la salud misma…

El segundo mandamiento del decálogo pide respeto por el santo nombre de Dios y de las personas y cosas sagradas, y prohíbe tomar su nombre en vano. La blasfemia es la injuria proferida contra Dios, la Iglesia, los santos, etc., y constituye un pecado grave. Se prohíbe también el juramento en falso o perjurio. Recordemos que Jesús pidió simplemente no jurar (Mt 5, 34), recomendación que no se contraría si hay una causa de peso, como cuando se jura ante un tribunal de justicia, al asumir cargos públicos, etc.

El mandamiento tercero, que exigía el descanso sabático, se transfirió después de Cristo al domingo o día del Señor, día de su Resurrección, que se celebra especialmente con la Eucaristía (misa de precepto, salvo impedimento razonable) y con la abstención de trabajos que impidan el culto divino. El domingo se santifica también con la dedicación a la familia, con la oración y los servicios de la caridad.

"El día domingo es el día de fiesta primordial, que se propone a los fieles, y se les inculca que sea un día de alegría y de abstención del trabajo" (SC, 8). La frecuente costumbre del fin de semana fuera de casa, y quizá lejos de toda iglesia, no justifica la omisión frecuente o habitual de la celebración religiosa.

4. El amor al prójimo

Jesús llama "segundo mandamiento" al amor al prójimo, y lo declara "semejante" al primero, el amor a Dios, agregando que "de estos dos mandamientos pende toda la ley" (Mt 22, 39-40). San Juan expresa así su relación recíproca: "Quien no ama a su hermano, a quien ve, no puede amar a Dios, a quien no ve. Este mandamiento tenemos de Él: que quien ama a Dios, ame también a su hermano" (1 5, 20-21).

Cuando un doctor de la antigua ley pregunta a Jesús "¿Y quién es mi prójimo?", él no da una respuesta abstracta (el prójimo es…), sino que contesta con una bellísima parábola, la del samaritano, que es como la carta fundacional del concepto de prójimo para los siglos venideros (Lc 10, 29-37), y que supera todas las limitaciones de etnia, pueblo, religión, de edades anteriores.

Cuenta Jesús de un hombre que fue asaltado y dejado malherido y medio muerto en el camino. Pasó por allí un sacerdote, luego un levita, ministros del templo, que se desentendieron de la víctima, se supone que por los motivos habituales y, por desgracia, bien actuales en nuestro mundo: voy con prisa, quién me manda meterme en complicaciones, ese hombre ya se muere…

Pasó luego por allí un samaritano, un semipagano, que prodigó a la víctima toda clase de cuidados, lo subió a su cabalgadura, lo llevó a una posada, y pagó todos los gastos de su restablecimiento. ¿Por qué? Porque a ese moribundo desconocido, a ese bulto sangrante en el camino, lo miró como su prójimo, como su otro yo, como si él mismo estuviera en su pellejo, como si fuera él quien yacía abandonado allí, como querría ser tratado él si fuera la víctima.

Dos cosas principales enseña esta parábola. Primero, que el prójimo es todo ser humano, aún el extraño, aún el enemigo (había una vieja enemistad entre judíos y samaritanos). La humanidad no conoció hasta entonces tal amplitud universal del concepto. Y luego, que el amor al prójimo comienza por este movimiento de ingreso al corazón del otro, por este ponerse en su lugar, y no mirarlo desde fuera sino desde su interior, por esta identidad interior entre tú y yo.

Eso significa quererlo "como a sí mismo", porque todos estamos dentro de nuestro amado pellejo y nos amamos a nosotros mismos con un amor que no es egoísmo sino naturaleza. Un amor como ese es el que debemos a todo ser humano, incluso al más distante o al más contrario.

Hay otra expresión paralela, no menos universal, que dio Jesús a este mandamiento y que tiene la ventaja de una aplicación intuitiva a todo caso posible. Es esta: "Todo lo que queráis que hagan los hombres con vosotros, hacedlo también vosotros con ellos" (Mt 7, 12); "Tratad a los demás como deseáis que os traten ellos a vosotros" (Lc 6, 31). El equivalente negativo también es útil a la conciencia: no hagas a nadie lo que no quieres que otro haga contigo.

Bien lo sabe Jesús: desde el pecado original estamos como incrustados en nuestro propio yo: mis gustos, mis bienes, mi tiempo, mi honra, en suma, mi yo, que tan fácilmente se encierra en sí, se ensimisma y se pone por encima de los demás. Pero la llamada de Dios es darnos, dar y darnos a nosotros mismos, entregarnos, buscar el maravilloso olvido de sí en bien de los demás, según aquella sentencia de Jesús que no está en los Evangelios pero que nos conserva san Pablo: "Hay más felicidad en dar que en recibir" (Hch 20, 35).

Si uno mide el bien del prójimo por el bien propio, sabrá uno muy bien qué debe hacer por ese prójimo que es su otro yo. Como es natural, yo quiero que me ayuden cuando lo necesito; luego yo querré ayudar a quien me necesita: "Llevad los unos la carga de los otros, y así cumpliréis la ley de Cristo" (Gal 6, 2). No quiero que nadie hable mal de mí a mis espaldas; luego no lo haré yo con nadie: "Hermanos, no habléis mal unos de otros" (Sant 4, 11). Si he actuado mal, quiero que me perdonen; luego yo perdonaré: "Si perdonáis a los hombres sus faltas, también os perdonará vuestro Padre celestial" (Mt 6, 14).

Yo no quiero ser despreciado; luego no despreciaré a nadie: "Quien desprecia a su prójimo es un pecador" (Prov 14, 21). No quiero que nadie me llame estúpido; luego no llamaré a nadie así: "El que llame estúpido a su hermano, será reo ante el tribunal" (Mt 5, 20).

Quiero que me hagan tal o cual favor, o que me presten algo; luego, pudiendo, lo haré yo: "Dale a quien te pida, y no vuelvas el rostro al que desee de ti algo prestado" (Mt 5, 42). Esta regla de la caridad es universal: basta pensar qué espera uno del prójimo, para saber cómo debe uno portarse con él. Es cosa de anticipar en sí mismo la conducta de amor debida a los otros.

5. El "himno a la caridad"

Completaremos las formas del amor al prójimo con la breve enumeración que hace de ellas san Pablo en su famoso "Himno a la caridad": "El amor es paciente, el amor es servicial, no es envidioso, no hace alarde, no obra con dureza, no busca su propio interés, no se irrita, no guarda cuenta del mal, no se alegra de la injusticia, se goza en la verdad, todo lo perdona, todo lo cree, todo lo espera, todo lo soporta" (1 Cor 4-7).

Vamos a recorrer brevemente estas estupendas cualidades del amor. Quien ama "es paciente" con el prójimo: sabe dominar esos impulsos de agresividad que harían ingrata la convivencia. El prójimo puede tener ideas contrarias a las propias, o puede tener un carácter difícil, o bien chocar con los propios planes; pero uno no puede exigir a nadie que se haga a la medida de uno. Saber convivir es conversar sin polemizar, es aceptar al otro tal como es.

El que ama "es servicial": está atento a servir a los demás, como María en las bodas de Caná (Jn 2, 3-5). Cuando sus discípulos se disputan primacías y superioridades, Jesús les pide: "El que quiera ser grande entre vosotros, sea vuestro servidor, y quien quiera ser primero sea vuestro esclavo, del mismo modo que el Hijo del hombre no vino a ser servido sino a servir" (Mt 20, 26-28). Gran cosa es que, cuando alguien en torno necesite un favor, sepa que puede recurrir a uno, porque uno es de esas personas siempre dispuestas a echar una mano, y no se negará con fáciles excusas. Y gran cosa es adelantarse incluso a las necesidades de los cercanos, y tratar de resolverlas antes de que se lo pidan a uno.

El amor "no tiene envidia". Esta actitud comienza por no compararse con los demás, por no mirar a nadie como midiendo superioridades, como si la vida fuera una competencia. Porque esa actitud competitiva lleva a sentir el bien del otro como algo que lo disminuye a uno, o peor, a sentir el mal ajeno como algo que levanta al propio yo. Pero el bien del otro es mi propio bien, su triunfo es mi triunfo, su mal es mi mal, su pena es mi pena. Esa actitud produce concordia en el trabajo y en la familia, y da a la propia alma una mayor serenidad.

El amor "no hace alarde", no se jacta, no se alaba, no es presuntuoso, no se envanece: ¿de qué, en última instancia? "¿Qué tienes que no hayas recibido? Y si lo recibiste, ¿por qué te glorías como si no lo hubieras recibido?" (1 Cor 4, 7). Es desagradable una persona que se da aires, así como es grata la persona modesta. El punto de partida de esta actitud es hablar de sí mismo lo menos posible, lo justo y necesario.

El amor "no obra con rudeza", no es áspero, no es tosco ni rudo. Los modales de la caridad son afables y respetuosos, incluso finos sin rebuscamiento. A medida que la vulgaridad de las formas y la grosería del lenguaje avanzan en el mundo, un cristiano debe esmerarse en esa modalidad del respeto por el prójimo que llamamos cortesía, urbanidad. Porque la caridad está también en las formas, que no son meras formas: su contenido es grande y bienhechor.

El amor "no busca su propio interés". El movimiento del amor se dirige al interés de los otros. "Buscad cada cual no su propio interés, sino el interés de los demás" (2 Flp, 4). La caridad no utiliza nunca a nadie en beneficio propio: excluye toda manipulación de las personas, que deben ser tratadas como lo que son, como fines en sí, nunca como cosas.

El amor "no se irrita". Esta cualidad está ligada a la bienaventuranza de los mansos, y también a la de los pacíficos. Mansa no es la persona débil y como domesticada por la vida; es la persona fuerte que ha sabido triunfar sobre esas pasiones que llamamos irascibles: cólera, enojo, rabia... Dar rienda suelta a ellas estropea toda convivencia; vencerlas es hacer amable la vida a los demás.

"Si os enojáis, no lleguéis a pecar: que no se ponga el sol sobre vuestra ira" (Ef 4, 26). Porque una cosa es sentir esa reacción involuntaria, y otra es consentirla y darle rienda suelta, o incluso dejar que dure cuando ya se la debía haber dominado. En un ambiente de afecto, sobre todo en la familia, pide san Pablo que esa reacción no dure hasta el anochecer, porque le pondrá fin la palabra amable, el gesto de paz que significa: aquí no ha pasado nada, estamos bien todos con todos.

Ese ambiente se facilita mucho con la propiedad que sigue: el amor "no guarda cuenta del mal". No hay que retener el mal recibido en forma de rencor. Una ofensa o un agravio padecido se olvida pronto, cuando se es capaz de perdonar. ¿Cuántas veces? "¿Hasta siete veces?", pregunta Pedro al Señor, que responde: "No te digo hasta siete veces, sino hasta setenta veces siete" (Mt 18, 21-22). Al rezar el Padrenuestro, cuando pedimos a Dios perdón por nuestros pecados, decimos: "como también nosotros perdonamos a los que nos ofenden", como dando por hecho que nosotros ya hemos perdonado.

El amor "no se alegra de la injusticia", es decir, de que alguien la padezca, sino que la compadece, y acompaña de corazón al que la padeció. Porque el amor se alegra solo del bien ajeno, nunca del mal. Esa alegría consiste en la capacidad de celebrar el bien de los demás, su triunfo, su talento, su virtud. La vida familiar y social está sumamente necesitada de esta aptitud para aplaudir y festejar todo lo bueno de otros, como si fuera propio, y de dolerse de lo que a otros duele. "Gozaos con los que se gozan, llorad con los que lloran" (Rom 12, 15).

El amor "todo lo perdona", todo lo disculpa, que es tanto como decir: el amor no juzga, no critica, no condena, no hace de los defectos de los demás ese juicio crítico, que comienza con el pensamiento, y tiende luego a expresarse en la maledicencia. Tenemos el mandamiento expreso del Señor, que relaciona nuestro juicio de otros con el propio juicio final: "No juzguéis y no seréis juzgados; no condenéis y no seréis condenados" (Lc 6, 37). "Porque con el juicio con que juzguéis se os juzgará, y con la medida con que midáis seréis medidos" (Mt 7, 2).

Nos estamos fabricando, pues, la vara de nuestro propio juicio cuando venga el día del Señor. "Tú, ¿por qué juzgas a tu hermano? (…) No nos juzguemos unos a otros" (Rom 14, 10. 13). San Pablo nos indica la razón de este mandato: no conocemos el interior de nadie. "Dios juzgará los secretos de los hombres" (Rom 2, 16). "El Señor iluminará lo oculto de las tinieblas, y pondrá de manifiesto las intenciones de los corazones" (1 Cor 4, 5).

Nosotros podemos juzgar la objetividad de los hechos y las conductas humanas en su exterioridad, pero el interior de los hombres nos resulta inaccesible en sus intenciones, condicionamientos y circunstancias, ese mundo que solo Dios conoce. "Soy Yo quien escudriña los corazones y las entrañas, y daré a cada uno según sus obras" (Apoc 2, 23). Luego juzgar al prójimo, o suponerle intenciones, es como usurpar un atributo exclusivo de Dios.

Cuando el juicio interior de crítica o reprobación se manifiesta en palabras que otros oyen, se configura ese pecado tan ingrato y peligroso que llamamos murmuración, maledicencia, difamación: hablar mal del prójimo ausente y de sus defectos. Es un pecado que por su materia puede ser leve, pero también falta grave contra la caridad, y aún contra la justicia, cuando deteriora en forma importante el buen nombre y la fama ajena, que son derechos universales.

El apóstol Santiago es especialmente duro al referirse a este mal: "No habléis mal unos de otros (…) ¿Quién eres tú para juzgar al prójimo?" (4, 11-12). Y sobre la mala lengua: "La lengua es un mundo de iniquidad (…) Es un mal incontrolable, llena de veneno mortal. Con ella bendecimos al Señor, y con ella decimos mal de los hombres, que han sido hechos a imagen de Dios (…) Esto, hermanos míos, no debe ser así" (3, 6. 8. 10).

Cuando se habla mal de una persona en un grupo, los fieles cristianos enfrentamos un hermoso desafío: defender a esa persona si es posible, y en todo caso decir algo bueno de ella; si eso no se puede, se calla uno, y en lo posible cambia de tema con naturalidad. Muchos deberes del amor al prójimo pueden recapitularse en esta misión de respetar la fama ajena, y de elogiar su persona y sus actuaciones, tanto cuanto la verdad lo permita: en la familia, en el mundo del trabajo, en la vida social y ciudadana. Por contraste, ofenden a Dios el racismo y el clasismo, que discriminan al prójimo por su etnia o por su condición social: "Si hacéis acepción de personas, pecáis" (Sant 2, 9).

Por último, cuando hay una cierta cercanía o intimidad, el amor al prójimo lleva esa mayor carga de afectividad que llamamos cariño: una palabra castellana que en otros idiomas no tiene un equivalente exacto, y que en todo caso significa poner el corazón en el trato con los demás. Esa caridad que es cariño resulta sumamente deseable, para que la caridad sea cálida, amable, hondamente humana, a la vez que divina.

LA VIDA EN CRISTO: MANDAMIENTOS, II

Así como el alma de todos los mandamientos es el amor a Dios, así el alma de los siete restantes del decálogo es singularmente el amor al prójimo. Tras enumerar algunos de esos mandatos, dice san Pablo: "y cualquier otro precepto, en esto se resume: amarás a tu prójimo como a ti mismo" (Rom 13, 9). Todo cumplimiento valdrá en la medida en que esté efectivamente animado por la caridad, cualquiera que sea su materia propia.

1. HONRAR PADRE Y MADRE

Así enuncian las Escrituras el cuarto mandamiento (Deut 5, 16; Mc 7, 10). Hay una relación humana privilegiada en el interior de la familia, esa primerísima comunidad formada por el matrimonio de hombre y mujer, y por los hijos que ellos engendran y educan. Pues allí están nuestros primeros prójimos. Los lazos de la sangre originan deberes y derechos únicos: "Honra a tu padre y a tu madre, para que se prolonguen tus días sobre la tierra" (Ex 20, 12; Ef 6, 2-3). "Recuerda que por ellos has nacido: ¿cómo podrás pagarles todo lo que te han dado?" (Si 7, 30).

En un sentido amplio, este mandato cubre todas las relaciones de parentesco en la familia, resumidas en el término "honrar", es decir, respetar: tratar a cada cual como lo pide su dignidad personal. La dignidad de los padres es singularísima para los hijos, que nunca les pueden retribuir en forma suficiente el don de la vida, que Dios les ha dado a través de ellos.

El modo de tratarse padres e hijos ha conocido muchas formas distintas en las diversas culturas, pero nunca debe estar fuera del ámbito del respeto. También ha conocido formas varias el principio de autoridad, pero siempre incluye la obediencia de los hijos a los padres mientras vivan bajo el techo paterno. "Hijos, obedeced a vuestros padres en el Señor, pues esto es justo" (Ef 6, 1). Y entonces y más tarde en la vida, se les sigue debiendo respeto y buen trato, miramiento y consideración.

Cuando los padres envejecen o enferman, los hijos ya mayores deben retribuir lo recibido de ellos con toda la ayuda material y afectiva que sea posible: "Hijo, cuida a tus padres en su vejez" (Si 3, 14). Abandonarlos a su suerte, por ejemplo, en un mal asilo y hacerles visitas mínimas por egoísmo o comodidad, no es propio de hijos bien nacidos. Se ha acuñado la palabra "moridero" para designar ese destino, por desgracia no infrecuente en la sociedad actual.

Los padres han de tener la preocupación primordial de educar a sus hijos. "Padres, no exasperéis a vuestros hijos, sino formadlos en la disciplina y enseñanza del Señor" (Ef 6, 4). La educación de los hijos es tanto un derecho como un deber de los padres, ambos irrenunciables, radicados en la naturaleza humana y por tanto anteriores al Estado, que siempre debe respetarlos y promoverlos, nunca sustituirlos.

"Hay que reconocer a los padres como los primeros y principales educadores de sus hijos (...) La familia es la primera escuela de las virtudes sociales, que todas las sociedades necesitan" (*Gravissimum educationis*, 3). Es a través de la familia que el ser humano ingresa en las sucesivas comunidades, y luego en la sociedad entera. El ser humano nace y se hace en el hogar, y allí aprende a vivir, a ser hombre o mujer al amparo bienhechor de los padres, ojalá en un clima de afecto, desinterés, espíritu de sacrificio.

Los padres son también los primeros evangelizadores de sus hijos, a quienes deben iniciar en los misterios de la fe y en la doctrina de la Iglesia. Ayudados por la escuela cristiana, no deben sin embargo descargar en ella toda la responsabilidad de esta educación. Al mismo tiempo, tienen el derecho y el deber de elegir, según sus posibilidades, la escuela que convenga a ese fin, y los poderes públicos deben garantizarles ese derecho.

El cumplimiento armónico de estos derechos y deberes familiares está muy ligado a la estructura misma de la familia en la sociedad, y a su entidad institucional, ética y jurídica. El deterioro de la institución familiar termina por afectar las bases mismas del orden social, pues no en vano ella es la célula matriz de la sociedad, su semilla embrionaria, su cimiento, tal como lo plantea el Magisterio de la Iglesia, con buen fundamento en la razón natural.

"Quien quiera construir sobre bases sólidas y duraderas el edificio cívico social, ha de fundarlo sobre una concepción del matrimonio y de la familia conforme al orden establecido por Dios" (Pío XII, 10-VI-1958). "Cual es la familia, tal es la nación, tal es el hombre" (san Juan Pablo II, 8-VI-1979). No se puede pretender una sociedad mejor que las familias que la componen. En las últimas décadas, está a la vista el daño institucional que ha sufrido la familia, y con ella la sociedad entera, a causa de la abundancia de divorcios, el amor libre, la crisis de la autoridad paterna, la convivencia de facto, el aborto y la anticoncepción (GS, 47; FC, 6).

Este último documento sitúa en la base de esos fenómenos "una frecuente corrupción de la idea y de la experiencia de la libertad, concebida no como la capacidad de realizar el proyecto de Dios sobre el matrimonio y la familia, sino como una fuerza autónoma de autoafirmación, no raramente contra los demás, en orden al propio bienestar egoísta" (6): la libertad desbocada, el hedonismo, el materialismo práctico.

Este es el ingente desafío de los fieles cristianos: difundir a todas las gentes el Evangelio de la familia, no solo con su proclamación, necesaria pero insuficiente, sino con una acción apostólica capilar, lenta y profunda, perseverante, hecha (como siempre) de oración, penitencia y sacrificio, de ejemplo atractivo, de iniciativas de formación audaces, de diálogo y comunicación personal y colectiva, capaz de irradiar los grandes valores de la familia y de la libertad verdadera que está en su raíz: libertad de amar y de entregarse.

Este desafío corresponde muy esencialmente a los matrimonios mismos, a esos "hogares luminosos y alegres" que decía san Josemaría, y que por serlo difunden a su alrededor los valores divinos y humanos que ellos mismos encarnan. "Una familia así se hace evangelizadora de muchas otras familias, y del ambiente en que ella vive" (EN, 71).

2. La vida es sagrada

"No matarás" (Ex 20, 13; Deut 5, 17; Mt 5, 24). La razón de ser del quinto mandamiento es esta: la vida humana es sagrada. Nuestra vida posee un vínculo único de origen, pertenencia y destinación con Dios, su Creador y Señor, y ese vínculo la hace indisponible e intocable para la voluntad y acción de todo ser humano. "La vida y la muerte (…) son del Señor" (Si 11, 14). "Yo pediré cuenta de vuestra sangre y de vuestra vida (…), porque a imagen de Dios fue hecho el hombre" (Gn 9, 5-6).

Después del pecado original, el primer pecado que narra el Génesis es el homicidio de Abel por su hermano Caín. "Caín dijo a su hermano Abel: vamos al campo. Y cuando estaban en el campo, Caín se alzó contra su hermano Abel, y lo mató. Entonces el Señor dijo a Caín: ¿Qué has hecho? La voz de la sangre de tu hermano clama a mí desde la tierra. Ahora, maldito seas" (Gn 4, 8-11).

Comenta san Juan Pablo II: "La sangre de los hombres no cesa de clamar, de generación en generación (…) La pregunta del Señor: ¿Qué has hecho?, se dirige también al hombre contemporáneo, para que tome conciencia de la amplitud y gravedad de los atentados contra la vida, que siguen marcando la historia de la humanidad" (EV, 10). Y eso porque hoy "a la conciencia misma le cuesta cada vez más percibir la distinción entre el bien y el mal en lo referente al valor fundamental de la vida humana" (4).

Homicidio directo es el que se comete en forma voluntaria y deliberada, y es un pecado gravísimo. Llamamos homicidio indirecto al que carece de intención, como puede ocurrir en un accidente causado sin voluntad, del que se sigue una muerte. Este homicidio no es de suyo imputable, pero a veces no está exento de responsabilidad, como puede ocurrir con la conducción descuidada de un vehículo, con una práctica médica negligente, con una omisión de medidas de seguridad laboral, etc.

Desde el primer instante de su existencia, es decir, desde su concepción, el ser humano posee el derecho inalienable de todo ser inocente a la vida. No es un mero conjunto de células ni es un apéndice de la madre; es un ser vivo de naturaleza humana. Desde su comienzo mismo se encuentra fijado su código y su programa genético para su futuro. Su eliminación no puede llamarse con el eufemismo "interrupción del embarazo". Las razones que suelen esgrimirse para darle muerte omiten precisamente eso: que se le mata.

El aborto directo, querido como fin, pero también como medio, es un pecado nefasto. Tiene varias agravantes: su víctima es el más inocente de todos los seres imaginables, que jamás podría considerarse un agresor; es inerme, es decir, carece de todo medio de defensa posible; se le da muerte en el seno mismo de la vida; y es su propia madre la que decide o consiente eliminarlo.

Es una desgracia profunda que gane terreno la aceptación de ese "crimen abominable" (GS, 51) en la mentalidad y en las leyes: "es señal evidente de una peligrosísima crisis del sentido moral" (EV, 58). Por su extrema gravedad, la Iglesia sanciona el aborto con la pena canónica de excomunión, que recae sobre todos los que la procuran.

Se llama a veces aborto terapéutico o indirecto a una intervención médica que no tiene como intención, pero tampoco como objeto o naturaleza propia, la muerte del embrión, sino que con ella se busca la curación de una enfermedad. Obviamente debe haber una razón proporcional entre la gravedad de esa enfermedad y su posible efecto abortivo: por ejemplo, la curación impostergable de un cáncer, avanzado ya el embarazo.

No cualquier peligro para la vida o la salud de la madre justifica esa intervención. Si esta cumple con las condiciones morales requeridas, tal vez sea mejor no llamarla aborto sino simplemente terapia. No es aceptable, en cambio, que se acoja a esa figura terapéutica el aborto que, no obstante su intención curativa, solo consigue este fin mediante la muerte del embrión, pues entonces estamos ante un aborto directo.

El diagnóstico prenatal es legítimo si solo busca el cuidado y la salud del no nacido, pero no lo es cuando, en caso de alguna anomalía, existe la voluntad de realizar un aborto, es decir, cuando equivale a una sentencia de muerte del feto. Cierta mentalidad eugenésica, no infrecuente, acepta la nueva vida solo en condiciones positivas de salud. El mismo criterio vale para las intervenciones del embrión con fines curativos.

Usar embriones o fetos como objetos de experimentación científica, es decir, como conejillos de Indias, es un acto indigno del concepto ético de "ciencia". La ampliación del conocimiento humano, un noble fin, no puede justificar cualquier medio. El embrión tiene, de comienzo a fin, el pleno derecho a vivir, es decir, a no ver frustrado por ninguna forma de ingeniería genética su curso natural hacia el nacimiento.

En el otro extremo de la vida, los ancianos, los enfermos terminales y los que sufren cualquier disminución vital, son seres humanos dignos del mayor respeto, y merecen ser atendidos con vistas a una vida tan normal como sea posible. Se llama eutanasia a la acción u omisión que les causa la muerte anticipada con el fin de que no sufran más. Si la pide el propio afectado, es un suicidio asistido; si no, es un homicidio directo. La verdadera misericordia solidariza con el que sufre, y lo ayuda cuanto puede, pero no intenta eliminarlo. Estas figuras corroboran la importancia de la definición moral de un acto por su objeto propio, y no por su sola intención.

Para la mentalidad utilitarista del materialismo práctico, esas personas disminuidas se presentan como una carga pesada e intolerable. Subyace a ese sentir una cultura que no ve significado alguno al dolor, ni sentido alguno a la vida sufriente, en las antípodas de la fe cristiana, y que extiende, al mismo tiempo, la autonomía personal más allá de todo límite moral. Y "se llega al colmo del arbitrio y de la injusticia cuando algunos, médicos o legisladores, se arrogan el poder de decidir quién debe vivir o morir" (EV, 66).

Por otra parte, es legítimo interrumpir tratamientos médicos desproporcionados. El llamado encarnizamiento o ensañamiento terapéutico consiste en prolongar a toda costa las intervenciones médicas extraordinarias, y con frecuencia onerosas al enfermo o a su familia. Con su interrupción "no se pretende provocar la muerte; se acepta el no poder impedirla" (CEC, 2278). En todo caso, se consideran medios ordinarios o proporcionales los cuidados paliativos que intentan aliviar el dolor, como los analgésicos, y el oxígeno y el suero, si están disponibles.

Son terribles estas palabras de san Juan Pablo II: "El siglo XX será considerado una época de ataques masivos contra la vida (...), una destrucción permanente de vidas humanas inocentes" (EV, 17). Por desgracia, el siglo actual no deja de seguir los mismos pasos. Cuanto más se proclaman los derechos humanos, más contradictorio es cuestionar el derecho elemental a la vida en los límites de la existencia: la concepción y la muerte.

La legalización de estos atentados por parte de los poderes del Estado, y de su práctica por parte de los agentes sanitarios, no es en absoluto una ampliación de las libertades ciudadanas, por más que la apoye una eventual mayoría política o social; es más bien una imposición tiránica sobre los seres más indefensos, en el comienzo y en el fin de su vida. Solo el apego irrestricto al mandamiento de no matar es un camino de verdadera libertad ciudadana.

Tampoco el ser humano es dueño de su propia vida: "Somos administradores y no propietarios de la vida que el Señor nos ha confiado" (CEC, 2280). Por eso el suicidio es contrario al recto amor de sí mismo, a la vez que contradice la inclinación natural a la sobrevivencia. También afecta al debido amor al prójimo, puesto que se lo priva de uno mismo. Por eso, objetivamente considerado, el suicidio es un pecado grave.

No obstante, quien se quita la vida puede estar sufriendo tal angustia, desfondamiento anímico, trastorno o pánico, que su conciencia se obnubile, y la decisión de matarse carezca de responsabilidad subjetiva, o esta quede al menos aminorada, y el acto sea difícilmente imputable. Naturalmente, la Iglesia ora por la salvación de los suicidas. Santa Teresa rezaba un día por un ser querido que se había lanzado de un puente, y se le ocurrió pensar que hacía algo impropio y superfluo, hasta que el Señor puso en su corazón estas palabras: Teresa, del puente al agua hay dos segundos. ¿Quién sino Dios puede saber lo que ocurre en ese lapso final?

3. La salud y la defensa propia

El cuidado razonable por la propia salud es una obligación moral, puesto que ella es un bien otorgado por Dios junto con la propia vida. Luego deben evitarse riesgos excesivos, tanto en el comer, el beber, el fumar, como en los deportes peligrosos y en el afán por las altas velocidades.

En la conducción de móviles por tierra, aire o mar, hay que observar estrictos deberes de prudencia y de justicia. Al manejar vehículos motorizados deben respetarse las leyes del tránsito, que obligan moralmente en conciencia: es impropio arriesgar, por una conducción descuidada o temeraria, la vida, la integridad física y los bienes propios o ajenos, incluidos los bienes públicos.

Del vino dice un salmo que "alegra el corazón de los hombres" (104, 15), pero reprueban su exceso san Pedro (1 4, 3) y san Pablo (1 Tim 3, 3). El abuso del alcohol es un problema social grande de muchas comunidades. Quien beba debe hacerlo con moderación: conservando siempre el pleno dominio de sí mismo en el pensar, el decir y el hacer. Cuando se sobrepasa ese punto crítico, se empiezan a enajenar esos bienes máximos que son la razón y la libertad, voluntariamente sustituidos por la química del alcohol en las neuronas, y se hace lo que no se haría en estado de sobriedad.

La embriaguez se juzga duramente tanto en el Antiguo Testamento (Prov 20, 1; Is 5, 11) como en el Nuevo (Lc 21, 34; Gal 5, 21). El Sirácida nos ofrece esta síntesis: "El vino fue creado para la alegría y no para la embriaguez" (31, 35). Las personas tienen distinto grado de tolerancia al alcohol; cada una debe conocer la suya y no sobrepasar su propio umbral.

La droga es ilícita porque induce estados de conciencia alterada o enajenada, y por el daño psíquico y psicológico que ella produce. A estos factores se añade la fácil adicción en que se cae, y que ha hecho crecer en forma alarmante el número de drogadictos, con el consiguiente daño estudiantil, laboral, familiar y moral. La drogadicción es una verdadera plaga social, que destruye familias y destinos profesionales, y que induce no pocas veces al delito para obtener medios de conseguir la droga.

La producción clandestina y el tráfico de esas substancias son males gravísimos, pero la legalización de algunas de ellas no parece resolver el problema, y más bien conduce a una mayor inconsciencia acerca de su peligrosidad. Es cierto que hay drogas y drogas, y grados y grados de consumo, pero hasta lo que parece más inofensivo en esta materia puede ser el punto de partida de una adicción, cuya rehabilitación es sumamente ardua. En ese sentido se dice, como alguna vez concluyó san Juan Pablo II, que no hay droga blanda.

El mandamiento de no matar no admite excepciones en caso alguno. Las que parecen serlo corresponden a figuras morales distintas, como da a entender la expresión completa del precepto, que dice así: "No quites la vida del inocente y del justo" (Ex 23, 7). En ese sentido, el agresor injusto no es inocente, y neutralizar su ataque da lugar a la figura que llamamos legítima defensa contra el agresor injusto.

Quien se defiende no busca el daño del agresor, sino impedir el daño propio. Agresión y defensa pueden darse entre partes diversas: entre particulares, entre la sociedad y un particular o viceversa, y entre naciones. La condición esencial para la legítima defensa es que sea proporcional a la agresión, y no mayor. Dilucidar esa proporcionalidad no siempre es fácil, sobre todo cuando se ignora hasta dónde quiere llegar el agresor. En ocasiones, puede que el agredido no tenga otra opción que la de actuar sobre la base de la conjetura más probable.

La sociedad debe defenderse del delincuente. Para hacerlo, la autoridad le impone penas proporcionadas a la gravedad del delito, que buscan la preservación del orden público, la seguridad de las personas, y en lo posible la enmienda del delincuente. La Iglesia pidió aplicar la pena de muerte solo cuando fuera "de absoluta necesidad, es decir, cuando la defensa de la sociedad no fuera posible de otro modo" (EV, 56). La última versión del CEC completa este proceso restrictivo, afirmando que esa pena "es inadmisible, porque atenta contra la inviolabilidad y la dignidad de la persona" (2267), y en consecuencia la Iglesia propicia su abolición en todo el mundo.

La guerra es un mal tan terrible, que las condiciones de la "guerra justa" se han vuelto cada vez más restrictivas, a medida que el poder de destrucción de las armas se volvía cada vez más devastador. La Iglesia nos pide rezar por la paz del mundo, y los gobernantes están obligados a buscarla por todos los medios posibles. La guerra solo puede ser defensiva, jamás una agresión, y antes deben haberse agotado todos los medios pacíficos para resolver un conflicto entre naciones: tratados, recurso a instancias superiores, diplomacia, arbitrajes, mediaciones, etc.

Además, la agresión que se padece debe producir a la propia nación o comunidad "un daño duradero, grave y cierto" (CEC, 2309); un daño menor que ese no justifica la defensa armada. Y todavía, debe preverse que el éxito de esta sea posible, y que el empleo de las armas no acarree males peores que aquellos que se pretende remediar. Por último, "no todo es lícito entre los combatientes" (GS, 79): el vencido sigue teniendo derechos como persona humana. Y la obediencia militar debida a los superiores no puede ser una obediencia ciega: hay que negarse a obedecer mandatos de suyo inmorales.

"La carrera de armamentos es una plaga gravísima de la humanidad, y perjudica a los pobres de manera intolerable" (GS, 81). La llamada a la guerra por razones religiosas, o invocando el nombre de Dios, es cosa detestable a sus ojos. La Iglesia nos recuerda que la lucha por la paz incluye muchos deberes positivos, en el orden de la justicia social, de la comprensión y de la superación de prejuicios contra otras naciones, etnias o comunidades. Esa causa compromete a los cristianos de manera singular.

4. Sexualidad y amor

El sexto mandamiento se ha formulado así: "No cometerás adulterio" (Ex 20, 14), "no fornicarás", y más ampliamente, "no cometerás actos impuros". La tradición de la Iglesia ha entendido este precepto "como referido a la globalidad de la sexualidad humana" (CEC, 2336), es decir, al sexo, al amor, al matrimonio y la familia, y al celibato. Y el "no" de este mandamiento es un gran "sí" a la vida y a la armonía de la persona humana.

"Bienaventurados los puros de corazón, porque ellos verán a Dios" (Mt 5, 8). La virtud que corresponde a esta afirmación gozosa se llama castidad o pureza; es "la integración lograda de la sexualidad en la persona" (CEC, 2337) y otorga una percepción más fina del misterio de Cristo. Esa integración se produce cuando el impulso sexual es regulado y conducido por la inteligencia y la voluntad, con vistas a sus dos fines: la plena entrega de la persona en el amor conyugal y la generación de los hijos. Castidad es, pues, la integración del sexo en el amor y la custodia del precioso don del amor.

Esta virtud no ocupa en modo alguno el centro de la vida cristiana, pero es indispensable para el ejercicio pleno de la fe, la esperanza y la caridad, que sí ocupan ese centro. Sobre el cimiento de una sensibilidad no dominada es difícil edificar una auténtica vida en Cristo. Ninguna religión, filosofía o sabiduría ha podido exaltar de tal modo el valor y la dignidad de nuestro cuerpo y nuestra sexualidad como lo hace la fe católica, a partir de la Encarnación del Verbo, del sacramento del matrimonio y de la resurrección de la carne.

Adán y Eva están desnudos en el paraíso, y en sus cuerpos resplandece la gloria de Dios. Pero tras el pecado original corren a cubrirse (Gn 3, 7), porque entre ellos ha surgido una fuerza distinta: la concupiscencia de la carne, que inclina al deseo impuro, seguida del necesario pudor. Desde entonces la castidad será un bien arduo, que "implica un aprendizaje del dominio de sí (…) La alternativa es clara: o el hombre controla sus pasiones y obtiene la paz, o se deja dominar por ellas y se hace desgraciado" (CEC, 2339).

Como ninguna virtud está aislada de las demás, la pureza exige laboriosidad y aprovechamiento del tiempo, espíritu de sacrificio y mortificación, preocupación por los demás, y desde luego el cultivo de la vida de oración y la frecuencia de sacramentos. A quien no lucha en todos esos frentes a la par, le faltarán las fuerzas que hacen posible la castidad.

La lujuria es el vicio contrario a la castidad; es el disfrute desordenado del placer sexual, al margen de sus altísimos fines. El Catecismo enumera así los pecados contra la castidad: masturbación, fornicación, adulterio, pornografía, prostitución, violación. Ellos suelen ser antecedidos por el deseo impuro, del que Jesús dice: "El que miró a una mujer con deseo, ya cometió con ella adulterio en su corazón" (Mt 5, 28).

Jesús subraya la importancia de los ojos, porque la mirada suele ser el punto de partida de los deseos y de los actos impuros. Dadas las diferencias de sensibilidad entre ambos sexos, el precepto femenino podría decir así: la mujer que se hizo mirar con deseo por el varón, ya pecó con él en su corazón. El deseo en cuestión no incluye la apreciación estética de la belleza corporal o de la elegancia del aspecto, ni tampoco la atracción natural entre hombre y mujer, que es parte de nuestra condición sexuada; es el impulso de posesión y disfrute carnal, que reduce el cuerpo del otro sexo a un objeto de placer.

Por masturbación se entiende el acto de excitar los genitales para obtener el placer sexual. Su desorden moral, de suyo grave, consiste en ser un acto solitario del todo ajeno al amor, y al derramar en vano la semilla de la vida, es estéril; contraría, pues, los dos fines de la sexualidad. Puede haber en algún caso factores psíquicos que atenúen su culpabilidad.

Fornicación es toda relación sexual fuera del matrimonio. Su gravedad como pecado proviene de no darse dentro del único marco estable querido por Dios para esa relación, cuya santidad y hondura son tales, que exigen la estabilidad del régimen conyugal como su contexto propio. Cuando Jesús habla de hacerse hombre y mujer una sola carne (Mt 19, 6), se refiere en forma exclusiva al matrimonio indisoluble. No basta que se quieran; es necesario el compromiso definitivo de la alianza marital. El cuerpo se entrega solo cuando con él se entrega el alma íntegra, el proyecto común de vida, el lecho común, el techo común, en suma, la comunidad plena del matrimonio.

Exhorta san Pablo: "Huid de la fornicación" (1 Cor 6, 18). Y más aún: "Esta es la voluntad de Dios: vuestra santificación; que os abstengáis de la fornicación; que cada uno sepa guardar su propio cuerpo santamente y con honor" (1 Tes 4, 3-4). Ya se trate de convivientes de facto, ya de amores libres, ya de encuentros pasajeros, ya incluso de novios, todas esas relaciones están fuera "del único marco que hace posible esa donación total del matrimonio" (FC, 11).

El amor y el compromiso no definitivos de quienes se aprestan a casarse tampoco hacen legítima esa relación. Enseña el Catecismo: "Los novios están llamados a vivir la castidad en la continencia (…) Reservarán para el tiempo del matrimonio las manifestaciones de ternura específicas del amor conyugal. Deben ayudarse mutuamente a crecer en la castidad" (2350).

La pornografía es la exhibición deliberada de actos sexuales, reales o simulados, ante terceros. Ese sexo mostrado como espectáculo para ojos lujuriosos está absolutamente disociado del amor y es tratado como mercancía, puesto que se comercia con él. Las nuevas tecnologías han puesto esa degradación al alcance de un vastísimo público. Pecan gravemente sus actores, sus traficantes y cuantos la consumen por la mirada. Ella "introduce a unos y otros en la ilusión de un mundo ficticio" (CEC, 2354), e inclina a una visión del ser humano como mero objeto sexual.

La prostitución es una compra y venta de la relación sexual, que reduce a la persona al exclusivo placer que proporciona en calidad de mercancía. Pecan gravemente quien se prostituye y quien paga. El comercio sexual afecta en principio a las mujeres, pero también a hombres y adolescentes, y en las grandes ciudades ha dado lugar a un crecimiento alarmante del llamado "turismo sexual". No obstante su gravedad moral, "la miseria, el chantaje y la presión social pueden atenuar la imputabilidad de la falta" (CEC, 2355).

La violación "es siempre un acto intrínsecamente malo" (CEC, 2356), pero es gravísimo cuando se comete por "educadores con niños que les están confiados" (*ibid*). Toda clase de abuso que en esta materia se realice al amparo de la investidura sagrada es un pecado horrible, en sí mismo y por las huellas que deja en la víctima, y tanto las leyes canónicas como las civiles lo castigan con penas severísimas.

La homosexualidad como tendencia no es algo que se elija, y por eso no cabe juicio moral sobre ella. Quienes padecen esa inclinación desviada "deben ser acogidos con respeto, compasión y delicadeza. Se evitará, respecto a ellos, todo signo de discriminación injusta" (CEC, 2358). Pero los actos o relaciones homosexuales son algo distinto, que las Escrituras reprueban con severidad.

Así el Génesis cuando narra las costumbres de Sodoma y su castigo divino (19, 1-29). Así san Pablo cuando habla de los paganos que "abandonando el uso natural de la mujer, se inflamaron en deseos de unos por otros, practicando la infamia y recibiendo el pago por su extravío" (Rom 1, 27). El mismo juicio se encuentra en 1 Cor 6, 10 y en 1 Tim 1, 10. A su vez, la Tradición declara que "los actos homosexuales son intrínsecamente desordenados", porque "no proceden de una verdadera complementariedad afectiva y sexual. No pueden recibir aprobación en ningún caso" (CEC, 2358). De allí el contrasentido del "matrimonio" homosexual.

"Las personas homosexuales están llamadas a la castidad. Mediante virtudes de dominio de sí mismo que eduquen la libertad interior, y a veces mediante el apoyo de una amistad desinteresada, de la oración y la gracia sacramental, pueden y deben acercarse gradual y resueltamente a la perfección cristiana" (CEC, 2359). Hay no pocos grupos organizados de personas que están en esa condición, que reciben ayuda y se la dan unos a otros con singular éxito.

5. El amor de los esposos

Es en el amor de marido y mujer donde la sexualidad alcanza su sentido propio y pleno, en todas sus dimensiones: corporales, afectivas y espirituales, según el proyecto creador divino. Ese designio fue revelado ya en el Génesis con la fuerte expresión "una sola carne", y luego reiterado por Jesús a propósito de la indisolubilidad del matrimonio (Mt 18, 6).

La relación sexual entre esposos supera con mucho el nivel carnal, porque abarca el espíritu entero, pero está dotada por el Creador de un placer físico y de un gozo que, por su origen y destino, es bueno y santo. El Cantar de los cantares es un cántico al amor de hombre y mujer, que pertenece a la Escritura por su carácter esponsal, imagen del amor de Dios por su pueblo, y signo del sacramento del matrimonio, como ya se dijo. Ese hermoso poema bíblico nos da a entender que su marcado énfasis sensual forma parte integrante del amor conyugal.

Escribe san Pablo: "Maridos, amad a vuestras esposas, como Cristo amó a su Iglesia (…) Los maridos deben amar a sus esposas como a su propio cuerpo. Quien ama a su esposa, a sí mismo se ama, pues nadie aborrece nunca su propia carne, sino que la alimenta y la cuida, como Cristo a la Iglesia" (Ef 5, 25. 28-29). La recíproca donación conyugal es fuente de una natural satisfacción sensorial de quienes hacen una sola carne, y de una alegría integral de la persona.

Siendo el amor conyugal mucho más que gratificación sexual y afecto sensible, cuando su fuerza pasional y también romántica tiende a disminuir con los años, su destino no es decrecer, sino transformarse en una relación más plena y profunda: en una conducta moral más alta, más ligada al don de sí, a la renuncia, a la generosidad y al sacrificio. Es la madurez del amor, que garantiza su solidez y estabilidad.

Propiedad esencial del matrimonio es la fidelidad conyugal, a la que se opone en primer lugar el adulterio, ese pecado grave que consiste en la relación sexual de una persona casada con una tercera persona, relación que atropella los derechos exclusivos del otro cónyuge, y atenta contra la institución misma del matrimonio. Pero la fidelidad de los esposos es mucho más que no engañar al cónyuge de esa manera: es una entrega recíproca exclusiva, de cuerpo y alma, que abarca los sentidos, el pensamiento y el corazón.

Esa fidelidad plena exige de una persona casada cuidarse delicadamente en el trato social y laboral, y no moverse en esos medios con la misma soltura de una persona soltera y disponible. Conviene a todos los casados esa reserva casi invisible pero muy real, esa sutil distancia, esa circunspección sin frialdad, esa educada corrección de quien ya tiene dueño o dueña. El marido galante y la mujer coqueta ya tienen con quién ser así: con su cónyuge.

Por institución divina inserta en su naturaleza, el matrimonio es indisoluble: "Lo que Dios ha unido, no lo separe el hombre" (Mt 19, 6). Esa propiedad, comenta san Juan Pablo II, procede de la propia naturaleza del amor conyugal: "La donación física total sería un engaño, si no fuera signo y fruto de una donación donde la persona entera está presente, incluso en su dimensión temporal: si la persona se reservara algo o la posibilidad de decidir de otra manera en orden al futuro, ya no se donaría totalmente" (FC, 11).

"Hasta que la muerte los separe". Se objeta a veces la dificultad de comprometer de una sola vez el futuro íntegro ("quién sabe lo que pasará con los años"). Pero toda la dignidad humana se juega en esa capacidad de un compromiso definitivo, de una promesa que se cumple hasta la muerte. El propio Nietzsche decía que el hombre es el único animal que puede prometer.

Y Marx afirmaba, en defensa de la indisolubilidad, que "quien se casa no crea ni inventa las leyes del matrimonio, así como tampoco el nadador inventa la naturaleza o las leyes del agua o de la gravedad", sino que gracias a ellas puede nadar (*El proyecto de ley sobre el divorcio*).

Al disgregar la célula básica de la sociedad, que es la familia, el divorcio remece los fundamentos mismos del orden social, y produce un desgarro muy difícil de reparar en el corazón de los hijos.

Todavía otra propiedad del matrimonio, que corresponde a su fin esencial, es la fecundidad del amor conyugal, que hace posible la transmisión de la vida. "El matrimonio y el amor conyugal están ordenados por su propia naturaleza a la procreación y educación de la prole", pues "los hijos son sin duda el don más excelente del matrimonio, y contribuyen sobremanera al bien de los propios padres" (GS, 50).

La anticoncepción busca impedir que nazca un nuevo ser, como resultado de un acto que está destinado justamente a hacerlo nacer. Un gran mal de nuestro mundo (de nuestra "civilización de la anticoncepción", como se la ha llamado) ha sido la ruptura entre sexo y procreación, como afirma la Encíclica *Humanae vitae*, de Pablo VI (1968), que en muchos sentidos resultó profética, porque diversos males previstos como secuelas de esa ruptura se han cumplido en las décadas posteriores.

Ese documento recuerda en primer lugar el principio sentado ya por Pío XI en 1930: "Todo acto conyugal debe quedar abierto a la transmisión de la vida", en virtud de "la inseparable conexión que Dios ha querido, y que el hombre no puede romper por propia iniciativa, entre los dos sentidos del acto conyugal, el unitivo y el generativo" (HV, 12), el amor y la procreación. Por eso, además del aborto y la esterilización, "queda excluida toda acción que, o en previsión del acto conyugal, o en su realización, o en el desarrollo de sus consecuencias, se proponga como fin o como medio, hacer imposible la procreación" (14).

Cosa muy distinta son los métodos naturales de regulación de la fertilidad, que se fundan en el reconocimiento de los ritmos del ciclo femenino, y en la decisión responsable de usar del matrimonio solo en los períodos infecundos, cuando se trata de espaciar los nacimientos por motivos serios. En este caso no ocurre en absoluto lo que en la anticoncepción: el choque de dos finalidades opuestas, la del acto procreativo y la de su bloqueo físico o químico.

La posibilidad de tener sexo sin hijos abre la posibilidad de tener hijos sin sexo, por las técnicas de fecundación artificial. El sufrimiento de las parejas estériles puede ser dramático, pero "el hijo no es un derecho sino un don" (CEC, 2378). Y la cuna natural del ser humano es el seno materno, fecundado por un acto de amor paterno, no una manipulación de laboratorio. Menos aún pueden legitimarse el arriendo de úteros, la venta de óvulos, el banco de espermios, etc.

La norma moral de la *Humanae vitae* puede ser muy difícil de practicar, incluso heroica a veces, pero es una afirmación formidable de la vida, experimentada como el prodigioso don de la sabiduría y del amor de Dios. Se entiende que la Escritura y la Iglesia consideren las familias numerosas como una bendición divina. Allí donde hay una baja alarmante de la tasa de natalidad, se la suele atribuir a diversos factores de índole económica y laboral, que son muy reales, pero rara vez se menciona ese motivo de fondo, que puede ser la ausencia de Dios, la pérdida o disminución del sentido religioso de la vida.

A propósito del sacerdocio, mencionamos ya el celibato "por el reino de los cielos" (Mt 19, 12) o "para agradar al Señor" (1 Cor 7, 32). Pero esta vocación divina es también propia del estado religioso, y a menudo de la vida laical. Ella contiene un gran aprecio por el matrimonio, y adquiere su valor precisamente como renuncia de algo bueno y santo. No se trata de una soltería cualquiera, sino de la libre y perenne decisión apostólica de un alma enamorada.

6. No robar, no mentir

El séptimo mandamiento dice: "No robarás" (Ex 20, 15; Deut 5, 19; Mt 19, 18). "El que robaba, no robe, sino que trabaje" (Ef 4, 27). Robar es apoderarse de un bien ajeno contra la voluntad razonable de su legítimo dueño, o sin su consentimiento expreso.

Originalmente Dios entregó todos los bienes de la creación a todos los hombres (Gn 1, 27-29), pero ese régimen común de propiedad es impracticable en forma directa, y por eso la propiedad privada de ciertos bienes es legítima, siempre que respete aquella propiedad original común, es decir, siempre que el propietario privado considere sus posesiones "no solo como suyas, sino también como comunes, en cuanto que han de aprovechar no solo a él, sino también a los demás" (GS, 69). Es lo que llamamos función social de toda propiedad.

En caso de extrema necesidad, ciertos bienes ajenos (alimento, techo, ropa) retornan a su destino común y no es ilegítimo tomarlos ("robo famélico"). Por otra parte, es un estricto deber pagar al trabajador el salario justo, que no es simplemente el salario convenido, sino el que es "suficiente para el sustento del obrero y de su familia" (san Juan Pablo II, Enc. *Centesimus annus*, 8).

Un gravísimo mal que afecta a diversas naciones es la corrupción administrativa, por la cual un funcionario, abusando de sus funciones, ofrece a terceros, usuarios o clientes, ciertas ventajas, influencias o dineros del fisco o de la empresa, a cambio de recompensas, del tipo que sea, sobre todo dinero. Su forma más común es el soborno: se ofrece o se recibe dinero por un favor ilícito, es decir, por un bien ajeno.

Es este un mal que, cuando es habitual, corroe la moral pública y la economía de una sociedad. Y así, cuando un ciudadano honesto quiere moverse libremente en el ámbito que sea, puede ser para él una dura prueba negarse a esas ofertas ilícitas. Sin embargo, es solo una sumatoria de conductas correctas el remedio para sanear esos ambientes, y para crear espacios limpios en la política, el comercio, las finanzas, los servicios públicos, etc.

En la Iglesia, el amor a los "hermanos más pequeños" (Mt 25, 40) ha instituido "su opción preferencial por los pobres, que nunca es exclusiva ni discriminatoria de otros grupos", pero que no deja de ser una preferencia, frente "al mundo donde, no obstante el progreso técnico y económico, la pobreza amenaza con alcanzar formas gigantescas" (CA, 57), pobreza que abarca a los marginados, a los mendigos, a los sin techo, a los ancianos y enfermos, a los emigrantes… "Ignorarlos sería parecernos al rico Epulón, que fingía no conocer al mendigo Lázaro, postrado a su puerta" (Mt 16, 19-31); (san Juan Pablo II, Enc. *Solicitudo rei socialis*, 42).

Todavía el Catecismo nos recuerda que "el séptimo mandamiento exige el respeto a la integridad de la creación" (24, 15). San Juan Pablo II alertaba sobre "la insensata destrucción del ambiente natural (...) En vez de desempeñar su papel de colaborador de Dios en la obra de la creación, el hombre suplanta a Dios, y provoca la rebelión de la naturaleza" (CA, 37). Años más tarde celebraba "la mayor conciencia de la limitación de los recursos disponibles" y "la creciente preocupación ecológica" (SRS, 26).

Tras recordarnos que el mandato del Génesis "dominad la tierra" incluye "labrarla y cuidarla" (2, 15), la Encíclica *Laudato si'* de Francisco se detiene en la contaminación (20-21), en el calentamiento global (23), en los pobres como primeras víctimas del cambio climático (25), en la pérdida de biodiversidad (32) y en la preservación de los ecosistemas (36), y nos llama a "un cambio en los estilos de vida" (206). Este cambio proviene de "una conversión ecológica" (216) que nos compromete a todos, por pequeña que pueda parecer nuestra aportación al problema planetario.

El octavo mandamiento se enunciaba así en la Antigua Ley: "No darás falso testimonio contra tu prójimo" (Ex 20, 16), pero la Iglesia, siguiendo la palabra de Cristo ("Sea vuestro 'sí, sí' y vuestro 'no, no'": Mt 5, 37), lo ha ampliado así: No mentirás. Mentir es decir o dar a entender lo que se sabe falso, con engaño del prójimo. La mentira, al desnaturalizar la relación del hombre con el lenguaje, puede traer serias consecuencias sociales y oscurecer las relaciones del hombre con su prójimo.

La gravedad de la mentira depende de la jerarquía de la verdad que distorsiona; de la intención de quien la profiere, es decir, de su ánimo de engañar, y del daño que produce a otros. Hay mentiras mortales cuando ese daño es grave, y veniales cuando no lo es. Un cristiano debe desterrar el hábito de las mentiras pequeñas y no considerarlas como un arma siempre disponible para salir del paso, u obtener una pequeña ventaja; todo esto por un profundo amor a la verdad. "Deponiendo la mentira, hable cada uno la verdad con su prójimo" (Ef 4, 25). No solo de palabra se miente: la hipocresía es una doblez que, por actitudes, gestos o acciones, finge lo que no es.

Toda falta contra la verdad exige, por deber de justicia, la reparación, y más todavía cuando se ha dañado la reputación del prójimo. La mentira es especialmente grave cuando se ha mentido ante un tribunal, es decir, cuando se ha levantado falso testimonio. Cuando se lo ha hecho bajo juramento se llama perjurio, con el consiguiente peligro de afectar la sentencia de los jueces.

El daño de la honra ajena puede provenir también de una maledicencia que deriva en calumnia, atribuyendo algo falso y negativo a otra persona con el fin de perjudicarla. Todo ser humano tiene derecho a la honra y a la buena fama, y es una mezquindad grande lesionarla. El pecado de calumnia, que fácilmente es grave, obliga estrictamente a la reparación, es decir, al reconocimiento de la falsedad de lo dicho ante quienes lo hayan oído.

En forma positiva, el octavo mandamiento nos compromete a amar la verdad, a vivir en la verdad, y a hablar siempre con la verdad. La virtud correspondiente se llama veracidad, franqueza o sinceridad. Si los hombres no confiáramos en la veracidad de los demás, la convivencia en sociedad sería prácticamente imposible.

Cuando en la conversación un cristiano se enfrenta a la necesidad de defender a Cristo, a la Iglesia o a la verdad revelada, debe hacerlo sin vacilar, con la prudencia que corresponda, pero no "avergonzarse del testimonio de nuestro Señor" (2 Tim 1, 8), y disponerse incluso "a seguirle por el camino de la cruz" (LG, 42), como hicieron en su día John Fischer, Tomás Moro, Pablo Miki, Alfonso Rodríguez, Alexander Rostovsev y tantísimos más.

La seguridad del prójimo y el respeto a su privacidad crean a menudo la necesidad de silenciar lo que se sabe de él. Lo que se llega a saber bajo compromiso de secreto, expreso o tácito, se debe callar, salvo exigencias graves del bien común. El secreto profesional que se sabe como médico, abogado, militar, político, etc., debe guardarse rigurosamente: el paciente, el cliente, la institución obligan a ese silencio, salvo casos muy cualificados de justicia o daño a terceros.

Los medios de comunicación plantean problemas muy específicos en relación a la verdad. Deben averiguarla, sin atropellar el derecho a la privacidad cuando esta impone límites justos. No pueden echar a correr verdades a medias, no pueden difamar, no les corresponde el papel de jueces, que declaran culpables sustituyendo en la práctica al poder judicial, o anticipándosele. La libre circulación de las ideas es un bien social, pero como tal debe reconocer los límites que le impone el bien común de la sociedad.

7. DOCTRINAS Y PRECEPTOS SOCIALES

El noveno y el décimo mandamiento se refieren a los actos internos de deseo en relación al sexto y al séptimo preceptos: no consentir deseos contra la castidad, y no codiciar los bienes ajenos. Lo primero ya está tratado en su lugar. En cuanto a lo segundo, se nos prohíben dos deseos desordenados de los bienes materiales: la codicia y la avaricia, que no son lo mismo. El avaro quiere atesorar y retener esos bienes para sí, y el codicioso los desea para disfrutarlos o dilapidarlos, como el hijo pródigo de la parábola.

En relación a lo primero, tenemos la palabra de Jesús: "No atesoréis tesoros en la tierra (…) Atesorad más bien tesoros en el cielo" (Mt 6, 19-20). Avaricia y codicia contrarían la primera bienaventuranza: "Felices los pobres de espíritu" (Mt 5, 3). Y ambas cosas conducen a una vida preocupada e inquieta acerca de "qué comeréis y cómo vestiréis", y mil ansiedades del mismo género, de las que Jesús dice: "No os preocupéis" (Mt 6, 25); "Por todas esas cosas se afanan los paganos. Bien sabe vuestro Padre celestial que necesitáis de ellas. Buscad primero el reino de Dios y su justicia, y lo demás se os dará por añadidura" (Mt 6, 32-33).

La falta de desprendimiento y el deseo de posesión y disfrute de los bienes materiales, son un pesado lastre en el corazón de muchos, sobre todo de los que poseen más y han creado en la sociedad actual esa fiebre que llamamos consumismo. Con ella se priva a menudo de apoyo a los más pobres y necesitados, al mismo tiempo que se incita a la producción de bienes superfluos, y se crea en los más pudientes la invención de necesidades imaginarias, en un interminable círculo vicioso de producción y consumo.

Recomienda san Pablo a Timoteo: "A los ricos de este mundo, mándales que no sean altivos ni pongan su confianza en las riquezas, tan inseguras, sino en Dios, que nos provee de todas las cosas para que las disfrutemos; que practiquen el bien, que se enriquezcan de buenas obras, que repartan generosamente y comuniquen sus bienes; de este modo atesorarán para el futuro un buen fondo, con el que podrán alcanzar la vida verdadera" (1 Tim 6, 17-19).

Ese desprendimiento del corazón, que es el alma de la pobreza evangélica, lleva a vivir una vida sobria y templada, según el estado y condición de cada uno; a trabajar seriamente en el propio oficio y profesión; a usar de los bienes propios sin perder de vista su función social; a no dejarse llevar de la angustia cuando falta lo necesario, y a abandonarse en la Providencia divina sin la inquietud desordenada del día de mañana, porque "cada día tiene su propio afán" (Mt 6, 34).

Varios mandamientos que hemos recorrido ya (casi todos, en realidad) contienen una fuerte dimensión social. De hecho, toda la actuación pública de los fieles debe inspirarse en la doctrina social de la Iglesia, y a ella debe ceñirse su conducta económica, social, política, laboral, y ciudadana en general. Esa doctrina es la proyección del derecho natural y de la ley de Cristo a la vida en sociedad. "Ciertamente el hombre puede organizar la tierra sin Dios, pero, al fin y al cabo, sin Dios no puede menos que organizarla contra el hombre" (Pablo VI, Enc. *Populorum progressio*, 42).

El núcleo central de esa doctrina es este: "El principio, el sujeto y el fin de todas las instituciones sociales es y debe ser la persona humana" (GS, 25), lo que a su vez trae consigo "la exigencia permanente de su conversión interior para obtener cambios sociales que estén realmente a su servicio" (CEC, 1888). ¿Instituciones defectuosas, leyes injustas, regímenes de gobierno deficientes?: sin duda, es preciso actuar sobre esas estructuras, pero más urgente aún es la conversión del corazón, porque una comunidad no será mejor que las personas que la integran.

Supuesta su competencia profesional y técnica del caso, nadie será mejor ciudadano, ni servirá mejor a la sociedad, que quien observe con esmero los diez preceptos del decálogo. Un ciudadano así, en la medida de sus posibilidades, no se desinteresará de la cosa pública, desde el barrio y el municipio hasta el Estado y el orden internacional; velará con amor preferencial sobre la suerte de los más desvalidos, luchando contra las desigualdades injustas; buscará que todos tengan el bienestar suficiente para formar una familia y educar a sus hijos.

Ese ciudadano intentará cambiar las leyes injustas, sobre todo las que conciernen al matrimonio y la familia; defenderá la vida humana desde su concepción hasta su fin natural; combatirá la corrupción administrativa; se jugará por las libertades civiles, sobre todo la libertad de las conciencias y la libertad religiosa; promoverá la producción y la distribución justa de la riqueza; y tantas cosas más de la misma especie…

Si ese ciudadano pertenece a un partido político o simpatiza con él, no pondrá su interés particular por encima del bien común; y defenderá a su patria, pero también el interés de las otras naciones, sobre todo las limítrofes… Con un número suficiente de ciudadanos así, la ciudad terrena, dentro de su imperfección connatural, sería al menos un reflejo de la ciudad de Dios en la tierra. Por una utopía así nos pide esforzarnos la doctrina social de la Iglesia.

Los derechos humanos están hoy casi universalmente difundidos, solo que a veces incluyen bienes deseables, pero que no son objeto de derecho. Los derechos humanos propiamente tales no son concesiones graciosas de la autoridad pública, sino que "son anteriores a la sociedad misma, y se imponen a ella" (CEC, 1930), porque tienen su raíz en la propia naturaleza humana. Pero esos derechos incluyen la consiguiente responsabilidad, y no son separables de los deberes humanos. Hoy con gran facilidad se enfatizan y aún se exageran los derechos del hombre, a la vez que se minimizan sus deberes.

Aunque no corresponde a la Iglesia pronunciarse sobre los distintos regímenes de gobierno, ella "aprecia el sistema de la democracia, en cuanto asegura la participación de los ciudadanos en las opciones políticas, y garantiza a los gobernados la posibilidad de elegir y controlar a sus propios gobernantes" (CA, 46). Pero el peligro de ese régimen consiste en que eventuales mayorías quieran decidir sobre graves cuestiones morales, que no son cosa de números más o menos en los parlamentos.

Son, por ejemplo, cuestiones como el quién debe vivir, y quién puede ser eliminado entre los ciudadanos más desvalidos: embriones, fetos, recién nacidos, enfermos, ancianos; qué clase de uniones afectivas o parentales pueden llamarse matrimonio, y aprobarse jurídicamente como tal, anulando incluso la última propiedad que quedaba de él, la de ser contraído entre hombre y mujer; qué especie de droga blanda puede o no puede consumirse y comercializarse; qué tipo de experimentación científica puede tolerarse más allá del bien y del mal; etc. A la inversa, la mejor garantía de una democracia sólida es el respeto por ciertas normas morales básicas, que están por encima de los vaivenes de la política.

Corresponde hoy a los fieles, en estas materias, enfrentar un desafío histórico solo comparable a los cristianos de los primeros siglos frente al mundo pagano de la época: humanizar todas las instituciones humanas sobre la base de la ley moral, puesto que de ella se trata, pero no sin el fundamento religioso que necesitan: la recuperación del sentido de la vida, su finalidad divina, la apertura a la trascendencia del Dios Único.

San Juan Pablo II nos pide evitar "la ingenua convicción de que haya una fórmula mágica para los grandes desafíos de nuestro tiempo. No será una fórmula la que nos salve, pero sí una Persona (…) No se trata de inventar un nuevo programa. El programa ya existe y es el de siempre, recogido por el Evangelio y la Tradición viva. Se centra, en definitiva, en Cristo mismo, al que hay que conocer, amar e imitar" (Carta ap. *Novo millenio ineunte*, 29).

XIV

MUERTE, JUICIO Y VIDA ETERNA

El desarrollo teológico de lo que viene después de la muerte se ha llamado con diversos nombres: postrimerías, novísimos, y el más usual hoy, escatología; todos tienen el mismo significado. Antes de abordar el juicio de Dios, el cielo, el purgatorio y el infierno, nos haremos cargo de lo breve de la vida terrena, de nuestro tener que morir, y de la manera de enfrentar la muerte.

1. Muerte y eternidad

En la parábola de las diez doncellas que acompañaban a la esposa (Mt 25, 1-13), las que se durmieron y llegaron cuando el esposo ya había entrado, ante las puertas cerradas claman: "Señor, Señor, ábrenos", pero deben oír esta palabra terrible del esposo, puesto que es la última y definitiva: "No os conozco", seguida de la exhortación de Jesús: "Velad, pues, porque no sabéis el día ni la hora" (Mt 25, 11-12).

Es ahora, es hoy cuando hay que estar preparados para el bien morir: el después, el mañana, pueden ser demasiado tarde, y tras la muerte no hay segundas oportunidades. La hora de la muerte es incierta; el tiempo de nuestra vida, que es una preparación para entrar en la eternidad de Dios, es un tiempo breve y rápido. Todo lo que importa es haber vivido de modo que encontremos abierta la puerta del banquete del Esposo, del reino de los cielos, de la gloria. Porque la única desgracia irreparable es oír la voz de Cristo que dice: demasiado tarde, no te conozco.

La Escritura nos recuerda una y otra vez que la vida es breve, no importa cuántos años dure. "Los días del hombre son como la hierba: como flor silvestre, así florece, pasa el viento, y ya no está; ni siquiera se sabe dónde estuvo" (Sal 103, 15-16). Y todavía: "Enséñanos a contar bien nuestros días" (Sal 90, 12). Porque tenemos aquí abajo nuestros días contados ante la eternidad.

"Os digo esto, hermanos: que el tiempo es corto (…) Pasa rápido la figura de este mundo" (1 Cor 7, 29. 31). Lo dice hermosamente Jorge Manrique en las *Coplas a la muerte de su padre*: "Despierte el alma dormida, / avive el seso y despierte, / contemplando / cómo se pasa la vida, / cómo se viene la muerte, / tan callando". Porque son silenciosos los pasos de la muerte, y para sentirlos venir hay que despertar de la somnolencia de la vida.

Es natural que la expectativa de la muerte produzca ansiedad, cuando no temor. Jesús tembló ante su proximidad; las bravatas no son cristianas. Pues la muerte nos arranca de todo aquello sin lo cual apenas podemos imaginar la vida; nos lanza al abismo de lo desconocido. El recurso más fácil es no pensar en ella. Cuesta mucho, en cambio, hacer en plena vida una experiencia anticipadora de la muerte, como la que hizo san Agustín cuando murió un amigo muy querido (*Confs.* IV, 4-7). La oración que se hace ante los restos mortales de un ser amado puede ser una forma privilegiada de anticipar la propia muerte.

La conciencia de que "no tenemos aquí ciudad permanente, sino que esperamos la futura" (He 13, 14) nos impide instalarnos en lo blando y cómodo de este mundo, en la morada del éxito y del bienestar terreno, en los oropeles de la mundanidad, en las frágiles seguridades que proporciona el dinero, y menos aún en "la crápula, la embriaguez y los afanes de esta vida" (Lc 21, 34), como si fuéramos a vivir indefinidamente aquí abajo.

Sabemos que toda libertad creada, la del ángel y la del hombre, es puesta a prueba por Dios antes de hacernos entrar en su gloria. Y que el término de esta prueba, la muerte, es la fijación definitiva de nuestro destino eterno. "La muerte es el fin de la peregrinación terrena del hombre, del tiempo de gracia y de misericordia que Dios le ofrece para realizar su vida según el designio divino, y para decidir su último destino" (CEC, 1013).

Habrá concluido el tiempo de merecer y el tiempo de pecar: ya solo quedará el juicio de Dios. "Está establecido que los hombres mueran una sola vez" (He 9, 27). Teresa de Ávila agregaba: se muere una sola vez, y se vive una sola vez. Tenemos un solo turno temporal de cara a la eternidad. Hay que trabajar "mientras es de día", dice Jesús, porque "viene la noche, cuando ya nadie puede trabajar" (Jn 9, 4).

El novelista Julien Green, que había simpatizado con la idea de la reencarnación, y por tanto, con amplias oportunidades futuras de enmienda, narra su hondísima impresión al darse cuenta, en forma súbita, de que para decidir su destino eterno solo contaba con el breve plazo que va entre nacimiento y muerte, y cómo esa especie de revelación cambió el curso de su vida (*Journal*, I).

Las parábolas del Señor nos muestran que más allá de ese límite no podemos hacer nada: los imaginarios lamentos del rico Epulón (Lc 16, 23-26) y de las vírgenes necias (Mt 25, 11-12) son enteramente vanos, aparte de ser una fantasía de las parábolas para inculcarnos esa verdad, porque ya ni esos lamentos existirán: solo son posibles, y con arrepentimiento, a este lado de la vida.

"Velad, pues, orando todo el tiempo" (Lc 21, 36). La vela y vigilancia que pide Cristo significa hacer hoy, y en todo tiempo, la vida que a la hora de morir querrá uno haber hecho: no otra vida, no otros rumbos, no otras decisiones, sino el género de vida que uno, cerca ya del fin y mirando el pasado en forma retrospectiva, deseará con toda su alma haber hecho. Por eso pedimos a la Virgen: "Santa María, Madre de Dios, ruega por nosotros pecadores ahora y en la hora de nuestra muerte". "Cada día muero" (1 Cor 15, 31), porque esa pequeña muerte diaria de la penitencia nos prepara para la gran muerte final.

La muerte es algo natural en nuestra condición actual, porque es "el salario del pecado" (Rom 5, 12). Pero al mismo tiempo, sentimos siempre en ella algo antinatural. Con esas dos caras suyas, la muerte sigue cumpliendo su papel en la historia: es la continua revelación de la majestad de Dios y de la miseria del hombre pecador; y será "el último enemigo en ser destruido" (1 Cor 15, 26) por la venida final de Cristo: un enemigo cuya derrota es nuestro propio triunfo: "¿Dónde está, muerte, tu victoria, dónde tu aguijón?" (1 Cor 15, 55).

La fe cristiana respeta, pues, el carácter hostil y temible de la muerte, pero al mismo tiempo la ve derrotada y como transfigurada por la luz de la resurrección. El sentido cristiano de la vida es positivo por excelencia: nos revela que la vida es bella porque se dirige a la Vida enteramente hermosa; que el tiempo es precioso porque se encamina a la eternidad; que la carne mortal es sagrada porque es la crisálida del cuerpo glorioso.

2. El juicio particular

El objeto pleno de la esperanza cristiana no es solo "irse al cielo"; es la venida del Señor al fin de los tiempos ("venga a nosotros tu reino"), seguido de la resurrección de los muertos y del juicio final. En ese juicio, la luz divina penetrará la historia humana entera, de todas las personas y todas las colectividades. Pero la revelación nos hace saber también de aquel juicio personal, que tiene lugar en cuanto la persona muere, y que llamamos juicio particular.

La parábola del mendigo Lázaro y del rico Epulón, uno salvado y otro condenado (Lc 16, 19-30), implica ese juicio particular, y lo mismo sucede con la parábola de las vírgenes necias y las prudentes (Mt 25, 1-13), y con el destino inmediato del buen ladrón (Lc 23, 43). La sentencia, obviamente, es la misma en ambos juicios, particular y universal, pero en un caso se juzga a la persona y en el otro a la humanidad entera.

El alma inmortal, en cuanto se separa del cuerpo y del universo material, queda sola ante Dios. Es iluminada por una luz que la pone enteramente al descubierto ante sí misma y que le muestra su vida pasada como en un solo plano instantáneo, y hasta el último rincón de su conciencia. Allí ve por primera vez todo lo que fue su existencia terrena, todo lo que es, todo lo que debió ser, y la suerte que le corresponde para siempre. Ya no tiene un mundo en el cual distraerse o estar absorta: solo ella y su Creador.

En la tierra es imposible un instante de verdad como ese, pero es legítimo y conveniente imaginarlo. Suponemos que se experimentará entonces una conmoción inmensa: ¡esto era la vida! Aun el hombre más santo y mejor preparado experimentará un asombro incomparable al contemplar la realidad de la vida humana, y de su propia vida en relación al plan divino sobre ella. El cura de Ars pidió un día al Señor verse a sí mismo tal como Él lo veía, y experimentó tal impresión, que de inmediato le pidió no acordarse más de aquello que había visto; ¡y era un gran santo!

Aquí abajo es tan fácil mirarse a sí mismo en forma condescendiente, ligera y quizá engañosa. Pero en el instante del juicio desaparecerán todos los criterios convencionales con que podemos mirarnos en la tierra: criterios de vanidad, de éxito mundano, de apariencias… Allí desaparecerá el personaje que creíamos ser en el escenario del mundo y ante los demás, allí realidades tenidas por importantes serán reducidas a su mínima expresión, y viceversa: "¿De qué le vale al hombre ganar el mundo entero, si es a costa de su alma?" (Mt 16, 23). Y la peor posibilidad: "Conozco tus obras; tienes nombre de vivo, pero estás muerto" (Apoc 3, 1).

La medida con que seremos medidos será el amor a Dios y al prójimo que hayamos alcanzado en la tierra, ese como destilado divino de todos nuestros trajines humanos. Y de modo expreso sabemos que vamos a ser juzgados con la exacta medida de la misericordia que hayamos tenido con nuestro prójimo, según la parábola del juicio ("a mí me lo hicisteis", "conmigo dejasteis de hacerlo": Mt 25, 40. 45), y también: "Con el juicio con que juzguéis seréis juzgados, y con la medida con que midáis se os medirá" (Mt 7, 2).

Todavía nos ha dado Jesús otra medida de nuestro juicio: seremos juzgados según las capacidades, los dones, las oportunidades, en suma, según los bienes recibidos de Dios, como lo indican la parábola de los talentos (Mt 25, 14-30) y la parábola de las minas (Lc 19, 11-27). Talentos y minas eran monedas o unidades contables, y el mandato del dueño a sus servidores era "negociad mientras vuelvo" (Lc 19, 13), es decir, había que producir el fruto correspondiente a las potencialidades que dio el Señor a cada uno. Aun nuestro propio sentido de la justicia nos señala que se debe exigir a cada uno el fruto proporcional a sus capacidades; tanto más en el caso de la justicia y de la misericordia divinas.

Pensamos en tantos pobrecitos desheredados de la fortuna, con escaso conocimiento moral y aún religioso. Al corazón de Cristo puede bastarle, para salvarlos, algún acto generoso con el prójimo, algún pequeño gesto de nobleza o de lealtad, para recibirlos con un "Venid, benditos de mi Padre…" (Mt 25, 34). Pero quienes han recibido más, o incluso mucho más, rendirán en el juicio la llamada "cuenta estrecha". "A quien mucho se le ha dado, mucho se le exigirá" (Lc 12, 48). Se nos pedirá cuenta de toda nuestra dotación: ¿qué hiciste con tus sentidos, con tu cuerpo y tu salud, qué con tu inteligencia, qué con tu capacidad de amar, qué con tu cultura, qué con lo recibido de tu familia, qué con tus bienes materiales y con tus oportunidades…? Y sobre todo: ¿qué hiciste con las gracias que te di?

Tenemos al alcance ciertas formas de juicio anticipado, el primero de los cuales es una buena confesión sacramental: "En este sacramento el pecador, confiándose al juicio misericordioso de Dios, anticipa en cierta manera el juicio al que será sometido al fin de esta vida terrena. Porque es ahora, en esta vida, cuando nos es ofrecida la elección entre la vida y la muerte, y solo por el camino de la conversión podemos entrar en el reino" (CEC, 1470). Una buena confesión es un juicio con una sola sentencia, la de la absolución y la misericordia, y en cierto modo el penitente ya "tiene vida eterna y no es juzgado" (Jn 5, 24).

Bajo esta luz se entienden los grandes esfuerzos pastorales de la Iglesia para con el moribundo, cuidados que a veces escandalizan al no creyente. Pero nadie sino Dios sabe lo que ocurre con el alma en su trance final: las últimas tentaciones del demonio, los últimos e incansables asaltos de la misericordia divina. Esos momentos son de tal trascendencia, que a veces pueden decidir una eternidad, y todos los medios sobrenaturales que pongan los sacerdotes, los parientes y amigos, para mover a la esperanza y a la contrición, están bien empleados.

Como sería indiscreto referir algún caso real, recurriremos a uno muy hermoso de la novela *Retorno a Brideshead*, de Evelyn Waugh: está agonizando Lord Marchmain, a quien todos los circunstantes dan como un caso perdido para el sacramento, por la vida que ha llevado, pero su hija Julia se decide a última hora a llamar a un sacerdote. Este, al verle moribundo y en extremo débil, le pide una mínima señal, solo un pestañeo, si quiere recibir la absolución sacramental.

Después de un silencio angustioso, Marchmain hace un último esfuerzo físico, y con la mano derecha se hace él mismo la señal de la cruz, recibiendo de inmediato el sacramento. Es de temer que solo un católico ferviente (como lo era el autor) pueda entender la importancia absoluta de esa absolución, recibida en condiciones tan limítrofes, al mismo tiempo que lo peligroso de confiarse en ella.

3. La segunda venida de Cristo

En el interrogatorio de Jesús ante Caifás, después de proclamarse como el Mesías y el Hijo de Dios, agrega él: "Además os digo: veréis al Hijo del hombre sentado a la derecha del Padre y venir sobre las nubes del cielo" (Mt 26, 24). ¿Cuándo ocurrirá esa venida triunfal o "Parusía", que llamamos segunda venida de Cristo, para distinguirla de la primera, la que ocurrió entre Belén y el Gólgota?

Ocurrirá ella cuando vuelva el Cristo glorioso, al fin de los tiempos, a poner fin a la historia, como juez de vivos y muertos. En su primera venida, se nos presentó él velado bajo la carne mortal, "tomando la condición de esclavo" (Flp 2, 7). En la segunda, vendrá "sobre las nubes del cielo, con gran poder y gloria" (Mt 24, 30). En la primera vino a salvar, en la segunda vendrá a juzgar. "A la voz del arcángel, al son de la trompeta de Dios, el Señor descenderá del cielo, y los muertos resucitarán (…) y seremos arrebatados entre nubes por los aires, y así estaremos siempre con él" (1 Tes 4, 16-17).

Preguntado por sus discípulos acerca del cuándo, Jesús responde: "Acerca de aquel día y hora, nadie lo sabe, ni los ángeles del cielo (…), solo el Padre" (Mt 13, 32). Por eso mismo nos pide estar siempre atentos y velar, porque "vendrá de improviso" (Mc 13, 36). Pero más allá de la duración de esta espera, el día está siempre a punto, siempre es inminente. "Habrá señales en el sol, en la luna y las estrellas, y en la tierra angustia de las gentes (…), porque las potestades de los cielos se conmoverán. Entonces verán al Hijo del hombre venir con gran poder y majestad" (Lc 21, 25-27).

Comenta san Pedro: "El día del Señor llegará como un ladrón, día en que los cielos con gran estrépito pasarán, y los elementos, abrasados, se disolverán, así como la tierra y cuanto en ella se encuentre. Pues si todo de este modo se disolverá, pensad cómo debéis ser vosotros en vuestra conversación santa y en vuestra piedad (…) Pero nosotros, según su promesa, esperamos nuevos cielos y nueva tierra" (2 Pe 3, 10-11. 13).

Comenzará, pues, un estado nuevo de la creación, que supera nuestra pobre imaginación terrena. Esta es la visión de san Juan en el Apocalipsis: "Vi un cielo nuevo y una tierra nueva (…) Y vi la ciudad santa, la nueva Jerusalén que desciende del cielo, de junto a Dios (…) Y oí una voz fuerte que decía: Esta es la morada de Dios con los hombres. Él habitará con ellos y ellos serán su pueblo, y el mismo Dios-con-ellos será su Dios" (21, 1-3).

Como entre los fieles de Tesalónica había cundido la falsa alarma de la venida casi inmediata del Señor, y algunos se habían dado al ocio y al parloteo (como ha ocurrido otras veces en la historia, entre variados grupos religiosos y sectas "apocalípticas"), san Pablo se ve obligado a poner orden, y a indicar señales y acontecimientos previos a esa venida, y no cumplidos todavía.

"No os turbéis ligeramente ni os alarméis (…) Porque antes ha de venir la apostasía y se ha de manifestar el hombre de la iniquidad, el hijo de la perdición, que se opone y se alza contra todo lo que se dice Dios o es adorado, hasta sentarse en el templo de Dios y proclamarse dios a sí mismo" (2 Tes 2, 2-4). Es el que san Juan llama "anticristo" (1 2, 22), que pueden ser varios "falsos cristos" (Mt 24, 24): el poder antidivino que llegará con toda clase de señales y prodigios falsos, capaces de "engañar, si fuera posible, aún a los mismos elegidos" (Mt 24, 24). Pero no prevalecerá, porque "el Señor Jesús lo exterminará con el soplo de su boca, y lo destruirá con el esplendor de su venida" (2 Tes 2, 8).

Otra señal anterior al fin de los tiempos parece ser la siguiente: "Y este evangelio del reino será predicado en todo el mundo, como testimonio para todas las naciones, y entonces vendrá el fin" (Mt 24, 14). Y aún debe ocurrir previamente la conversión del pueblo judío (Rom 11, 25-26). Pero todas estas señales son sumamente misteriosas, y lo propio de un cristiano es no andar haciendo interpretaciones ni cábalas numéricas, que tienden a lo extravagante cuando no a la superstición, sino vivir siempre en la actitud que el Señor pide: vigilancia y oración.

4. La resurrección y el juicio final

La venida final de Cristo, la resurrección de la carne y el juicio final son tres misterios de fe del todo ligados entre sí. Anunció Jesús: "Llegará la hora en que todos los que están en los sepulcros oirán la voz del Hijo del hombre, y los que hicieron el bien saldrán para la resurrección de la vida, y los que practicaron el mal, para la resurrección del juicio" (Jn 5, 29). Y san Pablo: "El Señor descenderá del cielo, y resucitará en primer lugar a los que murieron en Cristo" (1 Tes 4, 16). Habrá, pues, una resurrección corporal gloriosa para los que se salvan, y otra penosísima para los condenados.

La inmortalidad del alma era ya una creencia común a varios pueblos de la antigüedad, pero la resurrección corporal es algo del todo distinto: es un misterio estrictamente sobrenatural, que significa la plenitud del hombre entero, cuerpo y alma, y ya de un modo incorruptible. Es, además, un misterio inseparable de la propia Resurrección de Cristo: "Cristo ha resucitado de entre los muertos como primicia de los que durmieron" (1 Cor 15, 20). Es nuestra carne propia, frágil, mortal, la que entonces se alzará dotada de perennidad, hermosura, fuerza y gloria.

Este es el misterio cristiano que tal vez ha despertado más oposición en la historia. Fuera del ámbito cristiano parece absurdo: nuestra razón natural solo conoce la caducidad de la materia, y a lo sumo la supervivencia del espíritu. Que este cuerpo nuestro, "el cuerpo de nuestra vileza" (Flp 3, 21), conozca una nueva vida, es imposible de explicar con nuestras categorías empíricas.

Bien lo experimentó san Pablo cuando habló en el areópago de Atenas, sede de la cultura griega. Los atenienses lo escucharon con atención cuando habló del Dios único y de su providencia, pero "cuando oyeron aquello de la resurrección de los muertos, unos se burlaron y otros dijeron educadamente: Te oiremos sobre esto en otra ocasión" (Hch 17, 32), lo que por supuesto no ocurrió. Debió parecerles un charlatán oriental. Fuera de la fe plena en Cristo, no cabe fe en la resurrección.

"¿Qué es resucitar? En la muerte, separación del alma y el cuerpo, el cuerpo del hombre cae en la corrupción, mientras que su alma va al encuentro de Dios, en espera de reunirse con su cuerpo glorificado (…) por la virtud de la Resurrección de Jesús" (CEC, 997). Sabemos poco y nada de las propiedades del cuerpo glorioso. El término "gloria" aplicado al cuerpo futuro aparece varias veces en el Nuevo Testamento, sobre todo en las Cartas de san Pablo, y sugiere el resplandor de la gloria de Dios y de Cristo resucitado: inmortal, hermoso, fuerte, intenso, resplandeciente.

Además, desaparecerá todo lo que en esta vida fue penoso, y es natural que san Juan piense en las aflicciones de Israel durante la travesía del desierto: "Ya nunca más tendrán hambre ni sed, ni caerá sobre ellos el sol, ni ardor alguno, porque el Cordero que está en medio del trono los apacentará, y los conducirá a las fuentes de las aguas vivas" (Apoc 7, 16-17). Pero es natural que todo término de comparación terrena sea pobre.

En cierto modo, ya hemos empezado a resucitar por obra de la gracia: "Si habéis resucitado con Cristo, buscad las cosas de arriba" (Col 3, 1). Luego está el poder de la Eucaristía: "Quien come mi carne y bebe mi sangre tiene vida eterna, y yo le resucitaré en el último día" (Jn 6, 54). Junto con la Encarnación, nada valoriza y engrandece tanto nuestra corporeidad, y en ella la totalidad de la materia cósmica, como la venidera resurrección. En la gloria, la materia se realizará perfectamente: frente a su estado glorioso, la materia presente nos parecerá como un proyecto, como una larva de la materia plena.

A su vez, este misterio pide respeto por el cuerpo como cosa santa: "El cuerpo no es para la fornicación, sino para el Señor, y el Señor para el cuerpo. Y Dios, que resucitó al Señor, nos resucitará también a nosotros mediante su poder. ¿No sabéis que vuestros cuerpos son miembros de Cristo?" (1 Cor 6, 13-15).

El Credo de los apóstoles, después de confesar la Ascensión del Señor a los cielos, dice: "Desde allí ha de venir a juzgar a los vivos y a los muertos". Tras su segunda venida ocurre el juicio final, que en forma imaginativa Jesús describe así: "Cuando venga en su gloria el Hijo del hombre, acompañado de todos sus ángeles, se sentará en el trono de su gloria. Serán congregadas ante él todas las gentes" (Mt 25, 31), es decir, todos los seres humanos que a lo largo de los siglos existieron en la tierra.

"Entonces dirá el rey a los que estén a su derecha: Venid, benditos de mi Padre, tomad posesión del reino preparado para vosotros desde la creación del mundo. Porque tuve hambre y me disteis de comer, tuve sed y me disteis de beber (...) Entonces dirá también a los que estén en su izquierda: Apartaos de mí, malditos, al fuego eterno, preparado para el diablo y sus ángeles. Porque tuve hambre y no me disteis de comer, tuve sed y no me disteis de beber (...) E irán estos al suplicio eterno, y los justos a la vida eterna" (Mt 25, 34-35. 41-42. 46).

Esta parábola contiene una descripción explícita del juicio final. Aquello que Cristo ha elegido aquí como medida son las obras de misericordia con los necesitados, con quienes él mismo se identifica, proyectando hacia la eternidad la bienaventuranza: "Bienaventurados los misericordiosos, porque ellos alcanzarán misericordia" (Mt 5, 7), elección pedagógica que no invalida las demás bienaventuranzas, todas ellas con la misma recompensa eterna.

Para cada persona, la sentencia de ambos juicios, el particular y el final, es obviamente la misma. Pero en el juicio final la luz divina penetrará la historia humana entera: la vida de las personas y también de las naciones, de las instituciones, de las ideas, de cuantas fuerzas hayan movido la historia. El juez divino las pondrá a plena luz "pública", diríamos, ante los ojos de todo el género humano, y en todo su entramado, indescifrable para nosotros desde la tierra, con todos los enlaces invisibles del trigo y la cizaña, con el tejido de todas las responsabilidades individuales y colectivas que dieron forma a la historia.

"Entonces comprenderemos los caminos admirables por los que su Providencia habrá conducido todas las cosas a su fin último" (CEC, 1040). Aún el mal o la desgracia que nos parecían más incomprensibles en la tierra, se nos mostrarán como el armónico fragmento de un bellísimo designio total del Amor misericordioso. Allí lucirá ante nuestros ojos la verificación directa de esas sentencias como "todo es para bien", o "todo lo que ocurre es adorable", o "ya verás que todas las cosas estaban bien", que solo por fe en la Providencia creíamos aquí abajo.

5. El infierno

La misericordia de Dios desea ardientemente "que todos los hombres se salven" (1 Tim 2, 4); "quiere que nadie se pierda, y que todos lleguen a la conversión" (2 Pe 3, 9), que todos puedan entrar "en su descanso" (Hb 4, 10) y participar de su felicidad infinita. Por eso derrama su gracia salvífica sobre todos los hombres a lo largo de su vida entera, y de modo especial en esos asaltos de última hora sobre el moribundo, que solo Él conoce.

Pero Él nos hizo libres, que significa "capaces de hacer elecciones para siempre, sin retorno" (CEC, 1861): capaces de resistir su gracia hasta el último momento. Y a quien así la resiste, y tras el pecado grave se niega a su misericordia, Dios le permite que libremente siga su camino hasta el final, porque coaccionarlo sería atropellar su libertad.

Dejar al pecador libre para consumar su negación más allá de la muerte es, paradójicamente, una obra de su misericordia. Lo horrible e impensable sería forzarlo a contemplar su rostro: sería el infierno elevado a la enésima potencia. Ese es quizá el sentido de la inscripción que Dante puso sobre la puerta del infierno: "Me hizo el Amor primero".

La imagen del infierno ha sido objeto de uso y abuso, fuera del ámbito de la fe, por cierta literatura moderna. Rimbaud pasó "una temporada en el infierno"; Freud removió "el infierno del inconsciente" (*Acheronta movebo*); los personajes de Strindberg viven "el infierno del amor", y para Sartre "el infierno son los otros", la convivencia con el prójimo. En otro plano, hay versiones folklóricas del infierno, que lo privan de toda seriedad. Y aún entre creyentes pueden darse ideas simplistas, que facilitan la incredulidad de los incrédulos.

La primera de ellas es la idea de una represalia divina, que deforma la propia idea de Dios. Pues el infierno no es en modo alguno el castigo que un Dios vengativo imponga al pecador desde fuera, como una reacción ante las ofensas que de él recibió mientras vivía. Es esta imagen tan impropia la que puede hacer difícil, a personas de buena voluntad, aceptar la idea de un castigo eterno por los pecados de un simple y pobre hombre.

Y ese equívoco se convierte en un completo absurdo si imaginamos al castigado pidiendo perdón, y haciendo propósitos de enmienda, como hacemos durante la vida: el condenado está ya fuera del tiempo, no tiene marcha atrás, no se retracta de nada, no quiere sino el mal que quería a la hora de morir, y que ahora es inmutable. Si hubiera segundas o terceras oportunidades, nuestra vida perdería la seriedad absoluta que le viene de estarnos jugando algo definitivo.

El infierno, entonces, no es ni siquiera algo hecho por Dios, como las autoridades hacen las cárceles o los patíbulos; el infierno es la hechura del pecador mismo que, cruzando el umbral de la muerte, se eterniza en esa su negación de Dios, que es lo esencial del pecado. El pecador obstinado y no arrepentido es el que no quiere ver a Dios, y esa voluntad final suya se inmoviliza tras la muerte, porque está ya fuera del tiempo y de sus mudanzas.

Su infierno es su propio pecado que, al no ser retractado en vida, se convierte en un estado ya inmodificable; es el propio pecado mortal (por algo se llama mortal) en su forma "inmortal", pura, desnuda, despojada de los velos transitorios de este mundo, y por eso ya perenne. La sabiduría popular ha acuñado un dicho de gran propiedad teológica: "las puertas del infierno se cierran por dentro"; es el pecador quien se las cierra. Luego nada hay en él de un castigo jurídico y exterior al pecado, que Dios impusiera al pecador contra su voluntad.

La existencia del infierno y algo de su naturaleza nos han salido al paso de labios de Jesús, por ejemplo, en la misma parábola del juicio. Pero hay varias otras menciones directas: "Si tu ojo derecho te es ocasión de pecado, arráncatelo y arrójalo de ti, porque más te vale que se pierda uno de tus miembros antes que todo tu cuerpo acabe en el infierno" (Mt 5, 29). "Ancha es la puerta y espaciosa la senda que lleva a la perdición", por contraste con "la senda estrecha que lleva a la Vida" (Mt 7, 13-14). "Temed más bien al que puede arrojar el alma y el cuerpo al infierno" (Mt 10, 28).

"El que maldiga a su hermano será reo del fuego del infierno" (Mt 5, 22). Y en las invectivas contra los fariseos: "… y lo hacéis hijo del infierno dos veces más que vosotros" (Mt 23, 15); y "¡Serpientes, raza de víboras! ¿Cómo podréis escapar a la condenación del infierno?" (Mt 23, 33). Al final de ciertas parábolas, Jesús designa al infierno con diversas imágenes: horno de fuego, llanto y rechinar de dientes, tinieblas exteriores, gusano que no muere… Así en la parábola del trigo y la cizaña (Mt 13, 36-43), de los invitados a las bodas (Mt 22, 1-14), de los talentos (Mt 25, 14-30).

San Pablo habla de quienes "sufrirán el castigo de una condenación eterna, lejos de la faz del Señor y de la gloria de su poder" (2

Tes 1, 9). Y el Apocalipsis: Esta es la muerte segunda, el lago de fuego. Todo el que no figuraba escrito en el libro de la vida era arrojado al lago de fuego" (20, 14-15).

¿En qué consiste el infierno? Esencialmente en la ausencia eterna de Dios, en no ver jamás a Dios. Ahora tampoco vemos a Dios, pero somos seres situados en el mundo, que llena nuestra mente. Entonces no habrá mundo en que pensar y estar dispersos, sino solo el alma desnuda, que se capta como hecha enteramente para ver a Dios, y no puede dejar de tender a Él con toda la fuerza de su deseo natural, pero a la vez no puede dejar de oponerle ese movimiento contrario de aversión a Dios, con toda la fuerza del pecado en que murió. Un desgarro eterno, "una eterna destrucción…".

El que quiere ser solidario con el condenado por compasión hacia él, como hacía Péguy, cae en esa trampa de la imaginación que le hizo ver Bernanos: imaginarse al condenado como uno de nosotros, vivo en este mundo, libre y capaz de arrepentimiento, y padeciendo en contra de su voluntad, como padecemos aquí abajo. Pero nada semejante hay en el infierno: solo aversión a Dios y a todo prójimo, incluso a los demás condenados. ¿Querer compartir su suerte y disputárselo a Dios? "La desgracia, la desgracia inconcebible de esas piedras abrasadas que fueron hombres, es que ya no tienen nada que compartir".

6. El purgatorio

Al infierno va el que ha pecado mortalmente y muere en su pecado, porque persevera en él sin acogerse a los auxilios de la gracia ni a los llamados de la misericordia divina. En cambio, "los que mueren en la gracia y en la amistad de Dios, pero imperfectamente purificados, aunque están seguros de su eterna salvación, sufren después de su muerte una purificación, a fin de obtener la santidad necesaria para entrar en la alegría del cielo" (CEC, 1030).

Esa purificación, que llamamos purgatorio, no es necesaria porque un Dios ofendido quiera saldar con el alma las cuentas todavía pendientes, sino porque el hombre muerto en gracia conserva aún pecados veniales, residuos del pecado mortal ya perdonado, afectos desordenados, en fin, restos de egoísmo, soberbia, sensualidad, codicia, etc. Y es él mismo quien desea ardientemente purificarse antes de ver a Dios cara a cara. Como puede apreciarse, el purgatorio está lejos de ser un infierno de duración limitada.

Escribe san Pablo: "Si alguien edifica sobre este cimiento (Jesucristo) con oro, plata, piedras preciosas, madera, heno, paja, la obra de cada cual quedará al descubierto; pues aquel día se manifestará, porque se revelará en el fuego, y ese mismo fuego probará la calidad de la obra de cada cual. Si la obra que uno edificó permanece, recibirá el premio; si la obra de alguien arde, sufrirá el daño; él, sin embargo, se salvará, pero como pasando a través del fuego" (1 Cor 3, 12-14).

Leemos también en el libro segundo de los Macabeos que, tras una batalla con muchos caídos, "Judas macabeo mandó hacer una colecta entre sus hombres (…) y la envió a Jerusalén para que se ofrecieran sacrificios expiatorios en favor de los muertos (…) Obra santa y piadosa es orar por los difuntos. Por eso quiso que se hiciera expiación por ellos, para que fueran absueltos de sus pecados" (2 12, 42-46).

No tiene sentido orar por los santos del cielo ni por los condenados del infierno, pues su suerte está ya sellada; solo tiene sentido orar por esos muertos (nosotros no sabemos cuáles) que llamamos las almas del purgatorio. Esta práctica se realizó desde los primeros tiempos de la Iglesia: ofrecer sufragios por los difuntos, sobre todo el sacrificio eucarístico, pero también oraciones, limosnas y penitencias varias.

La purgación es necesaria porque nada impuro puede comparecer ante el rostro de Dios, nada manchado, nada todavía sucio, por leve que sea. Antes de contemplarlo hay que ser dolorosamente desprendido de toda esa mugrecilla remanente de orgullo, espíritu mundano, apetito de riqueza, lujuria y demás residuos de pecado, que puede estar como adherida a las paredes del alma, por decirlo así, y que no se purificó del todo en este mundo.

Si, hablando en forma imaginaria, Dios ofreciera a un alma así una amnistía y exención de purgatorio, es decir, el paso directo de la muerte al cielo (flaco favor, imposible para Dios), ella no aceptaría jamás de los jamases esa oferta, porque ver a Dios en tales condiciones sería para ella una tortura incomparablemente mayor que el purgatorio. Esa alma, en cambio, se sumiría libremente y con voluntad plena en aquellos limbos ardientes que sabe necesarios, por duros que sean, como lo hacen todas las almas necesitadas de purgación. Sirva esta fantasía imposible para comprender mejor la naturaleza del purgatorio.

En ese estado hay dolor, dolor purificador. El mismo anhelo de Dios, todavía imposible de satisfacer, es dolorosísimo, y más a medida que la atracción del Dios cercano crece y crece. Pero al mismo tiempo que el dolor, quizá muy superior a los más grandes de este mundo, hay un gozo tal, que tampoco puede compararse con los más intensos de la tierra. Y eso, en primer lugar, porque quien está en esa condición se sabe salvado ya, certeza que nadie tiene aquí abajo. Y luego porque siente la proximidad de Dios, y un como pregusto del cielo, cada vez más cercano a medida que se purifica.

Se entiende, pues, que nos convenga sobremanera purificarnos en esta vida, pasar el purgatorio en la tierra, como decimos, por obra del amor y la paciencia con que se llevan los sufrimientos, enfermedades, desolaciones terrenas, las que fueran. Porque aquí, como allá, el dolor purificador se puede aceptar libremente, pero en otras condiciones muy distintas: por obra de la fe y en forma meritoria, mientras que allá no hay fe ni mérito posible. Este es el altísimo "valor agregado" del dolor de amor aquí abajo, dolor que es camino del cielo y que amortigua, y quizá no poco, el dolor purificador después de la muerte.

7. El cielo

En varias oportunidades nos ha salido al paso, como naturaleza propia del hombre, esa aspiración de su corazón que es virtualmente infinita, porque lo es su objeto propio: todo el Bien, toda la Verdad, toda la Belleza, la Felicidad plena. "Como el ciervo anhela la fuente de las aguas (...) Mi alma tiene sed de Dios, del Dios vivo..." (Sal 42, 2-3). "Busco, Señor, tu rostro" (Sal 27, 8).

Es un ansia del corazón humano que nada ni nadie en este mundo puede satisfacer. "El mismo Dios, al crear al hombre a su propia imagen, inscribió en su corazón el deseo de verlo. Aunque el hombre a menudo ignore tal deseo, Dios no deja de atraerlo hacia sí, para que viva y encuentre en Él aquella plenitud de verdad y felicidad a la que aspira sin descanso" (Comp., 2). Ver a Dios es el deseo último y más profundo de la naturaleza humana.

El estado de la creatura humana que llamamos cielo es la realización plena y definitiva de esa ansia infinita. Entra en ese estado el que muere en la gracia de Dios y está ya purificado por una vida santa, o el que se terminó de purificar en el purgatorio. Pero el cielo no es un estado uniforme para todos los salvados: "En la casa de mi Padre hay muchas moradas", dice Jesús (Jn 14, 2). Allí todos estarán colmados, pero unos lo estarán como lo está de agua un dedal, y otros lo estarán como lo está el lecho de los océanos.

Nadie echará de menos un cielo más alto, es decir, "más Dios", porque lo tendrá todo, pero es importante considerar que en la tierra cada uno forja la grandeza, la anchura y profundidad de ese corazón que lo contendrá entero, y lo forja mediante una vida santa, es decir, mediante el crecimiento continuo de la fe, la esperanza y la caridad.

En el cielo contemplaremos la esencia divina con visión de intuición, es decir, cara a cara. Esta contemplación de amor se llama visión beatífica, porque otorga la felicidad plena, la vida bienaventurada. "Ahora vemos (a Dios) como por un espejo, confusamente; entonces lo veremos cara a cara" (1 Cor 13, 12). "Seremos semejantes a Él, porque lo veremos tal como es" (1 Jn 3, 2).

El conocimiento que tenemos de Dios por la fe es verdadero, pero sumamente "parcial" (1 Cor 13, 12), porque se da en la penumbra del mundo. A partir de este conocimiento nuestro en la tierra, ¿quién podría imaginar, aun de la manera más vaga, lo que será ese conocimiento facial y beatificante del esplendor del rostro divino, de la luz de sus ojos, de la gloria sobreeminente de su belleza infinita?

El mismo san Pablo lo dice así: "Ni ojo humano vio, ni oído humano oyó, ni pasó por pensamiento de hombre lo que Dios tiene destinado a los que le aman" (1 Cor 2, 9). Y no pasó por nuestro pensamiento, porque la inmensidad de ese gozo es tal, que en nuestra condición mortal no podríamos soportar un anticipo de esa gloria sin morir, según la expresión habitual de la Escritura: "Nadie puede ver a Dios sin morir" (Ex 33, 20).

Solo nos queda ayudarnos con las imágenes de la Escritura, y quizá también con esas imágenes, por naturaleza limitadas, que la mejor poesía puede ofrecernos. Un poema de Francisco de Aldana, del Siglo de Oro español, intenta decirlo así: "Ojos, oídos, pies, manos y boca / hablando, obrando, andando, oyendo y viendo / serán del mar de Dios cubierta roca. / Cual pez dentro del vaso alto, estupendo / del Océano, irá su pensamiento / desde Dios para Dios yendo y viniendo". Porque seremos como un pececillo que navega por todos los siglos en el océano interminable de la gloria de Dios.

Desde fuera de la fe, desde la "moral laica", se dice a veces que el creyente hace el bien por el interés del premio celestial (o por el temor del castigo), mientras que sin fe cristiana se hace el bien en forma desinteresada, sin retribución, lo que sería moralmente superior. Pero las cosas serían así solamente si el premio eterno consistiera en algo distinto de Dios mismo: en delicias paradisíacas de la especie (terrenal) que fuera, huríes del paraíso o manjares deliciosos, recompensas heterogéneas con respecto al bien moral que un cristiano hace en la tierra, lo que está lejos de ser así. Pues el cielo es Dios mismo, es Aquel por cuyo amor en la tierra se hace el bien. Luego todo es uno, todo va en la misma línea: amarlo en la tierra cumpliendo su voluntad y amarlo en el cielo eternamente.

El cielo es esencialmente estar con Cristo, contemplarlo y amarlo, como la culminación perfecta de ese trato de fe, esperanza y caridad que comenzó con él en la tierra. Si hay cielo para nosotros, es porque el Dios y hombre verdadero nos vino a rescatar, primero, y luego a introducirnos en el seno de la Trinidad. Pero el sello de ese origen histórico de la bienaventuranza eterna, que es la Encarnación, queda marcado para siempre en el paraíso. Por eso Dante puede vislumbrar en el centro de la Trinidad un "como rostro de hombre", la faz del Hombre eterno que hemos entrevisto en la tierra, y la luz de cuyos ojos contemplaremos en el cielo por todos los siglos.

Ese estar con Cristo en el cielo fue anunciado por él, sobre todo cuando estaba próxima su muerte, y consolaba a los apóstoles con esa esperanza: "Cuando me vaya y os haya preparado un lugar, de nuevo vendré y os llevaré conmigo, para que donde yo estoy, estéis también vosotros" (Jn 14, 3). Y más adelante, en la oración sacerdotal: "Padre, quiero que los que me diste estén también conmigo, donde yo estoy, para que contemplen mi gloria" (Jn 17, 24).

Otro tanto nos viene a decir san Pablo: "El mismo Señor descenderá del cielo (…) y seremos arrebatados entre nubes al encuentro del Señor, y así estaremos para siempre con él" (1 Tes 4, 16-17). Y por fin el Apocalipsis describe la ciudad celestial como centrada en Cristo, el Cordero de Dios: "La ciudad no necesita sol que la ilumine, porque su luminaria es el Cordero" (21, 23); "allí estará el trono de Dios y del Cordero" (22, 3).

El cielo supera todas las categorías y todas las imágenes posibles (1 Cor 2, 9), pero sin imágenes el hombre no puede percibir, por pobremente que sea, la gloria celestial. De esta necesidad participa la propia Escritura, que nos la muestra con múltiples imágenes. Las más frecuentes son las de vida, vida eterna, banquete, ciudad o morada o casa, reino de Dios, luz, paz y paraíso. La más recurrente en el Nuevo Testamento es la de vida y vida eterna, que en realidad es algo más que una imagen, porque el cielo es realmente vida plena, máxima, suprema, sin fin.

En todo caso, las menciones de esta última imagen son tantas, que parece inútil reseñarlas. Consignamos unas pocas: Mt 17, 14; 19, 29; 25, 46; Mc 9, 45; 10, 30; Lc 10, 25; 18, 30; Jn 3, 15-16; 17, 2-3; Hch 13, 46-48; Rom 2,7; 5, 21; Gal 6-8; etc., etc… La más señalada de esas imágenes es la de Jn 6, 54-58, que cifra en la Eucaristía la promesa de la vida eterna. Encontramos todavía la imagen del banquete en

Mt 22, 2-10 y Lc 14, 15. Y la conmovedora promesa del paraíso para el buen ladrón en Lc 23, 43.

En el lenguaje visionario del Apocalipsis, san Juan nos ofrece algunas de las descripciones que más pueden excitar nuestra esperanza del cielo. En la ciudad celestial, dice, "no vi templo, pues el Señor Dios omnipotente es su templo" (21, 22). Aunque Dios no habita en templos hechos por mano de hombre (Hch 17, 24), el templo, sin embargo, es un lugar de oración y adoración (Mc 11, 17; Lc 19, 46), y un espacio sustraído del mal en el mundo. Pero ahora el templo es Dios mismo, y lo somos también nosotros, que vivimos en él; y la adoración es la única ocupación humana por toda la eternidad. Ahora se cumple de modo eminente que "en Dios vivimos y nos movemos y somos" (Hch 17, 28).

En el nuevo mundo tampoco hay sol ni luminarias (Apoc 21, 23). La irradiación de la luz divina lo llena todo, y los bienaventurados viven en la luz de Dios, ¡dentro de ella! Toda luz creada no es sino el pálido símbolo del sol que es Dios mismo, "luz más allá de toda luz": "la Luz interminable que es Dios mismo" (Dante). Pero esa luminosidad divina se concentra toda ella en un foco singular: Cristo. La misma luz que lució escondida en Belén, en Nazaret, en Jerusalén, y que pareció extinguirse en el Gólgota, lo alumbra todo ahora, y adquiere un sentido eminente su palabra anterior: "Yo soy la luz del mundo" (Jn 8, 12).

Y por fin está esa palabra tan consoladora sobre los bienaventurados: "Y Dios mismo enjugará toda lágrima de sus ojos, y ya no habrá más muerte, ni llanto, ni gritos, ni fatigas, porque todo lo anterior habrá pasado" (Apoc 21, 4). Que es tanto como decir: nunca más ninguna tristeza, ni miedo, ni dolor de cabeza ni de estómago, ni enfermedad alguna, ni malas noches, ni más aprietos económicos, ni agotamiento; no más penas del corazón ni conflictos familiares ni amores no correspondidos, ni más hambre y sed, ni más ansiedad ni angustia, ni más vejez, ni más tedio de la vida, ni más tribulación de especie alguna.

¿Por qué? Porque Dios misericordioso se inclinará sobre su pobrecita creatura que viene de la tierra, y con mano amorosísima le secará de la cara esas lagrimillas que son las huellas de su peregrinación terrena, de aquel valle de lágrimas que ya quedó atrás. Y dice Él: "Mira, yo hago nuevas todas las cosas" (Apoc 21, 5). Porque allí encontraremos en Él, como suele decirse del cielo, "todo el Bien sin sombra alguna de mal".

La revelación no nos dice nada sobre las relaciones de los bienaventurados entre sí, pero la Iglesia siempre ha estimado que en el Amor divino se volverán a encontrar todos los amores de la tierra, solo que purificados, enaltecidos, concentrados, y en un grado de intensidad desconocido aquí abajo.

Los lazos de sangre, parentesco, amor o amistad venidos de la tierra adquirirán en el cielo una magnitud jamás imaginada antes. El reencuentro de padres e hijos, de esposos, de amigos, al compartir todos la visión beatífica, estará lleno de un gozo novísimo. ¿Cómo podría un buen amor de la tierra perderse al entrar en el Amor supremo, en el Amor de los amores, que es Cristo Jesús?

Por último, decimos que hay dos gracias que no se pueden merecer, y que son singularmente pura misericordia divina: la gracia de la primera justificación o gracia bautismal, y en el otro extremo de la vida, la gracia de la perseverancia final y de la muerte santa. Por eso es natural suplicar al Señor de la vida y de la muerte que nos dé la gracia del bien morir, y poner por intercesores de esa petición a la Virgen María, nuestra Madre del cielo, y a san José, nuestro padre y señor.